田中久美子
加藤耕一
栗田秀法
大野芳材
中島智章
矢野陽子

大野芳材——監修解説
石井　朗——企画構成

フランス近世美術叢書I

装飾と建築

フォンテーヌブローからルーヴシエンヌへ

Ars Praemoderna in Francia I　ORNAMENTUM ET AEDIFICATIO : Ex Fontainebleau ad Louveciennes

ありな書房

フランス近世美術叢書I

装飾と建築——フォンテーヌブローからルーヴシエンヌへ

目次

まえがき　大野芳材　7

第1章　フランソワ一世とサラマンダー　田中久美子　9

第2章　フォンテーヌブロー宮殿の室内装飾
——「フランソワ一世のギャラリー」と「舞踏会の間」　加藤耕一　59

第3章　ランベールの邸館
——「ミューズの間」の装飾　栗田秀法　85

第4章　ヴェルサイユ宮殿の装飾
——祝祭から「鏡の間」へ　大野芳材　111

第5章　ヴェルサイユ宮殿の建築・美術とブルボン王朝の記憶の継承　中島智章　141

第6章　スービーズ館
——マレの貴石、ロココ美術の揺籃の邸館　大野芳材　181

第7章　ルーヴシエンヌのパヴィリオン　矢野陽子　213

註　267

解　説　フランス近世の装飾と建築
——あとがきにかえて　大野芳材　290

人名索引　i——302

Ars Praemoderna in Francia I

ORNAMENTUM ET AEDIFICATIO

Ex Fontainebleau ad Louveciennes

Scripsit Yoshiki ONO
Kumiko TANAKA
Koichi KATO
Hidenori KURITA
Tomoaki NAKASHIMA
Yoko YANO
Curavit Yoshiki ONO
Edidit Akira ISHII

フランス近世美術叢書Ⅰ

装飾と建築

——フォンテーヌブローからルーヴシエンヌへ

まえがき

フランス美術が、独自の特質と魅力を具えたものとして画然とした姿を見せるのは、アンリ四世を始祖とするブルボン王朝の時代である。フランスの一七世紀がしばしば遅れてきたルネサンスと呼ばれるのは、この事情をくんでのことだろう。とはいえ、イタリアとフランドルという美術の先進地域に挟まれたフランスは、その成果に長く無関心であったわけではない。事実、ヴァロワ朝の後期には、多くのイタリア人がフランスを訪れて、絵画や建築などにさまざまな足跡をとどめている。たとえば、パリ市庁舎の再建プランを作成し、工事を率いたのはドメニコ・ダ・コルトーナであり、建築家で理論家のセバスティアーノ・セルリオも、城館ばかりか市民の建築にまで多大な影響を与えた。こうした一六世紀に顕著となるイタリア人の活動は、イタリア戦役を始めたシャルル八世が、一四九五年にナポリから二二人の芸術家たちとともに帰国したことに始まる。この世紀のフランスに、美術にとどまらず広く文芸にイタリア譲りの人文主義が浸透していったことは、フランシス・イェイツが指摘したことだった（高田勇訳『一六世紀フランスのアカデミー』平凡社、一九九六年、原著は一九四七年）。

この動向に弾みをつけたのが、フランソワ一世である。教養豊かな母ルイーズ・ド・ヴァロワから人文主義的教育を受けたフランソワ一世は、一五一五年に即位してまもなく、前記の二人の建築家に先立って、六〇代半ばにさしかかったレオナルド・ダ・ヴィンチをフランスに招いている。それにもましてフランス美術のゆく末を決したと言えるのは、彼が中世の城塞をもとに築いたフォンテーヌブロー宮殿であった。アンドレ・シャステルが「イタリアとフランドルの美術の坩堝」と言ったように、それはフランス美術揺籃の場となり、後世の美術家たちの聖地となったのである。その重要性は大きく二つあろう。第一は、ロッソ・フィオレンティーノやプリマティッチョなど、主にイタリアの画家たちがおこなった室内装飾である。マニエリスムの最高の成果のひとつと言える「フランソワ一世のギャラリー」などの室内装飾は、「フォンテーヌブロー派」と呼ばれる一群の画家たちを育み、彼らは次の世紀の古典主義美術にとってかわられるとはいえ、フランス美術の基層を築いたからである。第二は、歴代の国王のコレクションが一七世紀半ばすぎまでこの宮殿に置かれたことである。今日のルーヴル美術館のコレクションの根幹となるレオナルドやラファエッロなどの作品は、装飾とともに若い画家たちには欠かせない参照作品となった。

このフォンテーヌブロー派からフランス革命にいたるおよそ三世紀のフランス美術を、多角的かつ総合的に論じることを、叢書は目的とする。わが国のフランス美術研究は、その中心は長らく一九世紀以降の美術にあって、近世美術への強い関心は最近のことである。フランスでも一九七〇年代から、この時代の画家を対象とした展覧会が次々と開催され、作品のカタログ・レゾネの刊行なども相次いでいる。こうした状況に呼応するように、日本の若い研究者の関心が高じてきたのである。叢書ではこの分野で優れた成果をあげている研究者が、専門の分野を最新の資料に基づいて論じる。一六世紀のフランス美術が、どのように継承され展開して新しい表現を生みだしていくか、そうした美術の変遷が移りゆく社会や環境とともに解明されるにちがいない。

この叢書の最初の巻は「装飾と建築」で、これまでとりあげられることの少なかった近世の建築と装飾がテーマである。「建築はすべての芸術の母」という言葉を、七つの論考を通して吟味感得していただけたら幸いである。

（大野芳材）

第1章　フランソワ一世とサラマンダー

はじめに

ヴァロワ朝第九代フランス王フランソワ一世（在位一五一五～四七年）は、シャルル八世（在位一四八三～九八年）によって開始されたイタリア戦役を継承し、イタリア侵攻をくりかえすなど積極的な対外政策をおこなった（図1）。強力な統治を敷いたフランソワ一世の目指すものは領域国家を脱し中央集権的国家体制の確立であった。また芸術面においても、フランソワ一世は「王立教授団」（コレージュ・ド・フランスの前身）を設立するなど文化振興に貢献し、シャルル八世のイタリア南下政策がもたらしたイタリア美術への関心をも継承し、レオナルド・ダ・ヴィンチを初めとする多くのイタリアの芸術家たちを招聘し、フランスにルネサンス芸術を華やかに開花させた。

芸術の擁護者フランソワ一世は、自らの支配の「表徴《ドゥヴィーズ》」として火蜥蜴《サラマンダー》を刻印させた。サラマンダーは、美術品を初め、家具や食器、書物、身に着ける衣装や軍事的な旗印に及ぶまでその姿をとどめている。こうした個々人の「表徴」である「ドゥヴィーズ」は、その持主である個々人の美徳などを表象する機能を有していた。本稿では、フランソワ一世のドゥヴィーズたるサラマンダーに焦点をあて、その出自、役割、変遷をたどり、サラマンダーが棲息する芸術的精華たる「フランソワ一世のギャラリー」を読み解いてゆく。

城郭建築に出現するサラマンダー

城郭建築にも惜しみない情熱を注いだフランソワ一世は、心血を注いで建造させた数々の城郭に自らのドゥヴィーズであるサラマンダーを刻印させている。

フランス王家ゆかりの多くの城郭を擁し、「フランス王家の谷」とも呼ばれるロワール河の北岸に開けたブロワの町に、フランソワ一世がはじめて手を染めた城郭が出現する（図2-1）。そもそもは、封建領主ブロワ伯の領地として堅固な城塞を構えていたブロワの地を、一四世紀末にフランス王シャルル五世の次男であるルイ・ドルレアンが購入した。詩人としても名高い息子シャルル・ドルレアンの時代には、フランソワ・ヴィヨンを初めとする詩人や芸術家たちが招聘され、ブロワの城は地方宮廷的な華やぎを呈していた。一四九八年、シャルルの息子ルイがフランス国王（ルイ一二世）に即位すると、王はアンボワーズにかわってブロワを居住地とし、続く国王フランソワ一世もこの城を拠点としたため、ブロワは王都として黄金時代を築くことになる。

ブロワ城は、その所有者が変わるたびに増築をくりかえした。要塞の趣を残す中世の建造物から一七世紀の所有者ガストン・ドルレアンが増築した古典様式の建造物に及ぶまで時代を代表する建築様式が併存し、あたかも建築史を俯瞰するかのように多様な外観を呈している。一四九八年にフランス王に即位したルイ一二世が三年という短い期間で完成させた煉瓦と石による「ルイ一二世の翼棟」は、それ以前の防衛を目的とする要塞としての城郭建築の特徴を排し、後期ゴシックの建築様式をとどめる多くの窓やバルコニーを配して、開放的で明るい近代的な城郭建築へ踏みだしている（図2-2）。正面には国王の騎馬像を配し（図2-3）、その下にはルイ一二世の「表徴」すなわち彼の「ドゥヴィーズ」である豪猪《やまあらし》があしらわれている（図2-4および図2-5）。

この「ルイ一二世の翼棟」と一七世紀の「ガストン・ドルレアンの翼棟」の間に位置するのが、一五一五年、フランソワ一世が即位後まもなく着工した「フランソワ一世の翼棟」である。「ルイ一二世の翼棟」とはほぼ一五年の隔たりしかないものの、様式的に飛躍的な発展を示し、ルネサンス建築の初期の傑作としてフランス建築史にその名を

図1――ジャン・クルーエ
《フランソワ一世の肖像》一五三五年頃
パリ　ルーヴル美術館

図2――ブロワ城
1　全景
2　ルイ一二世の翼棟
3　ルイ一二世の騎馬像　ルイ一二世の翼棟
4　ルイ一二世のドヴィーズ〈豪猪〉　ルイ一二世の翼棟
5　ルイ一二世のドヴィーズ〈豪猪〉
ジョーヴィオ『闘いと愛のインプレーサについての対話』所収

COMI
NVS ET EMI
NVS

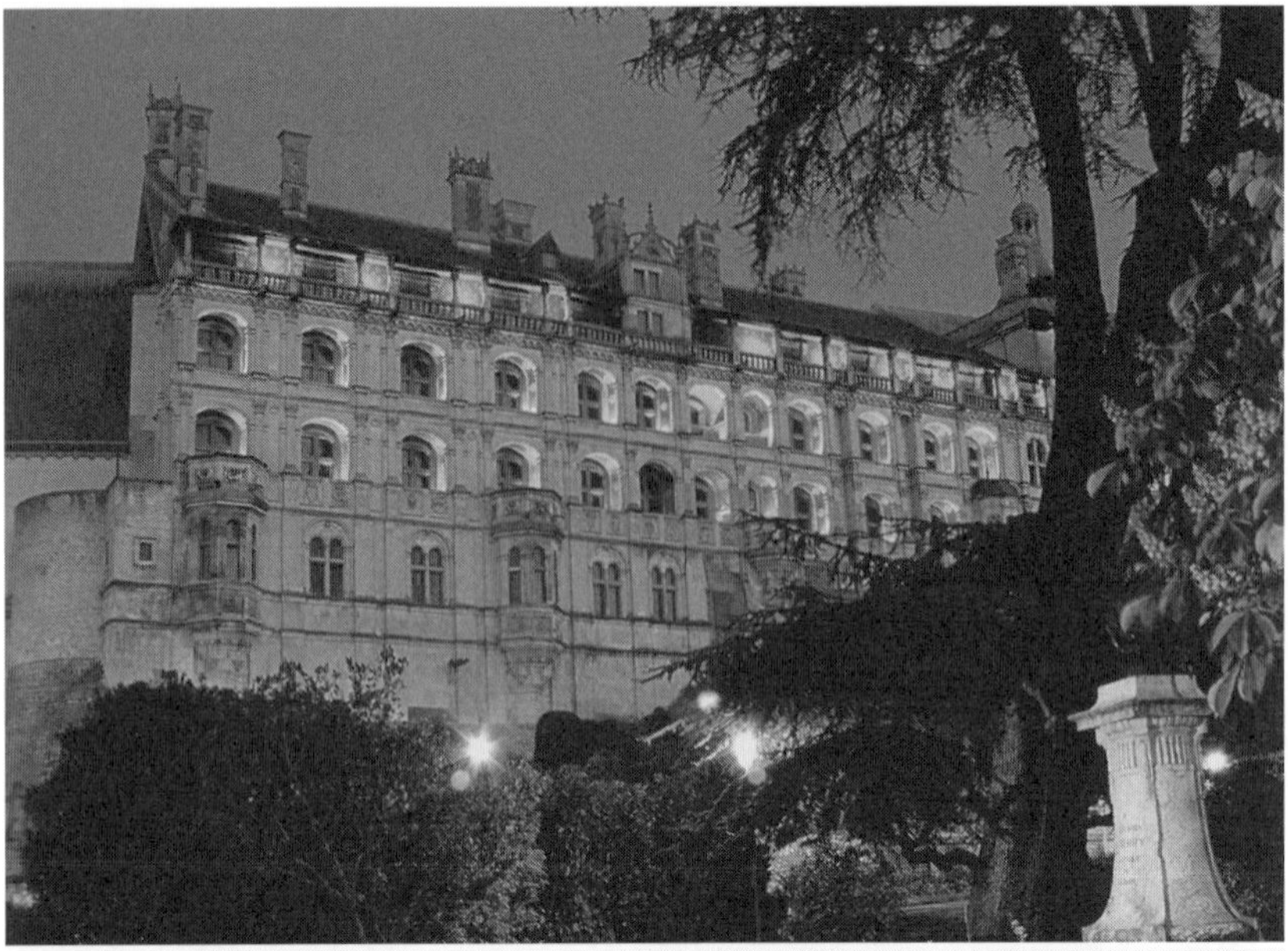

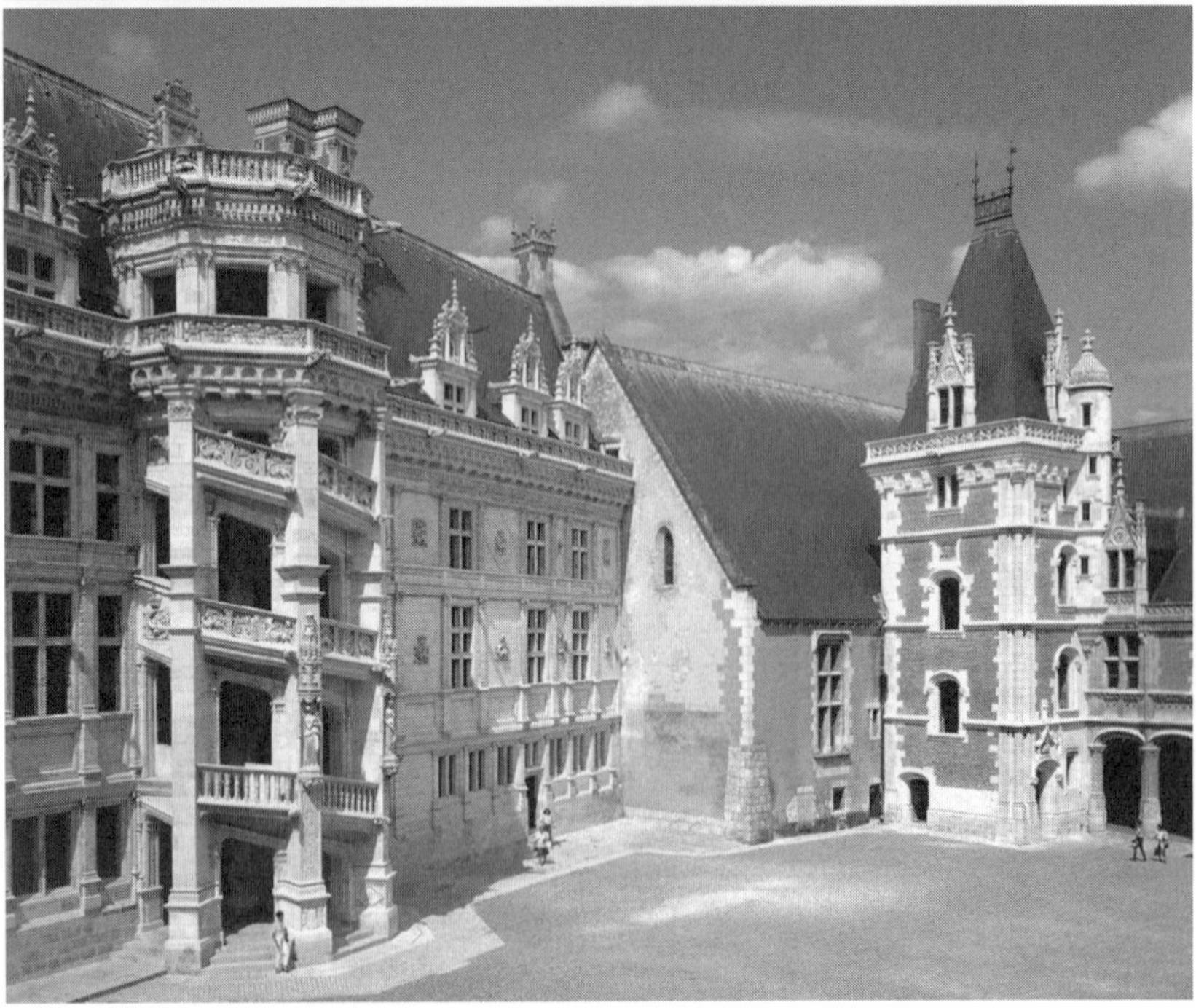

フランス近世美術叢書I　装飾と建築――フォンテーヌブローからルーヴシエンヌへ

図2——ブロワ城
6　フランソワ一世の翼棟　市街に面したファサード
7・8・9　フランソワ一世の翼棟　中庭に面した正面ファサード

刻んでいる。市街に向かって開かれた城郭のファサードは、窓枠、付柱、壁龕を交互にくりかえし、ブラマンテのヴァティカン宮殿の回廊を模したともいわれる（図2-6）。反対側の中庭に面した正面ファサードは、各階を並列に走る刳形と交差するように縦列に並んだ柱に囲まれた窓が並び、天窓は古代風の壁龕をプットーが飾るなど、イタリア建築の影響が顕著である。この正面の一一カ所をフランソワ一世のサラマンダーが飾っており、さらにはこのフランソワ一世の翼棟でとりわけ目を惹くのが中央に聳える八角形の大螺旋階段である（図2-7、2-8）。螺旋階段は中世ゴシック建築にしばしば登場するものの、三階建ての螺旋階段は前庭に張りだし、要人の到着を迎えたり、前庭でくりひろげられる盛大な祝典を眺めるために階段室の支え壁がくりぬかれて一連のバルコニーを形成し、上部にもバルコニーが配されている。螺旋階段を飾る装飾群は多彩を極め、ルネサンス時代を代弁するモチーフとともに欄干にはおびただしい数のフランソワ一世のサラマンダーが頭文字Fと交互して出現する（図2-9）。スペクタクルを見るために設計された螺旋階段そのものがスペクタクルとして劇場的な役割を演じるのである。[☆1]

一五二四年七月に王妃クロードが他界したのち、王はミラノに遠征し、一五二五年、戦いに敗れてパヴィアに捕えられる。数奇な運命をたどった王はもはやこのブロワ城に戻ることはなく、彼の築城に注がれる情熱はシャンボール城へと向けられた。

シャンボール城は、ブロワの町からわずか一五キロメートルほど離れたブローニュの森の中にあり、狩猟のさいに滞在するために建造された宮殿である。築城工事は一五一九年に開始され、完成したのは一五五〇年代になってのことである。フランソワ一世は、公的な会見を除いては一年おきに催される狩の集いに数日間滞在するだけであったが、一五五〇〇ヘクタールに及ぶ壮大な敷地にロワールの水を引きこむことまで計画し、国家の財政を圧迫するほどにシャンボール城建造に情熱を注ぎこんだ。かつてのブロワ伯の小さな城館がヴェルサイユ宮殿にも匹敵するロワール河畔最大の規模をもつ白亜の宮殿へと変貌し、フランスのゴシック建築にイタリア・ルネサンス様式を継ぎ木した華麗で重厚なフランス・ルネサンス様式を代表する壮大な宮殿が誕生した（図3-1）。

図3——シャンボール城
1　全景
2・3　螺旋階段

シャンボール城は、中庭を囲む四つの棟と中央のギリシア十字の形式の主塔から構成される。主塔に増築された狩りを眺めて楽しむためのテラスにはゴシック様式やルネサンス様式の鐘楼、尖塔、円筒形の煙突など多様な様式が混在し、それらは競いあいながらも美しい調和を奏でるシルエットをつくりだしている。小説家シャトーブリアンは、遠くから眺める城が織りなすアラベスク模様を風に髪をなびかせる女性に喩え、ヴィクトル・ユゴーは、妖精と騎士の棲むかのごとくこの城館を包む神秘性に驚嘆し、あらゆる魔法、あらゆる詩情、あらゆる狂気に満ちているとまで語っている。一五三九年の冬、この城を訪問した神聖ローマ帝国皇帝カール五世は人類の可能性を追求した最高傑作の大成と絶賛している。

この城郭のいたるところに、フランソワ一世の権力を誇示するかのごとくサラマンダーが出現する。この蜥蜴はシャトーブリアンによって風になびく髪に喩えられた複雑なシルエットをつくりだす尖塔群を飾るばかりか、城郭内部のあちこちに棲息している。とりわけ印象的なのはシャンボール城の中でもとりわけ有名な主塔の中央の屋上へと続く螺旋階段に出現するサラマンダーである（図3-2）。これは二つの螺旋階段を組みあわせたもので、反対側の人とすれちがうことなく昇り降りが可能である。螺旋階段はゴシック建築にもしばしば登場するものの、この奇抜な着想ゆえにレオナルド・ダ・ヴィンチの考案とも言われる。下から見上げれば天井に一面、サラマンダーとフランソワ一世の頭文字のFが刻まれ、螺旋階段につながる空間の天井にもサラマンダーと頭文字Fが姿を現わす（図3-3）。

フランソワ一世が居住空間としたのは、主塔を囲む四つの棟のうちの一五四〇年に完成した北東棟である。その二階に王の寝室があり、隣接して王の執務室がある。☆2 その小さな部屋の半円アーチの格天井の一面を主塔の螺旋階段をとりまいていたのと同じサラマンダーと頭文字Fが飾っている。

ブロワ城とシャンボール城を闊歩していたサラマンダーはフォンテーヌブロー宮の「フランソワ一世のギャラリー」でいっそう大きな役割を与えられて登場するが、ここでサラマンダーについて少し詳しく眺めてみよう。

サラマンダー

サラマンダーについては、数多くの典拠がこの幻想の動物の姿を多様に伝えている。古典作家たちの中で、アリストテレスは、この動物が「火の中を歩いて、火を消す」と伝えている。[☆3] ニカンドロスは「サラマンダーは火の中を通り抜けても無傷である」と伝え、アンティノゴス（カリュストスの）は、サラマンダーは火を消すといっている。[☆4] ホラポッロも「火に焼かれる人を示したければ、サラマンダーを描けばよい」とサラマンダーが火に強いことをこのように語っている。[☆5] 一方、テオプラストスは『火について』の中で、サラマンダーは「性質において冷たく、そこから出る液体は粘着質で、同時に刺激的な分泌物を含んでいる。その分泌物と混ざると水や果実は有毒となる」と、その毒性を強調する。[☆6] プリニウスも同様に、「サラマンダーは非常に冷たいので、氷がそうであるように、触れることで火を消してしまう」と冷たさを強調し、「あらゆる有毒な生物のうちで、サラマンダーの悪行が最もひどい」と毒性をながながと説明している。[☆7]

サラマンダーについての俗言は中世においても流布した。『語源論』の中でセビーリャのイシドルスは、サラマンダーが火の中でも生きることができるばかりでなく、火を消すこともでき、そればかりかサラマンダーの毒は果実や水を汚し、それを口にする多くの人々を殺すことができる、とサラマンダーの毒性がほかのどのような生きものよりも強力であると力説している。[☆8]

古典文学が記述するサラマンダーの特性に拠りながら、キリスト教的な象徴として動物を記したのが、二世紀頃にアレキサンドリアで成立した『フィシオログス』[☆9]や、これを母体に一二世紀に成立したとされる『ベスティアリウム（動物寓意集）』である。

『フィシオログス』で語られるサラマンダーは以下のごとくである。

サラマンドラと言われる動物の性質

それが炉に入ると、火は消え、
そのうえまた、湯槽の中に入ると、その全体を冷たくしてしまう。
三人の若者の体がそうであった、火は彼らを傷つけることなく、むしろ彼らに害を与えようとした者たちにふりかかった（『ダニエル書』第3章）。そのように、炉の中の彼らを、キリストは彼の力によって強くしたのである。[☆10]

図4――『ベスティアリウム』に描かれたサラマンダー

サラマンダーについては、古代の著作を受け継ぎながら良くも悪くも多様な俗言が中世全般に広く流布していった。多くの写本が制作された『ベスティアリウム（動物寓意集）』写本のひとつに施された挿絵では、伝説の動物サラマンダーの多様な性質が一枚の挿絵に絵解きされている（図4）。

サラマンダー伝説はそののちも、新たな解釈を加えながら増殖していく。いずれにしても、この動物は火の中に棲んでいると信じられていた。マルコ・ポーロがアジアを旅行中に記した「火中に棲んでいるという蛇の姿をしたサラマンダーの噂は聞いていたが、その足跡は東洋では発見できなかった」という記述もそうした状況を物語っている。[☆11] フランソワ一世の個人的な表徴《ドゥヴィーズ》となったサラマンダーの背景には、古典作家以来この伝説の動物に与えられ、人々の間に流布していたさまざまな超自然的性質に託された寓意的意味が込められているのである。

フランソワ一世のドゥヴィーズ〈サラマンダー〉

王侯貴族たちが自らの支配を誇示するために個々人の「表徴」を用いることは当時の流行であった。芸術品から日常に使う品々に及ぶまで彼らは自らの「表徴」を刻印している。こうした個人的な「表徴」は、フランスではドゥヴィーズ、イタリアではインプレーサと呼ばれる。ドゥヴィーズという単語が出現するのは一四世紀半ばのことで、王侯貴族の財産を記した帳簿の中で数々の言及を見ることができる。[☆12] ドゥヴィーズは「遊戯的な紋章」とも呼ばれるように、家系や個人を特定し代々継承されていく紋章とは性格を異にし、公的に管理されるものでもなければ家系や共同体に属するものでもなく、きわめて個人的な「表徴《ドゥヴィーズ》」として個人の願望や感情、個人的な信念や理想、個人的な境遇や経験が託されたものである。[☆13]

こうしたきわめて個人的な「表徴」がルネサンス以降王侯貴族や人文主義者たちの間で盛んに用いられるようになったことは、一六世紀にドゥヴィーズおよびインプレーサと呼ばれる象徴図像の集成が印刷本のかたちをとって次々と出版されたことからもうかがい知ることができる。

フランスでドゥヴィーズを体系的に扱った最初の集成は、クロード・パラダン（一五一〇年頃～七三年）によって『英雄的ドゥヴィーズ集』と題され、一五五一年にリヨンのド・トゥルネから刊行された。[☆14] この初版には、小ベルナール・ソロモンに帰される図版をともなう一一八点のドゥヴィーズがまとめられている。ドゥヴィーズとは原則的に個人に属し、モットーと図像の二つの要素から構成される象徴図像のことである。そののち、『英雄的ドゥヴィーズ集』は収録するドゥヴィーズの点数を増やし、解説も加えて次々と版を重ねていく。[☆15]

パラダンの『英雄的ドゥヴィーズ集』にフランソワ一世のサラマンダーが登場する。一五五五年に刊行されたパラダンの著作におけるフランソワ一世のドゥヴィーズ、サラマンダーのページを見てみよう（図5）。

モットーは「我は養い、滅ぼす」（Nutrisco et extinguo）。モットーに続いて、炎に包まれ、王冠を冠したサラマンダーの図像が挿入されている。それに続く説明には、典拠と図像の解説に続いて、サラマンダーの性格が述べられたあとに、フランソワ一世の父であるアングレーム伯シャルル・ドルレアンもドゥヴィーズとして使用したことが述べられている。[☆16] また、フランソワ一世の姿を刻んだ青銅のメダルを目にしたことがあることが述べられ、その裏側に炎に包まれたサラマンダーが描かれ、イタリア語で「私は善を糧とし、罪を滅する」（Nudrisco il buono et spengo il reo）というモットーが記されていたことが伝えられている。[☆17] このイタリア語に訳されたモットーは、サラマンダー――すなわちフランソワ一世――に統治者としての徳や理想が託されていることを教えてくれる。

一六二二年にパリで刊行された『英雄的ドゥヴィーズとエンブレム集』では、一五五五年版に付されていた説明にいっそう具体的な説明が加わる。一五五五年版の説明の中でも、フォンテーヌブロー宮のタピスリーにサラマンダーが表わされていたことが言及されているが、一六二二年の版ではそのタピスリーに付されていた銘文がいっそう具体的に明記される。

熊は獰猛で、鷲は軽々しく、大蛇は曲がりくねって（陰険で）、サラマンダーは汝の火と徳に身を委ねる。[☆18]

それに続いてパラダンは、この銘に言及されている三つの生きものによって、この王がスイス（熊）、ドイツ（鷲）、ミラノ（大蛇／ドラゴン）に対して得た勝利のことが明言されているのだと解釈を加えている。つまり、ここには国王フランソワ一世の置かれた境遇や、国王としての個人的な経験が具体的に織りこまれているのである。

パラダンとほぼ時を同じくして、イタリアでパオロ・ジョーヴィオ（一四八三～一五五二年）が独自にインプレーサ

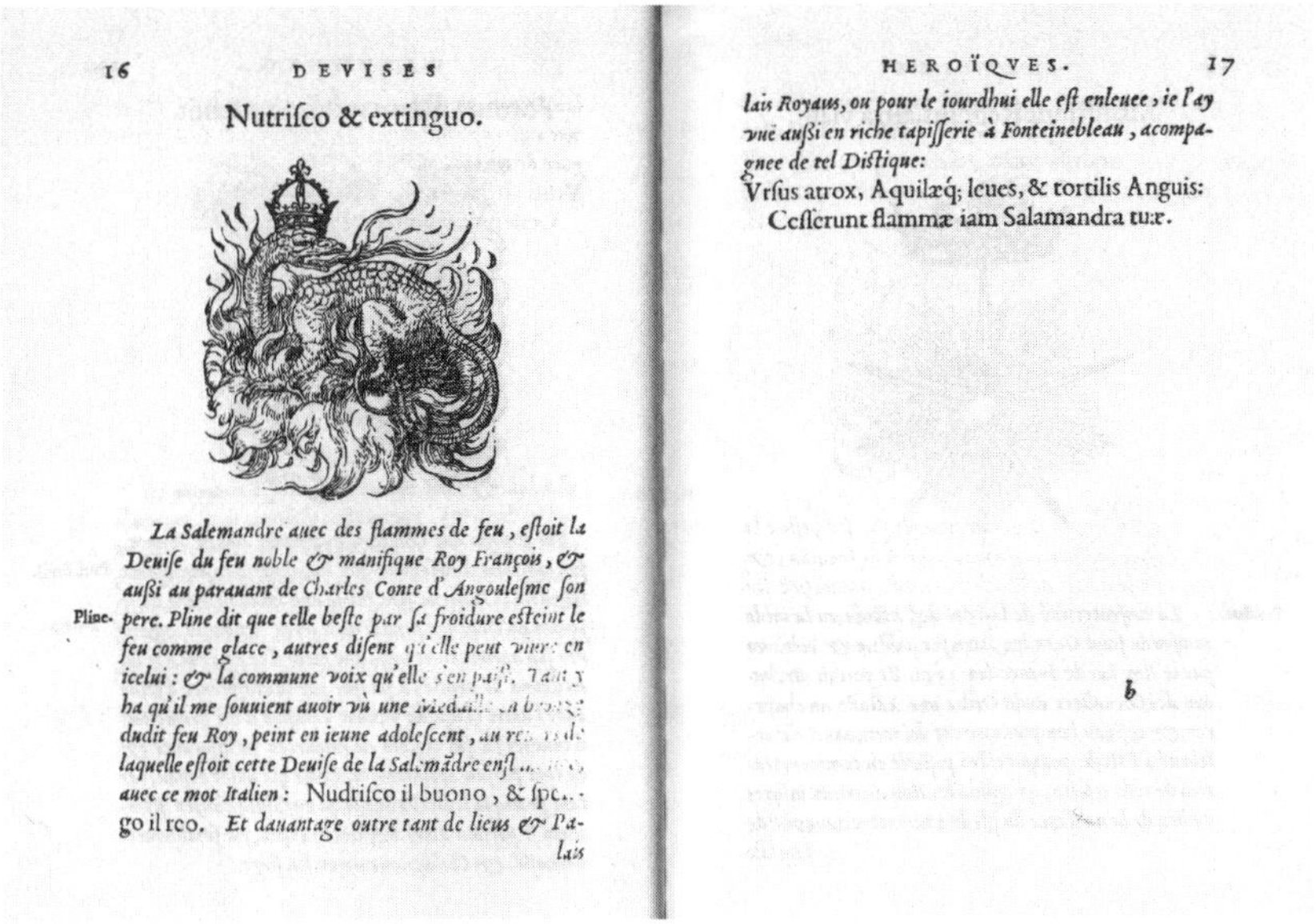

16 DEVISES

Nutrisco & extinguo.

La Salemandre auec des flammes de feu, estoit la Deuise du feu noble & manifique Roy François, & aussi au parauant de Charles Conte d'Angoulesme son Pline. *pere. Pline dit que telle beste par sa froidure esteint le feu comme glace, autres disent qu'elle peut viure en icelui: & la commune voix qu'elle s'en paist. Tant y ha qu'il me souuient auoir vù une medaille en bronze dudit feu Roy, peint en ieune adolescent, au reuers de laquelle estoit cette Deuise de la Salmãdre enflammee, auec ce mot Italien:* Nudrisco il buono, & spengo il reo. *Et dauantage outre tant de lieus & Palais*

HEROÏQVES. 17

lais Royaus, ou pour le iourdhui elle est enleuee, ie l'ay vuë aussi en riche tapisserie à Fonteinebleau, acompagnee de tel Distique:

Vrsus atrox, Aquilæq; leues, & tortilis Anguis:
Cesserunt flammæ iam Salamandra tuæ.

b

図5——C・パラダン『英雄的ドゥヴィーズ集』——フランソワ一世のドゥヴィーズ《サラマンダー》一五五五年

図6——P・ジョーヴィオ『戦いと愛のインプレーサについての対話』——フランソワ一世のドゥヴィーズ《サラマンダー》一五七七年

集を編み、その初版『戦いと愛のインプレーサについての対話』が挿絵を施されることなく一五五五年に上梓された。この著作は、パラダンとは形式を異にしており、当初のものは図像をともなうことなく、ジョーヴィオと文筆家ルドヴィーコ・ドメニキとの間で交わされる会話という形式をとって、一五、六世紀の著名人たちのインプレーサについて、モットーを挙げたうえで、その出典や意味するところをドメニキに語っていく。図像がどのようなものかは本文の記述の中で説明されるのだが、一五五九年にリヨンから上梓された版において、本文中の当該の文章の間に図像が挿入され、それ以降の版ではこの形式が踏襲されることになる。

ここにもフランソワ一世のサラマンダーが登場する（図6）。ジョーヴィオは、フランソワ一世が若いころからサラマンダーをインプレーサとして用いているとだけ語っている。また、サラマンダーは炎の中にあっても焼き潰えることはなく、かえって、身体から冷たい体液を放出して火を消すことができる動物で、モットーは「我は養う」（Mi nutorisuco）、あるいは「我は養い、滅ぼす」（Nutorisuco et extinguo）であると記されている。[19] モットーが、イタリアの詩人フランチェスコ・ペトラルカ（一三〇四〜七四年）の『カンツォニエーレ』（*Canzoniere*）の第三四二番の「わが主どのの　いつに変わらぬ豊富な食物は／涙と悲哀、わが疲れた心はそれを糧とする」（nudrisco）に想を得たものであることも説明されている。[20]

ジョーヴィオは、『戦いと愛のインプレーサについての対話』の中で、完全なインプレーサを作成するための条件について次のように述べている。

第一に、インプレーサの身体（＝図像）と霊魂（＝モットー）の間に適切な均斉がなければならない。第二に、インプレーサはその解釈のためにシビュラを必要とするほど曖昧であってはならないが、また民衆がすべて理解しうるほどに明瞭であってもならない。第三に、インプレーサはとりわけ美しい外観を呈しなければならない。……視覚に喜悦をもたらしうるものでなければならない。第四に、インプレーサは人間の形姿を表わしてはならない。第五に、インプレーサは、身体の霊魂であるモットーを必要とし、モットーは、その作者の情感が隠されるように、一般的には作者の母語とは異なる言語によって作成されねばならない。[☆21]

この記述はインプレーサの特徴を端的に表わしている。インプレーサを構成する要素が、図像とモットーの二つの要素であること。図像は身体に、モットーは霊魂に喩えられ、二つの要素は分かちがたいものであること。また、視覚的・象徴的に訴えかけ、それを身につける者の思いや性質、境遇、願望が解読されることが意図されていること。すなわちインプレーサ／ドゥヴィーズは、単なる「表徴」を超え、利用者の立場や心情、理念を表明する表象装置として解読されるべきなのである。

それではフランソワ一世の城郭に出現したサラマンダーのように、建造物の装飾や家具や食器などに図像だけ単独に表現される場合、そうした図像をどのようにとらえるべきなのだろうか。単なる装飾なのだろうか。その答はパラダンが『英雄的ドゥヴィーズ』の序文中に述べている。

古代の貴人たちは決して絵画を軽蔑することなく、とりわけ王、諸侯、権勢者は、常に彼らの崇高な精神の中に、徳の影、すなわち徳のイデアを有していました。これらのイデアは束の間の、まったく移ろいやすいものですが、絵画の助けによって、見事に引きとめられ、とどめおかれ、永遠に愛され認められるでしょう。それを達成する方法とは、各々が自らの理念に抱いている格別の愛情に従って、この理想を表わしているある事物を、その形態によって、あるいは本性や性格などによって形象化することです。このように創案された形象はドゥヴィーズと呼ばれています――民衆は無知ゆえに、今日にいたるまで常に紋章（Armoiries）と呼ぶのですが。[☆22]

パラダンはここで図像が有する力について述べている。図像は読まれ解釈されるべき含意を含んだ個々人の表徴《ドゥヴィーズ》と解されるべきだと主張しているのである。ジョーヴィオが語っているように、本来ドゥヴィーズ／インプレーサは二つの要素が組みあわされて解読されるべき象徴的・言語的意味を獲得するのだが、時に図像とモットーの二つの要素が単独に表わされることがあったとしても、持ち主の自己を表明するドゥヴィーズとしてとらえ、解読されるべきである。フランソワ一世が自らの城郭に刻印させた数々のサラマンダーは単なる装飾を超え、フランソワ一世の境遇、意図、理念などが盛りこまれた、読み解かれるべき象徴的・言語的意味をはらんだドゥヴィーズとして理解されるべきなのである。

入市式に登場するサラマンダー

日常的に儀礼に明け暮れていた国王の宮廷生活において、国王の権力と威光を可視化する表象装置としての儀礼のひとつが入市式である。そうした入市式にもサラマンダーはたびたび登場する。

入市式の起源は、五八八年、ブルゴーニュ王、聖グントラムのオルレアン到来にさかのぼると言われる。とはいえ、一三世紀以前の入市式は聖職者や町の役人や市民たちが王を市門で出迎え、町の中を案内し、膳と献上品を贈呈するだけの簡素なものであった。フランスにおいて、国王の入市式はヴァロワ朝（一三二八～一五八九年）になって正規の王権儀礼として確立した。[☆23]本来、入市式は、新たに王位に着いた国王が戴冠式のあとに主要な都市に入城する儀礼だったが、戦勝や婚礼の機会などにも催されるなど、頻度を増しておこなわれるようになり、その規模も拡大していった。

パリでおこなわれた入市式を例に挙げると、パリの北のサン・ドニ門から王が騎馬で入城すると、そこでパリ市長をはじめとする役人、貴族、市民の代表者たちなど都市の多様な層に属する人々が王の一行を市の門で出迎え、王と市側からの二重の宣誓がおこなわれる。王は市の権利と自由を庇護することを宣誓し、それに応えて市側は王に恭順を示すことを宣誓するのである。そののち、市の鍵を授与する儀式がおこなわれる。王と一行はサン・ドニの大通りを南下して、シャトレ裁判所の前を通り、シテ島のノートル・ダム大聖堂に向かうのである。そもそも入市式は、キリストが枝の主日（復活祭直後の日曜日）にイェルサレムに入城したイメージが根底にあった。一四世紀末には、入市式の王は、「聖体の祭日」の行列において聖体が天蓋に覆われたと同じように天蓋の下に座し、王は聖体に喩えられていたのである。大聖堂に到着すると多数の市民が見守る中で王は聖書に手を置き誓約するのである。そののち、大聖堂の中に迎え入れられると、神への賛歌『テ・デウム』（*Te Deum*）の詠われる中を主祭壇に進み、跪き祈りを捧げるのである。こうしてキリストがイェルサレムに入城したように、キリスト教的典礼を敷衍させた現世の王の入市式は天上界を映しだす鏡であるかのように演出され、王の神聖さが強調され、王権の正当性が賞賛されるのである。この厳かな儀式ののち、宴の準備された宮殿へと向かい夜を明かすのが慣例であった。

時が下るにつれて入市式はますます多くの人々を動員し、凝った装いを呈するようになる。大聖堂にいたるまでの要所に歓迎の舞台が設置され、活人画――飾りたてた生身の人間を配置し、神話や宗教、あるいは歴史的場面を表わすスペクタクル――がくりひろげられ、入市式は演劇的要素が強調されるようになり、式そのものが街を挙げての一大スペクタクルへと展開するのである。

入市式を企画、運営するのは市民であった。それゆえ、入市式は王への忠誠を迫るだけではなく、都市の権利や自由を保護し、時に王に対する市民の要求を突きつける場合もあり、相互の義務を強調する局面も有していた。都市のさまざまな階層の人々が参加、目撃する入市式は、さまざまな社会の局面を包みこむ視覚的・図像学的語法のヴァリアント[☆24]として政治的メッセージが織りこまれる濃密な儀礼となったのである。

一五世紀のフランスの政治状況に目を向けてみれば、シャルル八世（在位一四八三～九八年）によって開始されたイタリア戦役は、続くルイ一二世（在位一四九八～一五一五年）およびフランソワ一世によって継承された。フランス王たちのイタリア戦役は同時に異国の文化を浸透させることにもなり、その結果、入市式も変質を遂げていった。キリストのイェルサレム入城を世俗の王に準えたタイポロジー的色合いの濃い入市式はイタリアから流入される異教的要素によってその外装を変えていく。凱旋門、凱旋車、オベリスク、小神殿といった古代風の装置がもたらされ、華やかさを演出するとともに、キリスト教的伝統に異教的主題を混淆させながらが、入市式の舞台はその時々の政治的メッセージの発揚の場となっていく。

　フランソワ一世も数々の入市式を挙行している。一五一五年、パリ、サン・ドニ大聖堂で戴冠したあと、パリに入市を果たした直後、フランソワ一世は国政を母后ルイーズ・ド・サヴォワに委ねて南下を開始し、アルプスを越えてミラノに進軍する。一五一五年九月にフランソワ一世はマリニャーノの戦闘で大勝利を収め、同年一〇月一五日にミラノに盛大な凱旋を果たした。それに先立つ七月一二日にフランソワ一世はリヨンに入市式を挙行している。リヨンは、フランソワ一世がミラノ遠征に向けてフランス軍を集結させた拠点であった。この入市式で多様な舞台や活人画などの表象装置が沿道を飾る豪華な行進の模様が記録に残されている。[☆25] そこにはフランソワ一世のドゥヴィーズであるサラマンダーがいくたびも登場し、多様な役回りを演じており、フランソワ一世のサラマンダーが単なるドゥヴィーズから「王の分身」へと転身を遂げる様子を見てとることができる。

　リヨン市側に迎え入れられたフランソワ一世一行は、ソーヌ川へと向かい、壮大なスペクタクルを鑑賞する（図7）。ブルボン家を象徴する有翼の白い鹿が、炎の剣を手にしたフランスの元帥ジャン＝ジャック・トゥリヴルスの指揮のもと、黄金の鎖で繋がれた木製の船を引いて川を降るというものである。フランソワ一世が船頭に立ち、后クロードと義理の姉妹ルネが船に揺られている。その船を動かすのは檣楼で鞴《ふいご》を吹く異教の神、西風ゼフュロスである。帆柱から風にはためく旗の中央に、頭の上にフランスの紋章である百合を戴くサラマンダーが鎮座し、その下から襲ってくる大蛇／龍を喰いちぎっている。大蛇／龍はそもそもミラノを支配したヴィスコンティ家の紋章であり、次いでミラノを支配したスフォルツァ家もそれを継承して用いたことを考えるならば、この襲ってくる大蛇《ヴィスコンティ・ドラゴン》／龍はミラノを象徴するものと考えられる。そして、実際には、旗の下に金字で以下の銘が記されていたという。

最大なる王、サラマンダーをともなう英雄、
統一された百合を蛇にもたらす。☆26

このスペクタクルは、フランソワ一世の、リヨンに軍を集結させ、イタリア遠征に向けた勝利を祈願するためのものでもあった。

このスペクタクルを鑑賞したあと、王とその一行は、市門を入り、多くの人々の出迎えを受け、サラマンダーを織りこんだタピスリーやサラマンダーを描いた布で飾られた沿路を進行するとまもなく、市の東にあるブルヌフ門で、入市式で伝統的に演じられてきた「エッサイの木」のスペクタクルに遭遇する（図8）。ここでは、イタリア風の凱旋門を模した舞台が導入され、壮大なパフォーマンスが演じられた。

舞台の前景で左右に立つ女性は、「リヨンの町」と「忠誠」の擬人像である。それぞれ錠前と鍵を手にしており、入市式の「鍵の授与」の儀式を象徴する擬人像と考えられる。中央には、ソーヌ川のスペクタクルで炎の剣を手にして有翼の鹿の上に立っていた人物が「高貴な欲望」の擬人像として、矛槍をもつ「率直な意思」の擬人像と向かいあって立っており、その中央に六・四メートル（XX pyez de haulteur）の巨大な燭台を思わせる五枝の百合が聳え立つ。三つの花開いた百合から人物が出現する。左右に向きあうように花開いた百合から出現する二人の女性は、左が「神の恩寵」、右が「フランス」の擬人像である。中央のもっとも高い百合から出現するのは、勺を手にして王冠を冠したフランソワ一世に扮する少年である。フランソワ一世の上には、天使が宙を舞い、黄金の王冠を支えている。おそらく天使は実在の人物ではなく、描かれていたものと思われる。その百合の根元に佇んでいるのは炎に包まれたサラマンダーである。フランソワ一世に扮する少年は、王の前で語りはじめる。

王権により、我はこの花の中にいる。

図7——リヨン入市式　ソーヌ川でのスペクタクル
図9——リヨン入市式　「クローヴィスの洗礼」のスペクタクル
図8——リヨン入市式　「エッサイの木」のスペクタクル

GRACE DE DIEU
FRANCE
FRANCOYS I
LA CITE DE LYON
LOYAUTE
CIVITAS INVIOLATA

そこで花開くために、神の恩寵が
私を支える。
というのも、我は真の根から生じる、
その名を冠するフランスの王たちの。
我はそれを維持しよう、
高貴なる真実のために。
やさしきかの愛を示しつつ、
我はいつの時もその愛を保つことを願う。☆27

王家の百合を「エッサイの木」に準えたタイポロジー的舞台は、王の入市式に連綿と登場してきた伝統的なテーマである。シャルル八世の入市式でも、王家の百合に準えられたエッサイの木が登場した。一四八四年のパリ入市式では、エッサイの木の頂部に出現した王の表象を見ることで、病人たちが治癒されるという奇跡が演じられている。手を触れることで病を癒やすフランス王の力は広く人々に信じられていた。一四九〇年のヴィエンヌ入市式の「エッサイの木」は家々の屋根よりも高くそびえていたという。キリスト教的主題である「エッサイの木」が世俗の王フランソワ一世に譲渡されて、君主の正当性を強調する表象装置に変貌している。キリストへと連なる系譜の根幹に横たわるエッサイにかわって、フランス王家の系譜を象徴する百合の根元に位置するのは炎に囲まれたサラマンダーである。血統の正当性と王の神性を表明するこのスペクタクルにおいて、「エッサイの木」に準えられた百合の根元にうずくまるサラマンダーは、王のドゥヴィーズというよりも神威を帯びた存在へと変貌している。この入市式では、また別のスペクタクルで、キリスト教を奉ずる最初のフランス王クローヴィスの洗礼が演じられた（図9）。「エッサイの木」のスペクタクルとあわせて、フランス王家の血筋の正統性と威厳を表明するテーマがくりかえし演じられるのである。[28]

次に遭遇するのは柱に立つ八人の少女たちで、各々がフランソワ（François）の頭文字をもつ少女たちである（図10）。王の名の文字の一つひとつを頭文字にする美徳について、少女たちがその前を通り過ぎる王に語りかけるのである。その徳とはそれぞれ、Foy (Foi)／信仰、Rayson (Raison)／理性、Atrampance (Attrampance)／魅惑、Nobless Charité／高貴、Obedience (Obeissance)／服従、Justice／正義、Sapience (Sagess)／叡智、である。市側と王側の相互の義務を強調する入市式に登場するこの擬人像を象る少女たちは、市民が望む理想の王の姿を王が施すべき徳の恩恵というかたちで示しているのである。

一行がサン・ジャン大聖堂にやってくると、入口に設置された舞台で入市式の最後にあたる六番目のスペクタクルである「至高の司祭と王たる高貴の会見」が演じられた（図11）。凱旋門を象った舞台で二人の人物の対話によって演じられるきわめて政治的な色合いの濃いこの舞台に、再びサラマンダーが出現する。教皇冠を冠したメディチ家の紋章の前に立つ「至高の司祭」（Souverain Prestre）とフランスの紋章の前に立つ「高貴なる王」（Nobless Royal）の女性擬人像は、教皇とフランス国王を象徴しており、二人の間で平和を希求する対話がかわされる。のちの一五一五年の一二月にフランソワ一世は教皇レオ一〇世とボローニャで会談をしており、この舞台での上演はのちに実現されることになる。対面するこの二人の擬人像を司るかのように、ペディメントの中央に王冠を冠して君臨するのは炎に囲まれたサラマンダーである。

一五一五年のリヨンの入市式の模様は、領域国家から中央集権国家へと進むべき方向を変えつつあったフランソワ一世の統治下にあって、入市式が新たな様相を帯び、目指す政治体制のイデオロギーを喧伝する表象装置となっていたことをまざまざと伝えている。そこに出現するサラマンダーは、「エッサイの木」の根幹に坐しては王権の正統性と神威を表明し、教皇と国王の対面では頭上に君臨して新たな国家体制にかかわる政治的メッセージを喧伝し、王のドゥヴィーズから「王の分身」へと転身したのである。

図10――リヨン入市式　フランソワ一世の名の頭文字Fをもつ「信仰」の擬人像

図11——リヨン入市式「至高の司祭と王たる高貴の会見」のスペクタクル

その後、入市式にはますます異教的要素が侵入することになり、難解かつ神秘的な性格を強めていく。一五一七年のフランソワ一世のルーアン入市式ではじめて凱旋車がフランスの地に姿を見せ、異教の要素が入りこんでいくさまが記録されている。異教的の神々や英雄たちが跋扈する入市式に政治的意図を帯びたサラマンダーがやはり「王の分身」として登場する。六番目の舞台が設置されたロベック橋での装置では、アトラスとヘラクレスが登場し、天を支えているところに、機械仕掛けのサラマンダーが大地に舞い降り、やはり機械仕掛けの雄牛や熊と激しく戦い勝利するさまが演じられ、観る人々を圧倒した。この舞台には、"Nutrisco Extinguo"（我は養い、滅ぼす）の銘が掲げられていた。雄牛はスイスのウーリを、熊はベルンを象徴しているのはその舞台を目にする人びとの目には明らかであった。[☆29]

サラマンダーは、「王の分身」となって、キリスト教のイメージをまとって連綿と演じられてきた伝統的な王と王権の称揚というテーマを継承して演じる一方、新たな国家体制のイデオロギーを敷衍させ、政治的メッセージを高らかに喧伝したのである。[☆30]

「フランソワ一世のギャラリー」

中央集権君主国家を目指すフランソワ一世は、聖都ローマに匹敵する宮廷の創出をめざし、一五二八年、パリ南南東六〇キロに位置するフォンテーヌブローの狩猟地に一二世紀以来建っていた城郭の全面的な改築を命じ、新たに誕生した宮殿をイタリアから招聘した芸術家たちに装飾させた。一五三一年、ポントルモとともにマニエリスム第一世代を代表するイタリアの画家ロッソ・フィオレンティーノ（在仏一五三〇～四〇年）が「建築物総監」に任じられ、フォンテーヌブロー宮殿の装飾を一任された。一五二七年にローマ劫掠に遭遇したロッソ・フィオレンティーノはローマを離れ、北イタリアの諸都市を三年もの間彷徨したのちに、一五三〇年にヴェネツィアにその身を置いた。そこでピエトロ・アレティーノと巡り会い、彼の推薦を得て、フランソワ一世に招かれ、フォンテンブローに赴くことになる。一五三二年には、ジュリオ・ロマーノの弟子フランチェスコ・プリマティッチョ（在仏一五三二～七〇年）がフォンテ

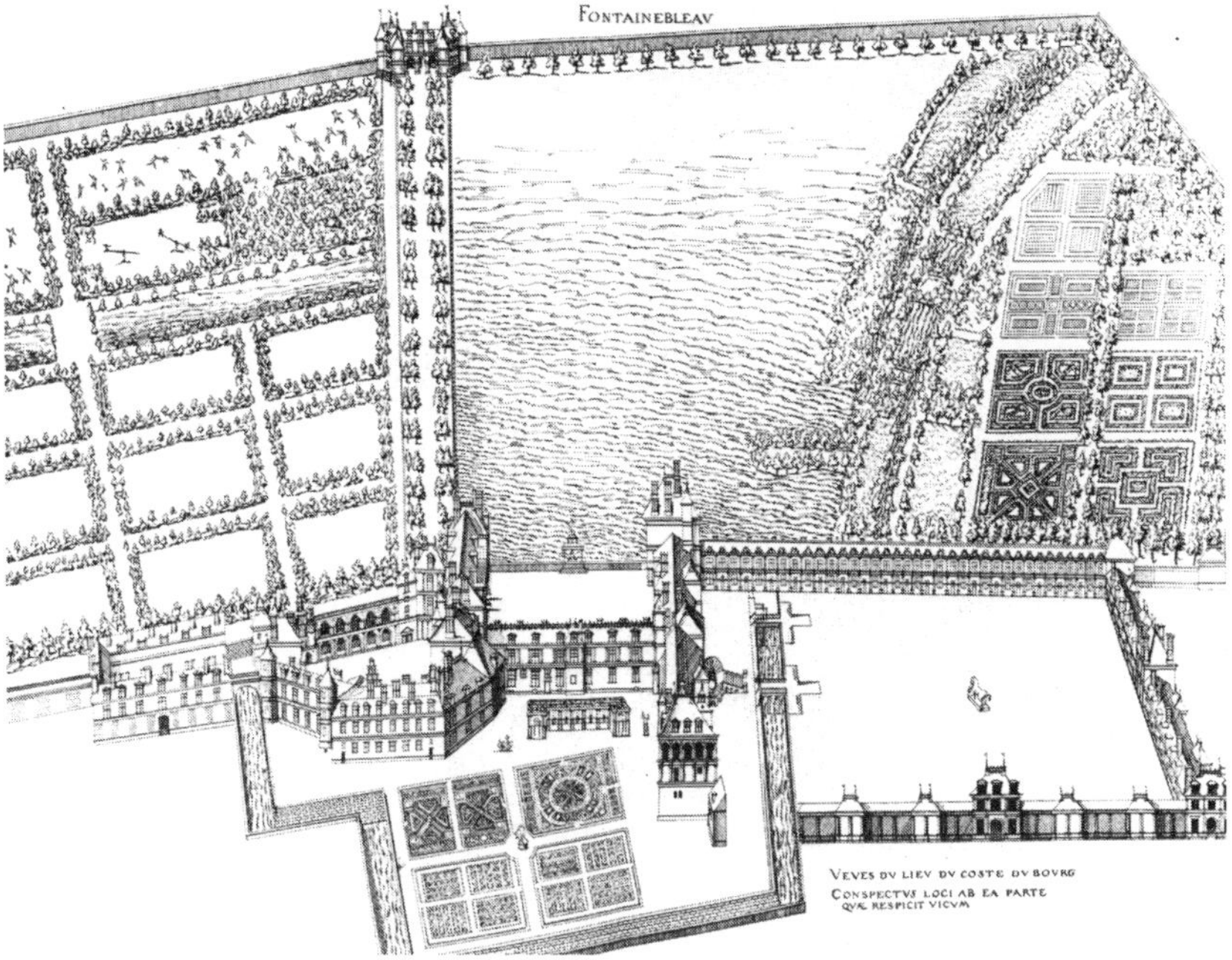

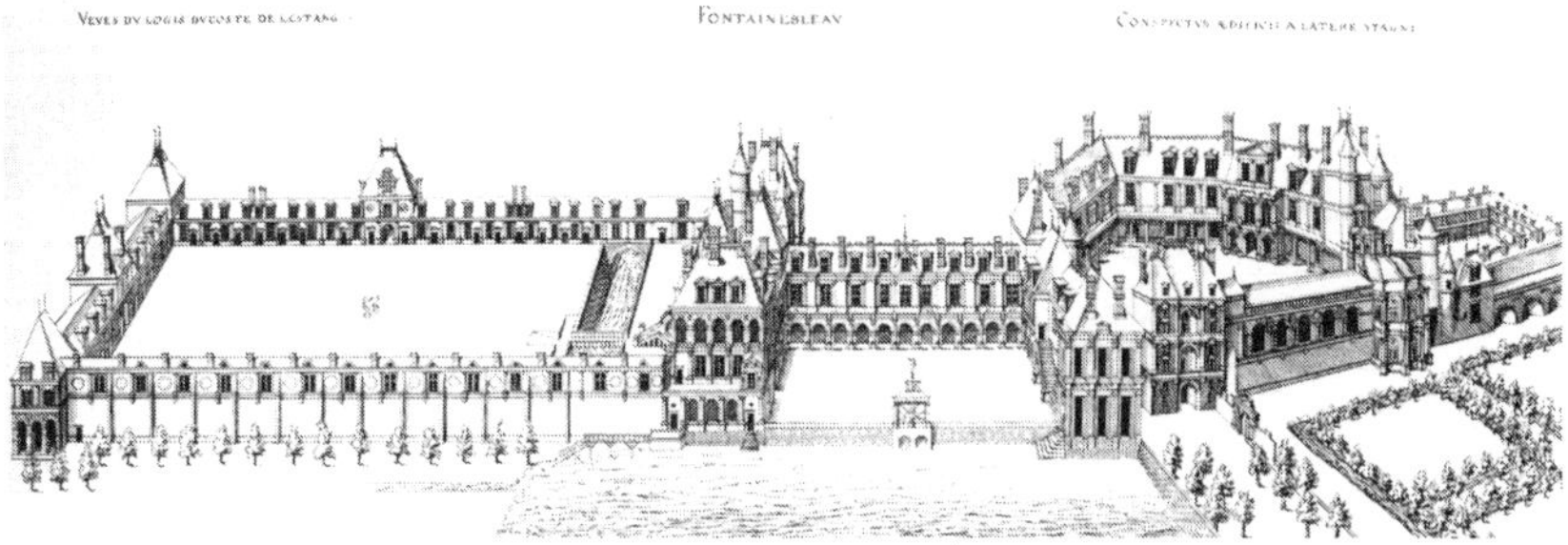

図12――1576年のフォンテーヌブロー宮（セルソー）と「フランソワ一世のギャラリー」の南正面（ドルベ）

ーヌブローに合流し、二人の指揮の下で、「フランソワ一世のギャラリー」のフレスコ画とストゥッコ装飾が、フランス人を含む多くの芸術家や技術者たちによって進められていくことになる。こうしてフランス美術の発展に大きな役割を果たしたフォンテーヌブロー派がこのフォンテーヌブロー宮殿で誕生することになるのである（図12・13）。

「フランソワ一世のギャラリー」は、フォンテーヌブロー宮のフランソワ一世自身の寝室に定めたかつての聖ルイ王の寝室と三位一体礼拝堂を繋ぐ東西に長く伸びる回廊で、一五三四年から一五三七年にかけてロッソ・フィオレンティーノの指揮の下に装飾された。フランソワ一世は毎日そこを通ってミサに参列し、ギャラリーの鍵も保持したと言われるほどの愛着ぶりを示した。東西に細長く続くギャラリーの南北の壁にはストゥッコ彫刻やフレスコ画など多様な素材を併用して重層的な構造を有するこれまでにない豊穣で斬新な壁面装飾が展開し、フランソワ一世を称揚する難解で神秘的な寓意的世界がくりひろげられている。

しかしながら、現在の「フランソワ一世のギャラリー」は度重なる修復や増築によって当初のものとは大きく姿を変えている。まず一六三九年に、西側に従来のものに変わる新たな扉が設置され、一八世紀には大きな扉を設置するために東側の壁がとりこわされた。そのために東西の二つの壁にあった楕円形の装飾壁画が姿を消すという重大なプログラムの変更が加えられることになった。☆31 現在では西側扉口から入り、ギャラリーを鑑賞するのだが、建設された一六世紀当初は、東からギャラリーに入り西へと歩を進めた。東西両壁にあった楕円形の装飾壁画が姿を消すという重大なプログラムの変更に加え、東から西へという、見る順序の逆転という事態も生じ、装飾の視覚的効果ばかりか意味的効果にも影響を与えることになった。

当初、ギャラリーの北側壁面の中央に小さなキャビネが張りだすように設えられていたが、一七八六年、ギャラリーの北側に別棟が増築されたことにともなって、その「王のキャビネ」もとりこわされた。そればかりか北側の窓からの光が遮断されてしまうことにもなった。ギャラリーに差しこむ光の状況に変化が生じることになり、装飾効果に大きな影響を与える結果になったのである。

こうした数々の変更によって、個々の要素が完璧にコントロールされて完結した統一的空間を生みだしていた装飾の視覚的効果、心理的効果に破綻が生じる結果となった。フランソワ一世のギャラリーがこうした経緯を経て現在にいたり、本来の姿を大きく変えてしまったことを踏まえておかねばならないだろう。

＊

東西に長いギャラリーは、これまでの壁面装飾には見られないほど斬新で豊穣な装飾が全体を覆い尽くしている。ギャラリーの装飾システムは重層的である。ギャラリーの下部には木彫装飾の施された腰板が、上部にはフレスコ画が配され、それを枠取る人物像や果実などの装飾モティーフやカルトゥーシュはストゥッコ彫刻、モザイク、フレスコなどによって形成されている。多様な技法と素材が併用され、それらが交錯、共鳴しながらギャラリー全体の装飾を構成している。同じ素材が用いられている場合にも、異なる表現方法が併存、交錯し、異質な視覚的、心理的効果を発揮する。たとえば、丸彫りに近いストゥッコ彫刻と薄彫りのストゥッコ彫刻が与える印象は対比的である。前者は人物や果実などの装飾モチーフに用いられて手前へと浮きだしてくるかのような強烈な印象を与え、一方、後者は空間の深奥へと後退するかのような絵画的な効果を生みだしている。また、絵画においても、空間の奥行を求める絵画的表現と、こちら側へと浮きあがるかのような装飾的表現が巧みに使い分けられ、素材の多様性に加えて多様な表現モードが交錯、共鳴しているのである（図13）。

多様な素材が併用されているにもかかわらず、装飾モチーフはなにひとつ反復することなく、ギャラリーの装飾は一見錯綜を極めるが、実は手の込んだプログラムに則っている。東西に長く伸びるギャラリーは七区画に区分され、一二点の長方形の絵画と四点の楕円形の絵画が飾っていた（東西の壁と南北の中央の壁をかざっていた楕円形の絵画のうち、東西のものはとりこわされて現在は見ることができない）。これらの一六点の絵画作品は同一のプログラムに則って装飾されている。つまり中央に大型の絵画を配置し、その両脇に関連するモチーフ／場面を、下部にはやはり関連するモチ

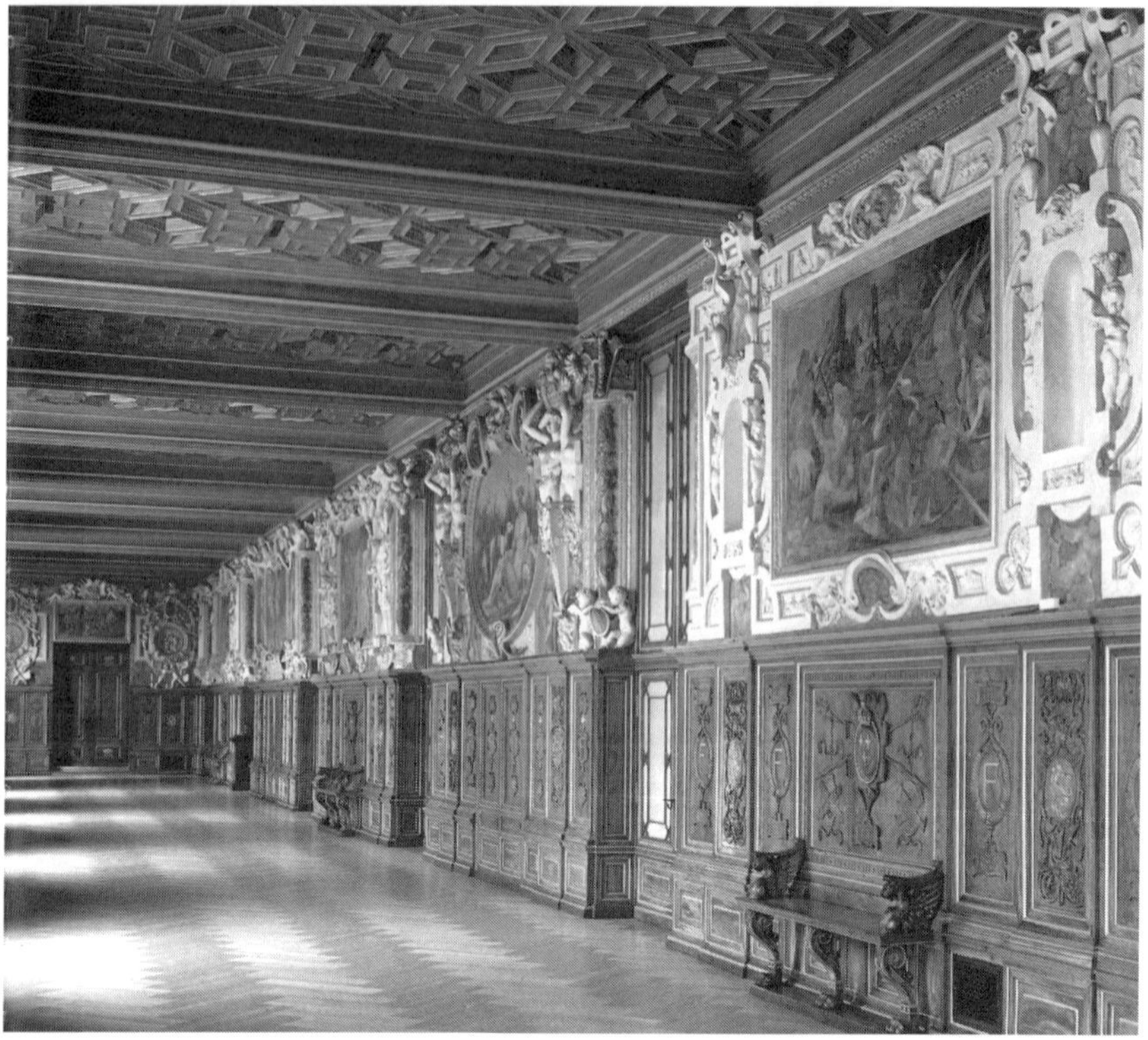

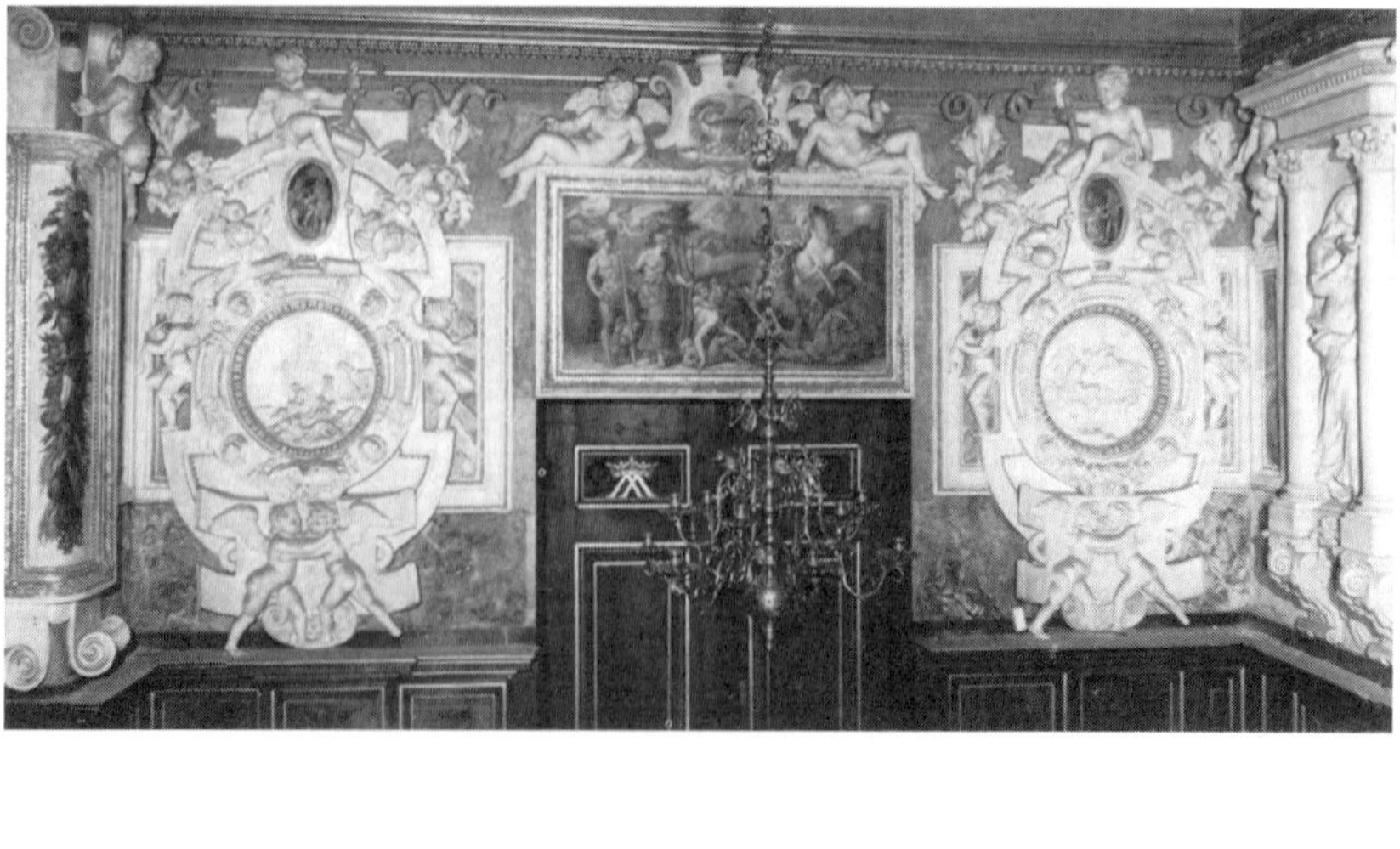

フランス近世美術叢書I　装飾と建築——フォンテーヌブローからルーヴシエンヌへ

図13———現在のギャラリー
右ページ　西壁に向かって
左ページ　東壁に向かって

ーフ／場面を配している。いわば、主翼、左右両翼、下部にプレデッラを備えた一種の三連祭壇画の構造を踏襲しているのである。

これらの三連祭壇画に喩えられる壁面装飾は多様な素材から構成されるが、ギャラリーの全体的構成という視点から眺めるならば、中央に位置する絵画作品の両側面の装飾は、北側では、中央の区画を中心として東西に向かって、ストゥッコ高浮彫り、絵画、ストゥッコ高浮彫りという順に、南側では、ストゥッコ低浮彫り、絵画、ストゥッコ高浮彫りという順に配され、南北の相対する壁の装飾は微妙なずれを見せながらも、中央の区画を中心にシンメトリカルに配置されている。また中央に位置する絵画作品の下面の装飾については、絵画とストゥッコ彫刻が交互にくりかえされるが、南側と北側では向かいあう面で同じ技法が重複することなく、対角線上に呼応関係を生みだしている。こうした一見それとはわからぬほどに多様で複雑な呼応関係によってギャラリーは幾重ものリズムを奏で、重層的な装飾システムが「フランソワ一世のギャラリー」に複雑にからみあう装飾の網の目を織りなすのである。[☆32]

プログラム

ギャラリーの南北に向かいあう七つの区画に配された、それぞれ上部にサラマンダーを抱く一四の絵画のテーマは、本来の鑑賞の順序である東から以下のように配されている（配置図［図14］の区画Ⅰから区画Ⅶを参照）。

第Ⅰ区画　北《ウェヌスと眠るアモル》（図15）
　　　　　南《ケンタウロス族とラピタイ族の戦闘》（図16）
第Ⅱ区画　北《アキレウスの教育》（図17）
　　　　　南《若返りの泉》（図18）
第Ⅲ区画　北《ナウプリオスの復讐》（図19）

南《アドニスの死》（図20）

第Ⅳ区画　北《セメレの死》（一七八六年に破壊され、版画のみが現存している［図21］）

南《ダナエと黄金の雨》（図22）

第Ⅴ区画　北《カターニャの双子》（図23）

南《クレオビスとビトン》（図24）

第Ⅵ区画　北《百合の紋章に飾られた象》（図25）

南《国家の統一》（図26）

第Ⅶ区画　北《犠牲》（図27）

南《無知の追放》（図28）

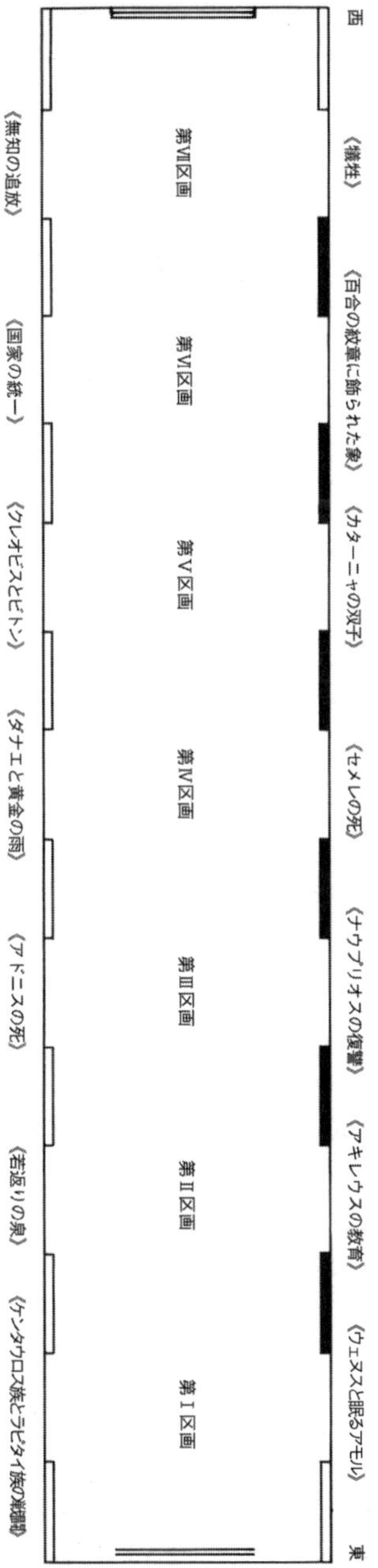

図14——「フランソワ一世のギャラリー」の絵画配置図

これらのテーマは、古代ギリシア・ローマに題材を求めた神話、寓話、歴史など多様な典拠から引かれており、それらが織りなす難解な象徴の戯れはいまだに解きほどかれてはいない。

豊穣な網の目の中で相互に緊密な関係を結んでいた装飾の重層性は、多様な技法の併用と装飾の対応関係ばかりか意味上の多様な関連性からも生みだされる。たとえば、第Ⅲ区画南の《アドニスの死》において（図20）、アモル／クピドに支えられて、九の字に身体を曲げ、上半身をこちらに向けるアドニスの肉体表現は、キリスト教美術において伝統的に表現されてきた「キリストの死」を想起させる。しかしながら、その右側に表現された二輪戦車に乗って嘆きの様子を見せるウェヌスから、このテーマが「アドニスの死」であることは容易に判別される。舞台の上でキリスト教的テーマと異教的テーマが混淆し、神秘的な寓意劇を演じている。また主翼にあたる絵画は周囲の装飾とも関連し、絵画と周囲の装飾はひとつのユニットをなして意味的に緊密な関連性をつくりあげる。主翼の《アドニスの死》の両側に置かれて、絵画的な印象を与える薄浮彫りのストゥッコ装飾には、右翼にディオニュソスの崇拝者たちが、左翼にライオンを従えたアタランテとヒッポメネス、およびキュベレの凱旋車が表現されている。オウィディウスはアドニスの死をヒッポメネとアトランタの転身と関連づけている。[☆33] 一区画の壁面を形成する諸場面は構造的、視覚的、内容的に緊密にからみあっているのである。

それればかりか、ギャラリーの壁面装飾は南北に向かいあって一対となり、やはり緊密にからみあう。第Ⅴ区画の南の場面は、《クレオビスとビトン》がテーマである（図24）。アルゴスのユノの神殿の巫子を務める女の息子クレオビスとビトンが、母親を馬車で曳いてユノの神殿に向かう場面である。母親はユノに死すべき人間にとってもっとも価値のあるものを息子たちに与えるように祈ったところ、彼らはたちまち眠りにつき、二度と目覚めることはなかった。物語は右翼の伝染病で牛が死ぬ場面から始まり、左翼の二人の息子の死までナラティブに進行する。下のカルトゥーシュには、投獄されたキモンに対して娘のペローが自らの乳を飲ませるという場面が描かれており、中央の場面との物語上の関連はないものの、「孝行」という意味上のテーマで関連をしている。[☆34] カルトゥーシュの両脇に配された高浮彫りの犬は「孝行」を寓意的に補足する。一方、この壁面に向かいあう第Ⅴ区画の北の場面は《カターニャの双子》

図15———第Ⅰ区画　北《ウェヌスと眠るアモル》
図16———同　　　　南《ケンタウロス族とラピタイ族の戦闘》

図17———第Ⅱ区画　北《アキレウスの教育》
図18———同　南《若返りの泉》

図19———第Ⅲ区画　北《ナウプリオスの復讐》
図20———同　南《アドニスの死》

図21―――第Ⅳ区画　北《セメレの死》（一七八六年に破壊され、版画のみが現存している）
図22―――同　南《ダナエと黄金の雨》

図23———第Ⅴ区画　北《カターニャの双子》
図24———同　南《クレオビスとビトン》

図25―――第Ⅵ区画　北《百合の紋章に飾られた象》
図26―――同　南《国家の統一》

図27———第Ⅶ区画　北《犠牲》
図28———同　南《無知の追放》

がテーマである[☆35]（図23）。この物語はあまり語られることはないが、カターニャの炎上と火災から両親を救う双子アンフィノムスとアナピアスを表わしており、テーマはやはり「孝行」である。対面するこの区画の二つの場面は意味上の関連を有していることになる[☆36]。

向かいあう壁面の関係性は、ナラティブな継続性を有するものもあれば、意味的に補完関係にあるものもあり、またアンチテーゼの関係にあるものもあるなど、一貫したシステムで割り切ることはできず、ここでも複層する多様な関係性の網を織りなしている[☆37]。

ギャラリーを舞台とする装飾システムの重層性は、南北の壁の中央と東西の壁面、つまりギャラリーの東西南北の軸上に配された楕円形画面と、南北に長く並べられた長方形画面の対比の中にも求められる。

中央の第Ⅳ区画の南の場面には、《ダナエと黄金の雨》が表わされている（図22）。娘に殺されると予言された父によって青銅の塔に閉じこめられたダナエのもとに、ユピテルが黄金の雨に姿を変えて訪れる場面である。黄金の雨は楕円形画面の中央でストゥッコのケルビムに支えられたサラマンダーから降り注がれているかのようである。ダナエのこの主題は伝統的にキリスト教の受胎告知の予型とされてきた。しかしながらここで頂点に位置するのは父なる神にかわって炎に包まれたサラマンダーである。

向かいあう北壁の楕円形絵画は一八世紀に破壊され、現在は、フォンテーヌブロー派の版画を原画とした作品が置かれており、《セメレの死》が表わされていた（図21）。風を送る人物像と水の流れる甕を抱えた人物像の間に、雷光に焼き尽くされて力なく横たわるセメレを前にしたユピテルの姿が力強く表現されている。ユピテルは雷光ならぬ燃えあがる炎を手にしており、このオリュンポスの大神が「善き火を燃え立たせ、悪しき火を消す」サラマンダーにほかならないのだと告げているかのようである[☆38]。

いずれにしても、《セメレの死》と、それと対に置かれていたキリスト教的テーマに神話的な外装をまとわせた《ダナエと黄金の雨》は、両者を神的愛と世俗的愛の対比とするなど多様な解釈を提供してきたが、いずれも神話的寓意の舞台で支配的な役割を果たしているのはサラマンダー／フランソワ一世なのである。ヴァザーリによれば、当初の東壁と西壁の惰円形絵画には油彩で《バッコスとウェヌス》と《クピドとウェヌス》が描かれていたという。[☆39] 東西南北の中央軸にユピテルとウェヌスにまつわる神話的なテーマが交差するが、それらの作品が現存しないため、そうした関連の中でこれらが語られることはなかったし、今もない。

ギャラリーの南北の壁に向かいあって配された一二点の長方形絵画についても、その典拠の多様さと複雑な装飾が織りなす視覚的かつ意味論的な重層的構造のゆえに、場面やモチーフの同定、およびその解読について多くが論じられてきた。そして多くの場面が、たとえば一五二五年の国王のマドリード捕囚や一五三六年八月一〇日の皇太子の死など、フランソワ一世の生涯の具体的な出来事と結びつけられもきたが、いずれにしても、フランソワ一世の生涯や統治、理念に密接にかかわっていると考えられるだろう。

当初の入口である東扉口から足を踏み入れると、最初に立ち現れるのは、《ウェヌスと眠るアモル》である（区画I北［図15］）。画面の後景に武器を手に乱舞する有翼のプットーたちと嘆きの身ぶりを見せるミネルウァが佇み、手前では白い裸身のウェヌスが、その足元で眠りの中にいるアモルを目覚めさせようとしている。アモルは右端の柱から伸ばされた腕に差しだされた書物に気づくことはない。この場面の下の方形の画面に描かれているのは、この舞台が演じられているファンテーヌブロー宮殿そのものである（図29）。頂点に君臨するサラマンダーは、ウェヌスとアモルが演じる神秘的寓意劇の舞台となる神殿が地上の神殿フォンテーヌブローであることを吠えて宣言しているかのようである。

図29―――第一区画　北　下部方形場面
装飾時の《フォンテーヌブロー宮殿》の姿

　この場面を出発点として、東端の区画Ⅰから区画Ⅲまでの南北六場面のギャラリーでは、混沌や暗闇が支配する。《ウェヌスと眠るアモル》に向かいあう壁面を飾る、オウィディウスが詳細に物語るラピタイ族とケンタウロス族の血なまぐさい争い（区画Ⅰ南［図16］）は混沌と無秩序を象徴する。続く《アキレウスの教育》（区画Ⅱ北［図17］）は、ギャラリーの東側で展開する無知、不安、恐怖、死といった悲劇的なテーマの中に描かれ、少年アキレウスが賢明で博識なケンタウロスのケイロンから武芸、水泳、音楽、狩などの指南を受ける様子が表わされている。それに向かいあう《若返りの泉》（区画Ⅱ南［図18］）は古代に流布していた伝説で、神が人間に与えた贈りものである「永遠の若さ」を、喉の渇きに耐えかねた人間が泉で番をするドラゴンに、水と交換に渡してしまうという人間の愚かさを告発するものである。[☆40]続く《ナウプリオスの復讐》では暗い闇が支配する（区画Ⅲ北［図19］）。この場面は、トロイアに遠征した息子パラメデスがオデュッセウスの奸計によって石で打たれて死んだのを恨んだナウプリオスが、ギリシア軍の帰路を待ち伏せてエウボイア港のカペレ岬の灯台に偽った烽火をあげ、港とまちがえて近づくギリシア軍を難波させ、逃げようとするギリシア軍を撃ち殺そうとするおぞましい殺戮の場面である。この壁面に向かいあうのが、死せるキリストのごとく横たわる《アドニスの死》（区画Ⅲ南［図20］）である。中央より東側のギャラリーに見られる深い眠りの中にいるアモル（フランソワ一世）とその周囲を囲む暗澹とした世界、そして国王の教育というこれらのテーマはフランソワ一世の到来を待ち望むというひとつの寓意的なナラティヴをつくりあげている。

　かわって、中央より西側の区画Ⅴから区画Ⅶの六場面ではトーンが異なる。先に述べた《カターニャの双子》（区画Ⅴ北［図23］）と《クレオビスとビトン》（区画Ⅴ南［図24］）に共通するのは「孝行」という徳であった。続く場面は《百合の紋章に飾られた象》（区画Ⅵ北［図25］）である。巨大な象は百合とフランソワ一世の頭文字Fで身を飾り、頭部にはサラマンダーを飾り、フランソワ一世を、ひいては王の力と知恵を象徴する。象の足元にいる鸛《こうのとり》は子に対する愛の象徴とも、国王の母親ルイーズ・ド・サヴォワへの敬意を象徴するとも言われ、三人の若者はアトリビュートからユピテル、ネプトゥヌス、プルートであると同時に、空、海、陸というフランソワ一世が統治する空間を象徴する寓意像とされている。向かいあう《国家の統一》（区画Ⅵ南〔図26〕）では、中央に立って多様な人々（国家）を束ねている人物がおり、この人物はフランソワ一世の似姿とされる。続く《犠牲》（区画Ⅶ北〔図27〕）では、祭儀を司り、燃える祭壇の前で、その周囲に不具者が集う中、伝統的にフランス王が有していた奇跡の治癒を演じる司祭、すなわちフランソワ一世が描かれている。[☆41] そして最後の場面、《無知の追放》（区画Ⅶ南〔図28〕）で舞台は終局に向かう。前景に目隠しをされた「無知」が途方に暮れてさまよっており、後景では、光の神殿の門を今くぐろうとするフランソワ一世の姿が見える。王が手にするのは、東壁入口の第Ⅰ区画北の場面でアモルに差しだされた書物と剣なのである。こうしてギャラリーの装飾は円環を結び、眠りから目覚めたアモルが神聖なる叡智を具えた理想の国王へと成長したところで終幕を迎え、君主の徳や権威が称揚されるのである。

　これらの七区画すべての壁面装飾の頂点にサラマンダーは君臨する。しかも、ここに登場するサラマンダーは、先に見たフランソワ一世の城郭に登場するサラマンダーとは様相が異なり、一点として同じ姿勢や表情をしたものはいない。炎の中に身体を横たえるもの、口から炎を噴きだし激しい動きを見せるもの、身をよじらせて下の絵画を覗きこもうとするもの、さまざまに能動的に活動するサラマンダーは下の場面と緊密にかかわっている（図15から図28の上部を見よ）。《犠牲》の場面では（図27）、司祭が奇跡をおこなう祭壇にある木の頂部にサラマンダーを冠することで、この木は入市式で伝統的に用いられてきた「エッサイの木」を想起させ、最後の《無知の追放》の場面では（図28）、光の神殿の門をくぐろうとするフランソワ一世の上でサラマンダーが光の神殿の中に佇んでいる。すべての壁面を飾る絵画の頂部にサラマンダーは出現し、あたかもギャラリーを統括しているかのようである。

ドゥヴィーズからエンブレムへ

　フランソワ一世のギャラリーを司る装飾システムの視覚的、意味的重層性、多様な象徴体系の網の中にくりひろげられる難解なレトリックは、当時フランスで流行したエンブレムと結びつけることができるだろう。エンブレムの流行は、一四一九年にギリシアのアンドロス島でホルス・アポッロ（Hours Apollo）、あるいはホラポッロ（Horapollo）が著わしたエジプトの象形文字を蒐集した『ヒエログリフ集』（*Hieroglyphica*）が発見されたことに端を発する。この発見は直ちにフィレンツェの人文主義者たちの強い関心を引くことになり、俗語で版を重ねていった。『ヒエログリフ集』は、古代エジプト人の象形文字についての正確な知識を伝えるものではなく、その名のもとに古いいまや迷信となってしまった言伝えや知識、古代の概念などを説明しようとしたものであり、イメージと言葉が織りなす新たな象徴体系が当時の人々の心をとらえたのである。こうした流行を受け、ホラポッロの当世版とも言うべき『エンブレム集』がアンドレア・アルチャーティによって刊行され（初版一五三一年）、一六世紀末までには無数の版が出版された。フランスにおいては一五三四年にパリで出版され、一五三六年にはル・フェーヴルによる仏訳も上梓されている。アルチャーティの『エンブレム集』を中心にエンブレム・ブックは一六世紀に大きな成功を収めることになる。エンブレム・ブームを惹き起こした中心的な存在であるアルチャーティは、一五二九年から一五四三年にフランスで法律を教えており、フランソワ一世のギャラリーのプログラムに参加した可能性さえ指摘されている。ギャラリーの《ウェヌスと眠るアモル》に登場するウェヌス、アモル、ミネルウァのトリオは、アルチャーティの一五四九年にリヨンで刊行された『エンブレム集』の「愛の聖三位一体」に登場し[☆42]、《カターニャの双子》に重ねあわせられるトロイアの炎上と父アンキセスを背負って救出するアイネイスのエピソードは、アルチャーティの『エンブレム集』の中で「子の親への愛」というエンブレムでとりあげられている。また《百合の紋章に飾られた象》に登場する象は、力と権威の象徴としてホラポッロもとりあげ、アルチャーティの『エンブレム集』の中にも献身で名高い鸛とともに登場するなど、フランソワ一世のギャラリーには随所にこうしたエンブレム的思考が織りこまれている。

新たに創出された象徴体系としてのエンブレムは、モットー、イメージ、テクストの三要素から構成される。たとえば、アルチャーティの〈不滅は学問研究から得られる〉を見てみよう（図30）。

〈不滅は学問研究から得られる〉
EX LITERARUM STVDIIS IMMORTALITATEM ACQVIRI
ネプトゥヌスの喇叭手トリトンは、下半身は怪物で、
顔は海神であることを示している。
彼は円を描く蛇で囲まれ、
蛇は口でしっかりと尾を加えている。
名世は魂において秀でた人々と、尊い行為に従い、
それらが全世界で読まれることを命じる。[☆43]

Ex literarum ſtudijs immortalitatem acquiri.

Neptuni tubicen, cuius pars ultima cetum,
Aequoreum facies indicat eſſe Deum.
Serpentis medio Triton compræenditur orbe,
Qui caudam inſerto mordicus ore tenet.
Fama uiros animo inſignes præclaraq; geſta
Proſequitur, toto mandat & orbe legi.

図30——アンドレア・アルチャーティ
〈不滅は学問研究から得られる〉
『エンブレム集』（パリ、一五三四年）

　喇叭は一般に名声を表わし、円を描いて自らの尾を噛む蛇《ウロボロス》は永遠の徴である。[☆44]この例に見られるように、エンブレムではイメージとテクストが分かちがたく結びつき、相互に補完しながらある概念を表明しようとする。言葉とイメージという異質な要素を重層的に組みあわせ、複雑な網の目の中に紛れこませながら隠すかのようにひとつのイデアを織りなしていく難解なレトリックを用いたエンブレム的思考そのものが、「フランソワ一世のギャラリー」の装飾を導く重層構造の本質的な要素なのである。

　こうしたエンブレムの誕生を準備したもうひとつの要因は、同じようにイメージと言葉が分かちがたく結びついたドゥヴィーズ／インプレーサであり、ドゥヴィーズ／インプレーサは、モットーと図像の二つの要素から構成された個々人の表徴であった。エンブレムはそれにテクストを加えて三部構成をなし、いっそう複雑な含意をその内部にはらんでいる。ドゥヴィーズ／インプレーサとエンブレムの相違は構造上の相違だけではない。ドゥヴィーズ／インプレーサは、それを所有する個々人の思いや境遇を盛りこみ、個人的な意図や願望を表象するきわめて個人的な象徴体系だが、エンブレムは、個々人の象徴を超えて、普遍的な道徳や概念を説くひとつ上位の体系と定義されている。テクストがモットーと図像を解き明かし、ある概念を表明しようとする。「フランソワ一世のギャラリー」そのものがエンブレム的構造を有しており、サラマンダーの下に配された絵画がエンブレムの難解なテクストの役割を演じ、意味を伝え、ある概念を表明する。「フランソワ一世のギャラリー」の中枢にいて、そこに君臨する「善き火を燃え立たせ、悪しき火を消す」(Nutrisco al buono, Estingo el reo) サラマンダーは、もはやフランソワ一世の個人的な想念を秘めたドゥヴィーズではなく、普遍的な概念を表わすエンブレムへと変貌したのである。「フランソワ一世のギャラリー」の重層的な装飾は、サラマンダーに収斂し、その吐きだす炎の中に、国王の称揚と国家の理想を解き明かしている。

　そして、この「フランソワ一世のギャラリー」に身を結んだイタリア産のマニエリスム芸術が、フランスのルネサンス芸術の端緒となり、フォンテーヌブロー派として以後フランス芸術の礎となっていくのである。(田中久美子)

第2章　フォンテーヌブロー宮殿の室内装飾

――「フランソワ一世のギャラリー」と「舞踏会の間」

古代と近代の間の時代として定義された中世。のちに「近代」は近世《アーリー・モダン》と近代《モダン》とに分けて考えられるようになるが、いずれにせよ中世《ミドル・エイジズ》が古代《クラシック》とその後継者としての近世《ルネサンス》にサンドウィッチされた時代であることにはちがいない。すなわちクラシックとルネサンスが「パン」であるとすれば、中世は「具」なのであり、ヨーロッパの歴史の中で両者は根本的に異質なものとしてとらえられてきた。

フォンテーヌブロー宮殿は、フランスにおける最初のルネサンス装飾が花開いた場所である。すなわちここでは、サンドウィッチの具とパンの境界に位置する特異な芸術を見ることができる。その境界ではなにが起こっていたのか。ルネサンスの始まりとしてのフォンテーヌブローと、直前の時代としての中世との間には、いかなる断絶があったのであろうか。

*

フォンテーヌブロー宮殿は、時のフランス国王フランソワ一世によってイタリアから招聘された芸術家たちによって美しく装飾された宮殿であり、フランスにおけるルネサンス芸術の草創として知られる。ここで活躍した芸術家たちは、フォンテーヌブロー派の名で呼ばれ、イタリア・マニエリスムの影響を色濃く受けた独特の芸術を展開していった。

フランソワ一世（一四九四〜一五四七年）は一五一五年に二〇歳で即位すると、すぐさまミラノ公国に軍を進め、この都市を占領する。追放されたスフォルツァ家に仕えていたレオナルド・ダ・ヴィンチがフランソワ一世の招きに応じて翌一五一六年にフランスに渡り、一五一九年にその生涯を終えるまでフランスで過ごしたことはよく知られている。この事件は、フランスにルネサンスが流入する契機となった出来事といえるだろう。レオナルドが永逝してほどなくして、フランソワ一世はシャンボール城[☆1]の建設工事に着手する。これこそフランスにおける最初のルネサンス建築と呼ばれるようになるモニュメントである。象徴的にも空間的にもこの城の中心となっている二重螺旋階段は、シャンボール城の建築家と考えられるイタリア・ルネサンスの建築家ドメニコ・ダ・コルトーナよりも、しばしばレオナルドの名前とともに語られる。

シャンボール城の建設工事が本格化するのは一五二六年頃からで、これはフランソワ一世がフォンテーヌブロー宮殿の建設にのりだすのとほぼ同じ時期であった。実はフランソワ一世は神聖ローマ帝国皇帝カール五世との戦争中、パヴィアの戦いにおいて捕虜となり、一五二五年から二六年にかけてスペインで幽閉されていた。シャンボール城建設工事の本格化（一五二六年）、そしてフォンテーヌブロー宮殿建設への着手（一五二八年）は、フランソワ一世がフランスに帰還したのちにわかに高まる建築への情熱と見ることもできよう。

ところで、新築されたシャンボール城と異なり、フォンテーヌブロー宮殿は中世以来ここにあった城塞を残しつつ、それを増改築した建築である。そればかりか中世から近世を超え、近代にいたるまでその増改築は続いたのである。フォンテーヌブロー宮殿は、ゴシック時代（ルイ七世、ルイ九世）、ルネサンス時代（フランソワ一世、アンリ二世、アンリ四世）、バロック・ロココ時代（ルイ一三世からルイ一六世まで）、そして一九世紀の帝政様式から第二帝政様式の時代（ナポレオン、ルイ・フィリップ、ナポレオン三世）にいたるまで、多くのフランス国王と皇帝たちに愛され、過去の歴史を継承しつつリノベーションされていった宮殿建築であり、頭は中世、胴体は近世、尾は近代という怪物《キメラ》なのである。

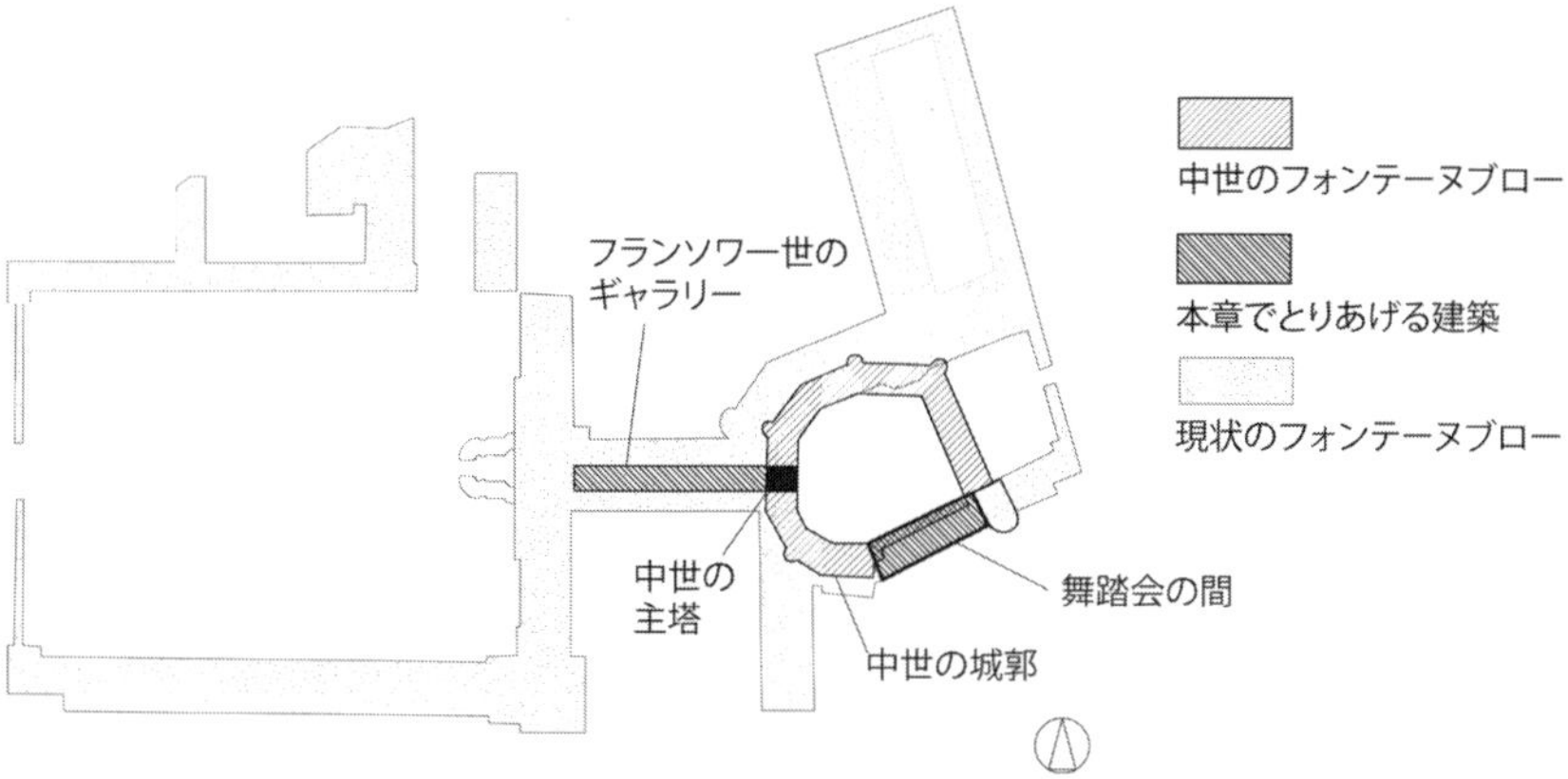

図1——フォンテーヌブロー宮殿の全体平面図（加藤作）

シャンボール城が、フランス最初のルネサンス建築と高らかに宣言されるのに対し、フォンテーヌブロー宮殿は一言で○○様式と呼ぶことのできない建築であり、さまざまな時代の痕跡を伝える奇妙な建築といえるだろう（図1）。

その中でも本章で着目するのは、主としてフランソワ一世（在位一五一五～四七年）と続くアンリ二世（在位一五四七～五九年）の治世に建設された宮殿とその室内装飾である。この時代の芸術は第一次フォンテーヌブロー派の名で知られるまさにルネサンス芸術の始まりの瞬間を示すものであるが、ここでまずフランソワ一世の時代にいたるまでの、フォンテーヌブロー宮殿の歴史を概観しよう。

フォンテーヌブロー宮殿の歴史は、少なくとも一二世紀のルイ七世の治世まで遡る。一一三七年の特許状の中で、ルイ七世はこの場所を宮殿（palais）と記した。この時代には主塔（donjon）と、そこから両脇に伸びた翼部が楕円形の中庭を囲む構成の建物があったと考えられる。ほぼ正方形の輪郭を有する分厚い壁で構成された一二世紀の主塔《ドンジョン》は、のちのフォンテーヌブロー宮殿の増改築の歴史の中でも中核となる場所であり、宮殿の全体構成の結節点となっている。さらに一一六九年には宮殿の一画に聖サチュルナン礼拝堂が建設され、当時イングランドからフランスに亡命中だったカンタベリー大司教トマス・ベケットの手によって献堂された。一三世紀には

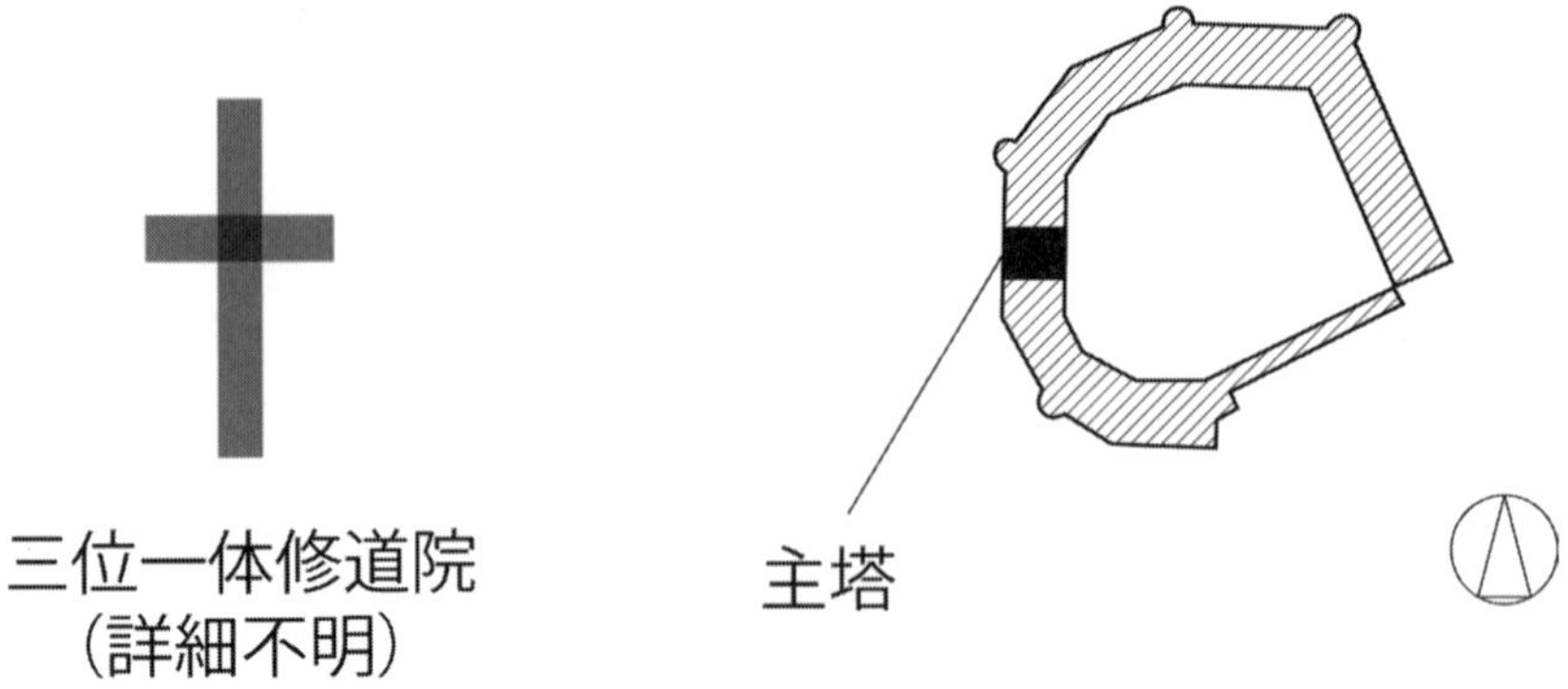

図2———中世のフォンテーヌブロー
図3———中世の城郭とフランソワ一世による大ギャラリーの増築

聖王ルイ九世がこの地を好んで滞在し、一二五九年、宮殿の西側に三位一体修道会の修道院を建設した。さらに一五世紀には国王シャルル六世の王妃イザボー・ド・バヴィエールが夫の死後、寡婦産としてこの宮殿を所有し、この内装を美しく調えさせたことが、息子シャルル七世の一四三一年の手紙によって知られている[☆2]（図2）。

フランソワ一世がフォンテーヌブロー宮殿の歴史に登場するのは、イザボー・ド・バヴィエールからさらに一世紀後のことである。一五二八年にこの宮殿の建設工事が始まったとき、修道士たちが生活していた三位一体修道院を除けば、宮殿は廃墟同然であった。だがフランソワ一世は、これをとりこわすのではなく、楕円形の中庭をとりかこむ配置にあった中世以来の既存の構造を利用しながら全体を更新していった。さらに、楕円の一部をなす最も重要な構造物であり、その二階部分に国王の寝室が設けられることになる主塔《ドンジョン》からは、そのままでも滞在可能だった三位一体修道院の建物に向かって西に延びる細長い翼部が新築された。この細長い棟の二階部分が、フォンテーヌブロー宮殿のハイライトのひとつで、のちに「フランソワ一世のギャラリー」の名で呼ばれるようになる大ギャラリーとなるのである。完成したギャラリーに大いに満足したフランソワ一世は、このギャラリーに鍵をかけ、王の賓客だけがこのギャラリーに招き入れられたと伝えられている[☆3]（図3）。

この新しい棟の建設工事は、一五二八年から三五年にかけて進められ

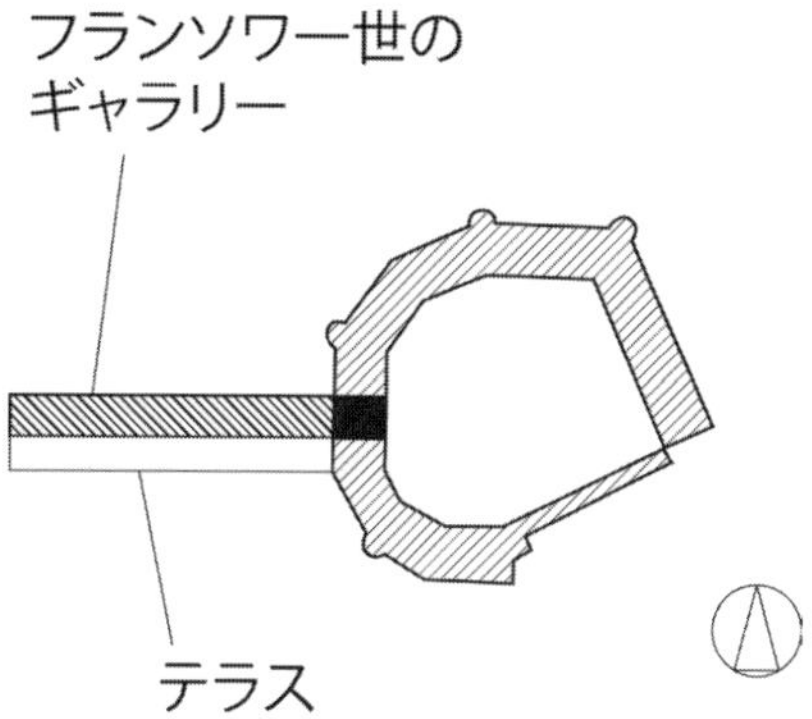

た。この建設工事を請け負ったのは石工親方のジル・ル・ブルトンであった。注目すべきは、彼がイタリアから招かれた「建築家」ではなく、フランス人の「石工」であったということである。ルネサンス時代のフォンテーヌブロー宮殿について、もっとも重要な史料として知られるものに、一九世紀に活字化され出版された『国王の建物の会計報告』がある。[☆4]当時の建設工事にかかわるさまざまな仕事の見積り、支払いなどの詳細な記録集である。ブルトンは一五二八年から三五年にかけての建設工事において中心的な役割を果たした人物であるが、彼はその石工としての建設工事に対して一つひとつ見積りを提出し、またその仕事に報酬を受けている。全体を統括する立場ではなく、ほかのガラス職人、彫刻師、絵師などの職人と同列の立場にあることが読みとれるのである。

一方、一五四一年頃からこの「会計報告」に登場してくるフィリベール・ドロルムは、最初のフランス人「建築家」として知られ、一五四七年のフランソワ一世の死後、アンリ二世によってとりたてられて建築家としてフォンテーヌブロー宮殿の建設工事を統括した人物である。[☆5]ドロルムがフォンテーヌブロー宮殿の建設にかかわるようになったのは「フランソワ一世のギャラリー」の完成後であり、彼はあとで見る「舞踏会の間」などを担当した。ドロルムの登場以降もジル・ル・ブルトンは一五五三年に没するまで建設工事に携わったようだが、建築家の下で働く職人頭という構図は明白である。

フィリベール・ドロルムはフランソワ一世の死後、アンリ二世の寵姫ディアーヌ・ド・ポワティエの推挙により、この王の宮殿の建築家としてとりたてられた。ドロルム自身は一五三三年から三六年にかけてローマに滞在し、イタリアで最先端のルネサンス様式を学んだ最初のフランス人建築家として名高い人物であり、いくつもの作品や建築書を残している。ごく一般的な構図として、中世には「建築家」と呼ばれる職能は存在せず、「職人」と彼らを束ねる「親方」しかいなかったのに対し、ルネサンス期になると「建築家」が登場するようになると説明されるが、ここで登場するジル・ル・ブルトンとフィリベール・ドロルムの関係はまさにそれを示している。ジル・ル・ブルトンは「会計報告」の中で石工兼石切職人（maçon, tailleur de pierre）として登場し、☆6 一五三五年を過ぎたころから石工親方（maistre maçon）とその肩書きが変化するが、☆7「建築家」と呼ばれることはない。他方、フィリベール・ドロルムの肩書きは「イヴリ、ノワイヨンの聖バルテルミ、ジェヴトンの修道院長兼、国王の顧問、司祭にして王の建築家」☆8 というきわめて輝かしいものであり、そこから浮かびあがるのは職人としてのル・ブルトンに対して高位聖職者すなわち知識人としてのドロルムの姿である。

ルネサンスという新しい建築様式と、その建築の設計と建設にイニシアティヴをもつ建築家という職能がイタリアからフランスへと流入したこの時期、フォンテーヌブロー宮殿におけるルネサンスの草創と目される「フランソワ一世のギャラリー」は、「ルネサンス建築」と呼ぶことが少しばかりはばかられる、中世的な「職人」の手によって建設されたものだったわけである。

*

しかしながら、室内装飾に目を向けたとき、「フランソワ一世のギャラリー」はたしかにルネサンスの到来を告げるものと映るだろう。フランソワ一世によってイタリアから招かれた芸術家たちこそ、当時のイタリアで最先端の芸術様式であったイタリア・マニエリスムをフォンテーヌブローにもたらしたのであり、イタリアではルネサンスの第二のフェーズとも呼ぶべきマニエリスムが、突如としてフランスでは最初のルネサンス芸術として咲き誇ることになったのである。そこで大きな役割を果たしたアーティストが、ジョヴァンニ・バッティスタ・ディ・ヤコポとフランチェスコ・プリマティッチョの二人であった。ジョヴァンニ・バッティスタ・ディ・ヤコポは「赤毛のフィレンツェ人（ロッソ・フィオレンティーノ）」と渾名されたフィレンツェ出身の芸術家であり、同じフィレンツェで活躍したミケランジェロに心酔していたと言われる。ロッソがフランスに招かれたのは一五三〇年のことであるが、彼が実際に「フランソワ一世のギャラリー」の装飾の仕事を始めたのは一五三五年頃のことであった。おそらく一五二八年から始まったこの細長い翼部の新築工事が進められるのと並行して下絵などを準備していたものと考えられる。☆9

ロッソは、しかしながら一五四〇年に弱冠四五歳でこの世を去ることになる。そののち、フォンテーヌブロー宮殿の室内装飾で中心的な役割を果たしたのが、ボローニャ出身でロッソより八歳弱齢のフランチェスコ・プリマティッチョであった。どうやらフランソワ一世は、この若いアーティストではなく、当時マントヴァのパラッツォ・デル・テの建設に当たっていたジュリオ・ロマーノをフォンテーヌブロー宮に招こうとしていたようだが、ジュリオ・ロマーノは彼が歴史に名を残すことになる傑作パラッツォ・デル・テを途中で放りだすことをせず、かわりに彼の下で働いていたプリマティッチョをフォンテーヌブローに送ったのである。☆10 プリマティッチョはパラッツォ・デル・テの現場で、ストゥッコ（化粧漆喰）のアーティストとして働いていた。そしてストゥッコ装飾こそ、のちに第一次フォンテーヌブロー派と呼ばれるようになる彼らの装飾体系における最も重要な要素のひとつとなったのである。

ロッソがその装飾プログラムの全体を指揮した「フランソワ一世のギャラリー」においても、プリマティッチョ率いる芸術家たちが手がけた「王の寝室」（のちに改築されプリマティッチョの装飾は現存しないが、一五三二年に彼が描いたデッサンが残されている）、フランソワ一世の後妻「エレオノール・ドートリッシュ王妃の寝室」（プリマティッチョが手がけた暖炉装飾「ヴィーナスとアドニスの結婚」のみ現存）、「エタンプ公爵夫人の寝室」（一八世紀にルイ一五世の指示によって階段室に改築されるが、プリマティッチョの装飾の多くは現存［図4］）などのいずれにおいても、二人が手がけた作品をもっとも特徴づけるのは、寓意的な主題を扱うフレスコ画と、その絵画を枠取りするきわめて豊かなストゥッコのハイ・レリーフである。そこには「絵画と額縁」というヒエラルキーは存在しない。その白く滑らかで艶めかしいまでのストゥッコ彫刻は、ともすればそれがとりかこむフレスコ画以上の存在感を示している。壁面はフレスコとハイ・レリーフで埋め尽くされ、これらの作品を見ていくと、視線を移すたびに図と地が反転していく（図4）。二人は一五三〇年代後半の同時期にそれぞれの作品を手がけていたようであり、この豊かな装飾体系の確立という栄誉を、どちらに帰するべきかは定かでない。[☆11] いずれにせよ、二人の活躍によって驚くほど華やかなフランス・ルネサンスの室内装飾が、ここに幕を開けたのである。

＊

ここでまず、ロッソ率いる芸術家たちが室内装飾を手がけた「フランソワ一世のギャラリー」を見てみよう。これは幅約五・五メートル、全長はおおよそ六〇メートルにも及ぶ、ゆったりとした長い廊下である。天井の高さは五・六メートルほどで、したがってこの「ギャラリー」の断面はだいたい正方形になる。前述のとおり、この部分はルネサンス的な教育を受けた建築家が手がけたわけではなく、建築家よりも下に見られがちな職人の親方であったジル・ル・ブルトンが設計した建物であるが、きわめて均整のとれた空間となっているといえるだろう。

この「大ギャラリー」（grande galerie）という建築空間は、フランスの建築史におけるきわめて重要な、しかし謎めいた空間である。フランスではフォンテーヌブロー宮以前、すなわち中世までの宮殿や城の建築を見ても、「廊下」に相当する空間は基本的には存在しなかったからである。したがって宮殿内を移動するさいには、部屋から部屋へと通り抜けながら目的地にいたるのが普通であった。とはいえ、国王や王妃の私室を本人が通り抜けるならばともかく、近習たちが通り抜けていくのは都合が悪いこともあったと考えられ、中世にはしばしば壁の厚みの中に設けられた狭い通路が使われていたようである（図5）。

しかしながら、こうした下働きの者たちのための「廊下」と、フォンテーヌブロー宮で見られる「大ギャラリー」とはまったくの別物である。細長い空間という共通点はあるため、どちらもギャラリーと呼びうる空間であるが、一方が君主の妨げにならないように君主から見えない壁の裏側を通り抜ける家臣たちのための動線であるのに対し、

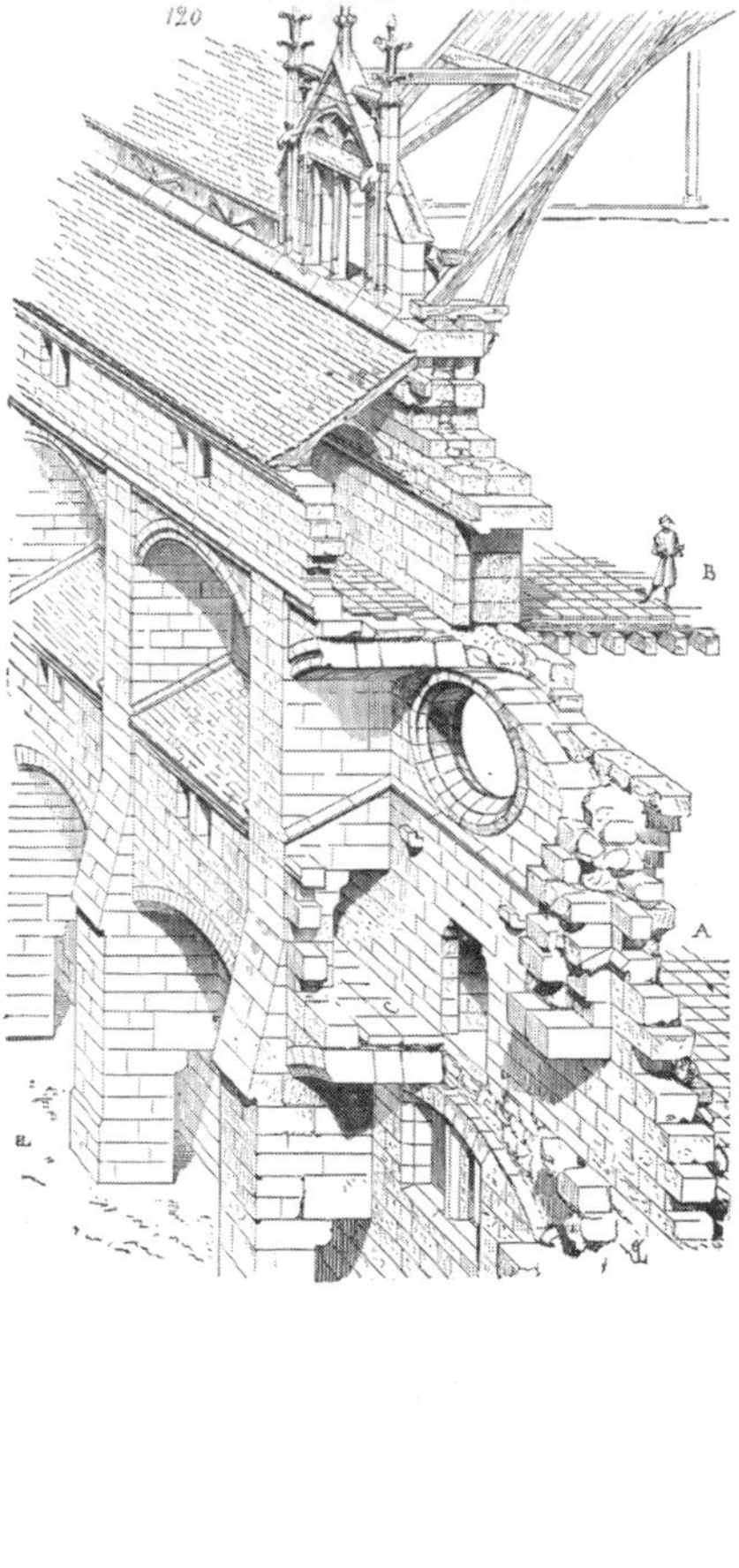

図4――プリマティッチョによる、「エタンプ公爵夫人の寝室」（現、ルイ一五世の階段室）の室内装飾

図5――中世の建物における、壁の厚みの中に設けられた通路。壁を支える控え壁（バットレス）を貫くように通路が設けられている。中世の宮殿建築の想像復元図（ヴィオレ＝ル＝デュク『中世建築事典』）。

「大ギャラリー」は君主自身が通り抜けるための動線であると同時に、長時間とどまってその空間を愉しむための場でもあるからである。フォンテーヌブロー宮の「フランソワ一世のギャラリー」以降、「大ギャラリー」はフランス王宮を豊潤に装飾する大広間としてくりかえし建設された。フランソワ一世は、これに続いて「オデュッセウスのギャラリー」の建設に着手する。この「ギャラリー」はフランソワ一世の死後約半世紀かけて建設された美しいものだったようだが、残念ながら現存しない。また一五七六年には、アンリ二世の死後寡婦となったカトリーヌ・ド・メディシスが、川をまたぐ橋として有名なシュノンソー城において、橋の上にあたる部分に長さ約六〇メートル幅約六メートルという「フランソワ一世のギャラリー」とほぼ同じ規模の「大ギャラリー」をつくらせている。さらにアンリ四世は、フォンテーヌブロー宮殿において、一六〇〇年頃に「ディアナのギャラリー」（ナポレオンの治世に改修）と「牡鹿のギャラリー」などの数々の美しいギャラリーを建設させたし、ルーヴル宮殿においても「グランド・ギャラリー」を建設させている。そして言うまでもなく、ルイ一四世がヴェルサイユに建設させた「鏡の間」も、こうしたフランスの王宮を彩ってきた大ギャラリーの系譜に連なるものである。

こうした「大ギャラリー」は中世までは見られなかったものであり、近世のフランス王宮建築における重要な建築要素であるが、イタリアのルネサンス建築にその直接的な起源があるわけでもなさそうである。イタリアではむしろ外部に面したところに設けられる、日差しと雨を遮る屋根だけがあって、風は自由に通り抜けるようなアーケード空間としてのギャラリーが一般的であり、フランスの王宮に見られるような建築の内部に設えられるギャラリーは多くない。たとえば、「フランソワ一世のギャラリー」の建設より半世紀ほどあとになるが、同時代のイタリアの実例として、一六世紀後半のフィレンツェでジョルジョ・ヴァザーリが設計したウフィツィ宮殿を見てみよう。ここで彼はウフィツィ宮殿とピッティ宮殿を繋ぐ室内の細長い廊下を設計したが、これは幅が狭く、“Corridoio Vasariano”と呼ばれるものであった。すなわちギャラリーではなくコリドーなのである。他方、細長い中庭を囲むウフィツィ宮殿の特徴的な空間は“Galleria degli Uffizi”と呼ばれ、こちらの中庭に面したアーケードこそが「ギャラリー」と呼ばれるわけである。

そもそも「フランソワ一世のギャラリー」を建設したのは、イタリア・ルネサンスの建築家ではなくフランス人の石工親方のジル・ル・ブルトンだったわけであり、彼がイタリア・ルネサンスの建築を参照したと積極的に考える理由はない。むしろ、この「大ギャラリー」は誰の発案だったのか、と考えることが必要かもしれない。一五二八年のフォンテーヌブロー宮殿の改築工事が始まった当初、半ば廃墟化した中世の城塞をリノベーションする工事が進行する東側部分と、滞在が可能だった西側の三位一体修道院の建物をつなぐためにこのギャラリーの建設が始められたとするのが通説であるが[☆12]（図2・3）、同時にその修道院をとりこわして、その敷地に巨大な中庭を囲む新たな宮殿の建築を新築することも計画に入っていたと考えられ、単にギャラリーというフランス建築史に新たな幕を開けた建築空間の創案ということに尽きず、この壮大な宮殿の建築計画の全体像を描きだした建築家的発想をもった人物がいたはずだからである。あるいはそれはフランソワ一世自身であったかもしれない（図6）。

だがいずれにせよ、細長いだけのつまらない廊下になり下がる可能性もあったこの空間が、のちにフランス王宮に欠かせない重要な建築空間となった背景に、この「フランソワ一世のギャラリー」における室内装飾の大成功があったことはまちがいないだろう。この長いギャラリーには南北に八つずつの窓が等間隔に設けられているが、一八世紀にルイ一六世がギャラリーに並行するように北側に居室群を増築してしまったため、現在では北側の窓から外を眺めることはできない（一九世紀の修復のさいに制作されたトロンプ・ルイユとでも呼ぶべき、少しばかり雲が浮かんだ青空が、かつてのガラス面に描かれている）。だがむろん、注目すべきは窓ではなく、窓と窓に挟まれた壁面である。

この「大ギャラリー」の室内装飾を指揮したロッソにとって、カンヴァスとなる壁面は両端をのぞいて南北に七面ずつ用意されている。壁面の幅はいずれもおおよそ等しく、下側の三分の一ほどが腰壁となり、美しい彫刻の施された羽目板で覆われ、上部三分の二がロッソによるストゥッコ彫刻とフレスコ画で装飾されている。全体の構成はギャラリーの建築的構成と調和したものになっており、天井に渡された梁までが壁面装飾との対応を示しているほどであ

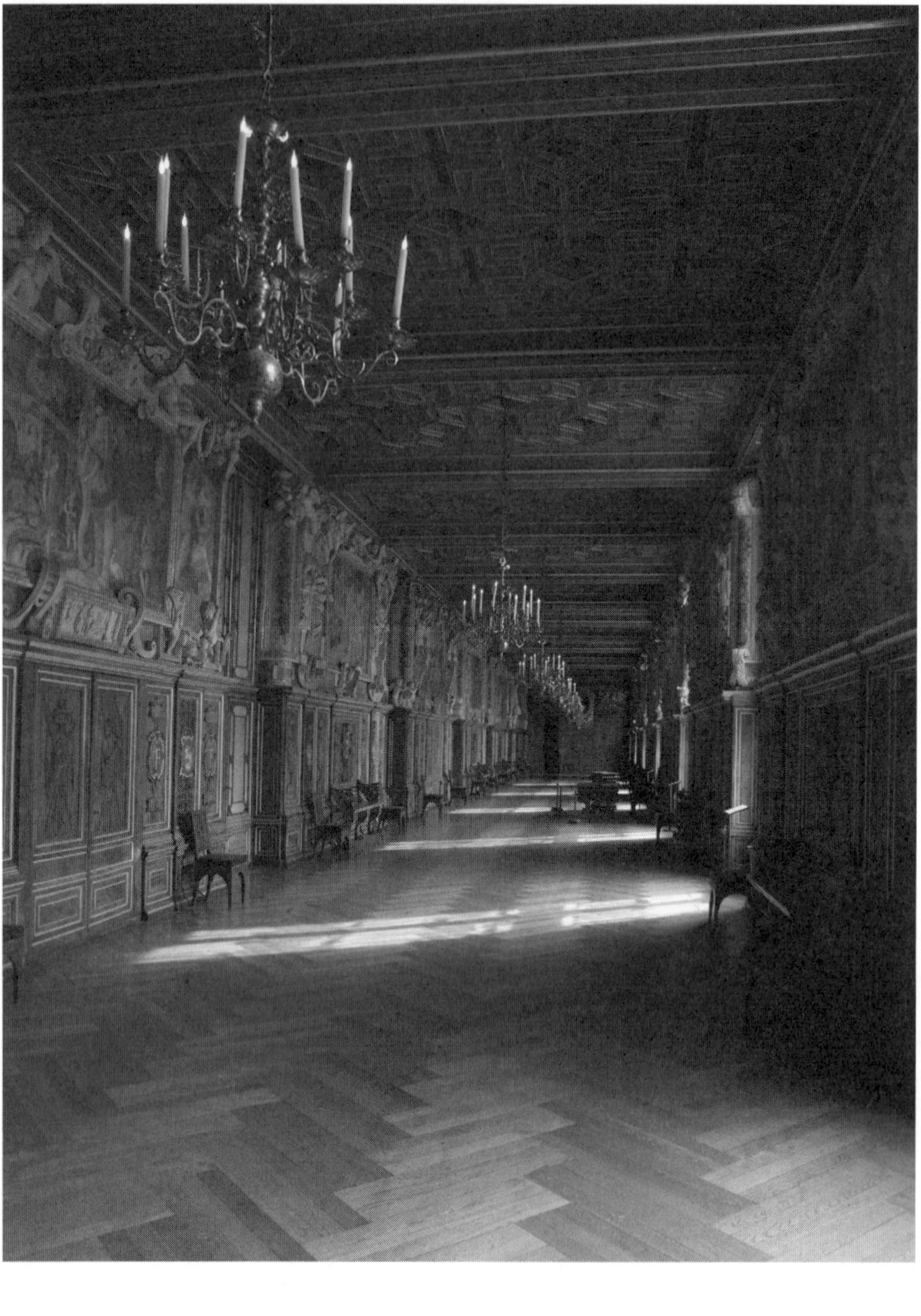

フランス近世美術叢書Ⅰ　装飾と建築——フォンテーヌブローからルーヴシエンヌへ

図6――「フランソワ一世のギャラリー」
図7――「フランソワ一世のギャラリー」北面の最も西側の壁面装飾。
《犠牲》（第1章図27を参照）
上部がフレスコ画とストゥッコのハイ・レリーフ、
下部は羽目板の腰壁。

る。いずれの壁面でも、その両端付近に一本ずつ計二本の梁が架構されており、その下にストゥッコのハイ・レリーフが配置される。それはあたかも立体的なストゥッコ彫刻が梁を支えているかのように見える構成であり、両側のストゥッコのレリーフに挟まれるようにして、中央に大きなフレスコの壁画が配されるのである。それぞれの壁面の中央に配されたフレスコ画は、《ウェヌスと眠るアモル》、《ケンタウロス族とラピタイ族の戦闘》、《アドニスの死》、《若返りの泉》、《国家の統一》、《百合の紋章に飾られた象》など、古代ギリシア・ローマに題材を求めた寓意的な図像をモチーフにしたものが多い[☆13]（図7）。

さらにストゥッコ彫刻に目を向けると、ロッソによるストゥッコ装飾の特徴が見えてくる。そこでは、美しい肢体を伸ばす優雅な女性像、逞しい肉体をひけらかす男性像、髭をたくわえた老人に加えて、有翼のクピドがくりかえし登場するところが、いかにもルネサンス的である。さらに三日月型の人面や少女の面、怪しい獣の顔や頭蓋骨までもがそこここに鏤められている。こうしたさまざまな人物像を壁面の中で立体的に配置するのに一役買っているのが、同じくストゥッコ彫刻で表現された建築的モチーフである。円柱、ペディメント、壁龕《ニッチ》といった建築的要素は、それらの人物たちに壁面上で居場所をつくりだし、同時に、天井の梁を支えているかのようにも見せかけている。また豊かに生い茂る果実と花綵による装飾は、王家の繁栄を示しているかのようである。

こうした人物像や建築モチーフ、果実や草花などの装飾に加えて、フォンテーヌブロー派の装飾表現をいっそう特徴づけているのが巻紙状装飾《カルトゥーシュ》のモチーフであろう。この渦巻き状のモチーフは壁面のいたるところで用いられており、フォンテーヌブロー派の室内装飾をいっそう華やかなものにする決定的な装飾要素になっている。そして、この同じ巻紙状の装飾モチーフは、ストゥッコのハイ・レリーフばかりでなく、この「ギャラリー」の下半分を落ち着いた色合いにまとめている腰壁の羽目板にも、数え切れないほど登場してくるのである。

ロッソが率いる芸術家たちは「フランソワ一世のギャラリー」の上部三分の二を華麗に装飾していったわけだが、下側三分の一の木彫の装飾は、ロッソのチームとは異なる木工職人フランチェスコ・シベック・ド・カルピが担当したものである。彼もまたイタリアからきた芸術家であり、一五三一年までにはカルピ伯爵アルベルト・ピオに随行してフランスにきていたものと考えられる。[14] 彼は一五三四年に王のイニシャルFと百合の花の紋章で装飾された寝台の注文を受けていることが知られ、[15] また翌一五三五年には「フランソワ一世のギャラリー」のための木材を購入しているから、[16] このころからフォンテーヌブロー宮殿の木彫の装飾を担当するようになったのであろう。シベック・ド・カルピは、「フランソワ一世のギャラリー」で、腰壁の羽目板のほかに、寄木細工の床や木張りの天井装飾も担当したものと考えられているが、床と天井は後世につくりかえられてしまい、彼の作品がどのようなものだったかは不明である。彼は、フランソワ一世の死後、続くアンリ二世の下でもフォンテーヌブロー宮殿の装飾の仕事にかかわりつづけ、次に見る「舞踏会の間」の腰壁の羽目板と天井パネル、「聖サチュルナン礼拝堂」のオルガン演奏席や格天井の天井パネルなども制作した。

ここであらかじめ指摘すると、シベック・ド・カルピの仕事は、「フランソワ一世のギャラリー」からのちの「舞踏会の間」にいたる間に、大きく変容したように見える。「フランソワ一世のギャラリー」では、彼の彫刻表現に中世的とも思えるモチーフを多く見いだすことができる。ところが、アンリ二世時代の「舞踏会の間」などを見ると、そうしたモチーフはいっさい影を潜め、華やかなフレスコ画の引き立て役に徹したかのようである。ここからは、そのシベック・ド・カルピの仕事について詳細に見ていくことにしたい。

＊

「フランソワ一世のギャラリー」のもうひとつの特徴は、ロッソによる明るい色調のフレスコ画と、白さの際立つストゥッコのハイ・レリーフで飾られるこの「ギャラリー」の壁面の上部と対照的に、古色のついた暗い色調の木材による腰壁の組合せであるといえよう。シベック・ド・カルピは、一五三五年にこの「ギャラリー」の腰壁のためにオークとブラジルボクの木材を購入しているが、[17] 一五三九年には新たにウォルナットの木材を注文しており、腰壁の

羽目板はこのウォルナットを用いて制作されたようである。☆18

　この木材の変更がいかなる理由によるものだったのか、定かなことは不明である。オークは中世における木工装飾や木工の調度品にたいへん好まれた重要な木材であったし、ウォルナットは近世のヨーロッパで盛んに用いられるようになったものである。どちらも堅く、木工装飾に適した木材であったから、この材料の変更に決定的な要因を探ることは困難であるが、ここにもひとつ、中世からルネサンスへの嗜好の変化を読みとることができるかもしれない。

　それぞれのパネルは刳型の凹凸にあわせて金色に縁取られ、それらのパネルの中央には、フランス王家の紋章である百合の花、あるいはフランソワ一世のイニシャルF、そしてフランソワ一世の個人的な表徴《ドゥヴィーズ》であるサラマンダーなどが彫刻され、その多くはやはり金色に彩色されている。それらの紋章を縁取る楕円形の枠飾りは、さらに巻紙状のモチーフで装飾されており、上部で見られるストゥッコの巻紙装飾と同じく、腰壁の羽目板の彫刻でもありとあらゆるバリエーションの巻紙装飾を見ることができる。同じく巻紙装飾に縁取られて「フランス王」（FRANCORUM REX）や「フランソワ」（FRANCISCUS）などの文字が刻まれているのも見ることができるし、炎に包まれ口からも炎のようなものを吐きだすサラマンダーの近くには、有名な「我は養い、滅ぼす」（NUTRISCO ET EXTINGO）の銘が刻まれているのも見ることもできる。

　腰壁の羽目板はシベック・ド・カルピの丁寧な仕事によって、ひとつとして同じものがないと思えるほど豊かに装飾されているが、全体を見渡すとある程度の規則性を見いだすことができる。上部の大きなフレスコ画に対応するように、その真下には大きなパネルが配され、多くの場合そこには百合の花の紋章と武具が組みあわされたレリーフが彫刻されている。その両サイドにはそれぞれ縦長に三分割されたパネルが入り、中央にサラマンダー、その両側にFのイニシャルが配される。イニシャルFのパネルは多くの場合、比較的シンプルな構図で、「フランス王」、「フランソワ」の銘とともに、巻紙状装飾で飾られている。二枚のイニシャルFのパネルに挟まれたサラマンダーのドゥヴィーズを掲げるパネルは、緻密な装飾が隙間なく施されたもので、中央のサラマンダーのドゥヴィーズの背景にびっしりと蔦状の植物が張り巡らされている。これらの渦を巻いて広がる植物の隙間からは鳥や動物が顔をのぞかせ、さらに植物と一体化した小さな人間の姿も見える。さらにパネルによっては、これらの蔦状植物を口から吐きだす人面までもが描かれているが、これは「グリーンマン」とよばれるモチーフである。こうした装飾要素は中世にしばしば好まれたものであり、すなわちこのサラマンダーのパネルはきわめて中世的な雰囲気を有するものである。そもそもサラマンダーのような怪奇な生きものは中世ヨーロッパで好まれた想像上の装飾要素とも見ることもできるのであり、だからこそサラマンダーのパネル装飾に古典的・中世的な要素が集中しているといえるかもしれない（図8）。

図8——サラマンダーのパネルと「グリーンマン」のモチーフ

「フランソワ一世のギャラリー」は、ロッソの手がけた斬新な装飾プログラムによって、イタリア・マニエリスムの影響を色濃く受けた独自のフランス・ルネサンス装飾を開花させた、フランス室内装飾の歴史の中でも特別な場所であるが、一方でその建築をかたちづくったのは中世の伝統に連なる石工親方のジル・ル・ブルトンであった。また、その腰壁の羽目板装飾の制作を指揮したのはイタリアからきたフランチェスコ・シベック・ド・カルピであったけれども、そこには中世的な装飾要素が色濃く残っていた。すなわち「フランソワ一世のギャラリー」はゴシック時代とルネサンス時代という二つの芸術様式の狭間に位置する、他に類を見ないきわめて独創的な空間となっているのである。

＊

フランソワ一世は、この「大ギャラリー」の建設に続いて、建設現場を東と西に拡大したようである。すなわち東側では楕円形の中庭を囲む中世以来の建物の一画に大広間と礼拝堂の建設を開始する。西側はもともと一三世紀に聖王ルイが三位一体修道会の修道院を建設させて以来修道院の土地であったが、フランソワ一世はこの土地を買収して、新築されたばかりのギャラリーに接続するかたちで、巨大な四角形の中庭を囲む四棟の建物の建設に着手した。この中庭は当初「バス・クール」と呼ばれたが、のちに「白馬の中庭」と呼ばれるようになる。中庭は東西約一五〇メートル、南北も一〇〇メートル以上ある巨大な規模で、それを東西南北の四つの細長い棟が囲む構成となっていた。「フランソワ一世のギャラリー」と接続される東の翼館の北側には、もともとこの地に建っていた三位一体礼拝堂が挿入され、再建されることになる。「バス・クール」を囲むこれらの建物の建設過程については不明の点が多いが、おそらく「フランソワ一世のギャラリー」の建設工事で躯体部分がおおよそ完成し、ロッソ率いる芸術家たちが室内装飾に着手したのと同じころ、すなわち一五三五年頃から躯体工事の現場がこちらに移ってきたものと考えられる。☆19そののち一六世紀を通じて建設工事は続けられた（図9）。

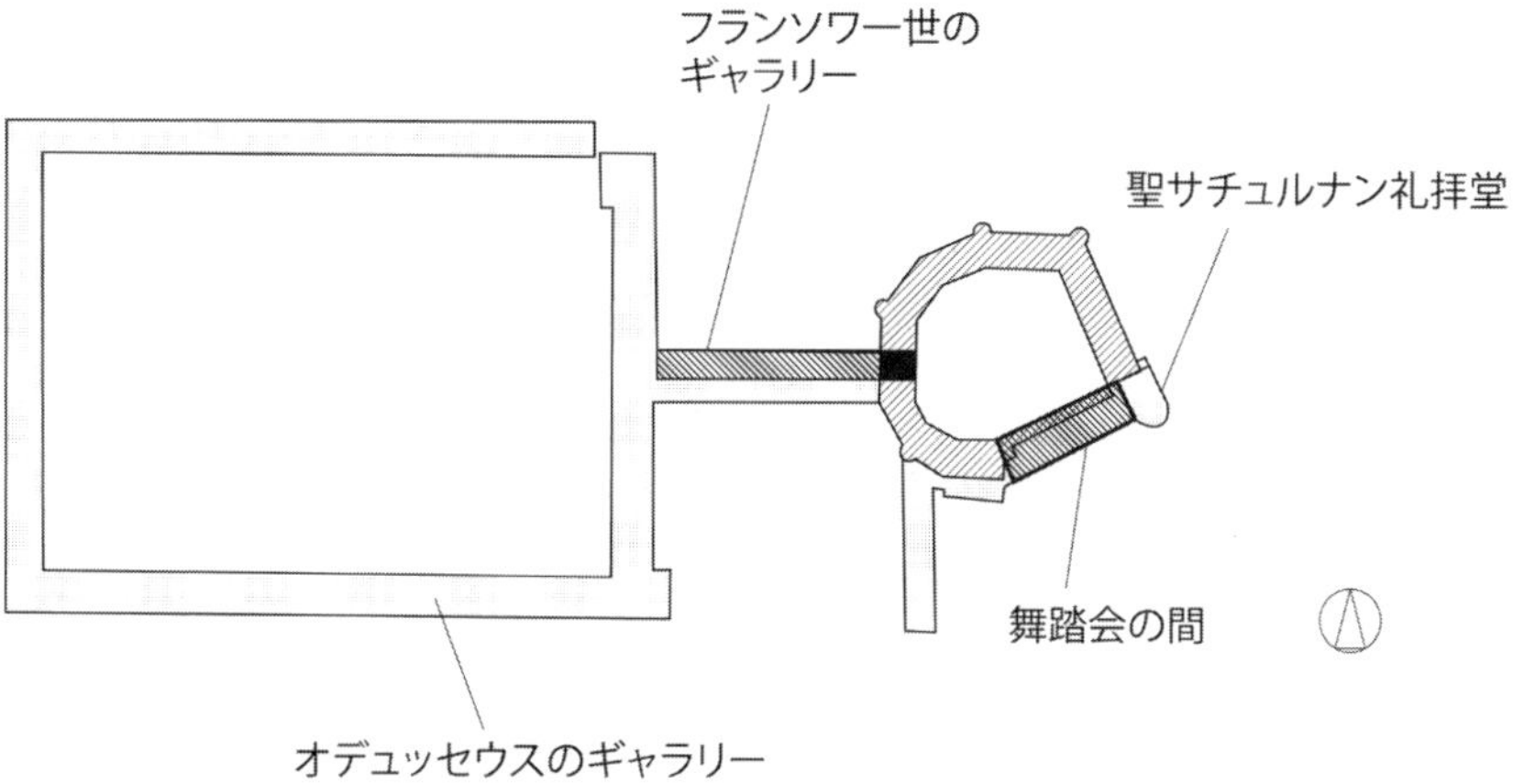

図9―――一六世紀のフォンテーヌブロー平面図

しかしながら、いずれの棟もその後の歴史の中で改築され、この時代の姿を少しでも残しているのは、北側の「閣僚たちの翼館」(L'aile des Ministres)と呼ばれる棟だけである。西側の翼館は一八〇九年から一八一〇年にかけてナポレオンの指示によりとりこわされ、ここに鉄柵の城門が建設された。[☆20] 南側の二階部分には長さ一五〇メートルにも及ぶ「オデュッセウスのギャラリー」があり、フォンテーヌブロー派のもうひとつの見所となっていた。この「大ギャラリー」の室内装飾は、プリマティッチョの原画をもとにもう一人のイタリア人芸術家ニッコロ・デッラバーテが担当し、彼の死後はトゥーサン・デュブルイユがそれを引き継いだと考えられる。[☆21] この第一次フォンテーヌブロー派から第二次フォンテーヌブロー派にかけての半世紀にも及ぶ時間をかけて完成された「オデュッセウスのギャラリー」の室内装飾は、しかしながらこの南の翼館がルイ一五世の治世に一七三八年から三九年にかけてとりこわされ、そののち一七七四年までに現在のルイ一五世の翼館が新築されたため、プリマティッチョが残した下絵などのわずかな史料を除いて、現在ではなにも見ることはできない。

西側の「バス・クール」を囲む建物群の大工事と並行して、宮殿の東側では楕円形の中庭を囲む中世以来の建物の一画に、のちに「舞踏会の間」と呼ばれるようになる大広間と聖サチュルナン礼拝堂の建設が開始された。いずれの建物も、一五四六年頃までには組積造の躯体がほぼ完成したと考えられるが、翌一五四七年にフランソワ一世が没したため、これらの建物の室内装飾はフランソワ一世の跡を継いだアンリ二世が完成させていくことになる。この広間の壁面を装飾するフレスコ画の数々は、プリマティッチョの原画をもとに、もう一人のイタリア人芸術家、ニッコロ・デッラバーテが制作したものであるが、腰壁以外のほとんどすべての壁面を覆い尽くすフレスコ画は一九世紀に大々的に修復され、ほとんど描き直されたといってもよいほどになっている。ここでの壁面装飾において特筆すべきは、第一次フォンテーヌブロー派を特徴づけていたストゥッコのハイ・レリーフが用いられていないことであろう。

一五四六年に建物としてはほぼ完成した「舞踏会の間」は、「フランソワ一世のギャラリー」に続いてジル・ル・ブルトンが建設工事を担当した。ル・ブルトンはこの「大広間」を石造のヴォールト天井で計画していたといわれる。しかしながら一五四六年までにこの石造ヴォールト天井が完成していたかどうか、たしかなことはわからない。いずれにせよ、一五四七年にアンリ二世によって国王の建築家としてフォンテーヌブロー宮殿の建設工事の責任者となった建築家フィリベール・ドロルムはヴォールト天井のアイディアを棄却し、かわりに木工職人フランチェスコ・シベック・ド・カルピに命じてここに木造の平天井をつくらせたのである。☆22

ジル・ル・ブルトンがここにヴォールト天井を計画していた証左となるのは、一辺の長さが二メートルにも及ばんとする巨大な柱の上部に据えられた持送り《コーベル》の存在である。この量塊的な「柱」は大広間の長辺方向に連なるアーチを支えており、アーチの起栱点に設けられたコーニスが、広間側で突出して持送りを形成している。これは広間を横断するアーチを支えるための部材であり、このことから、ここには間隔をあけて並ぶアーチによって支えられたヴォールト天井が計画されていたと考えられるのである。一八世紀末から一九世紀にかけてのフランスで、同僚との共同名義であるペルシエ&フォンテーヌとして活躍し、数多くの作品を残した建築家シャルル・ペルシエは、フォンテーヌブロー宮殿を研究、考察するいくつかのドローイングを描いており、そこには彼が想像して復元的に描いた扁平なカゴ型アーチを含む「舞踏会の間」のドローイングも含まれる。これはヴォールト天井そのものではなく、アーチと平天井を組みあわせた想像復元図であるが、このドローイングからジル・ル・ブルトンの計画したデザインを想像することは可能であろう（図10・11）。

先行研究には、ジル・ル・ブルトンが完成させた石造ヴォールトをフィリベール・ドロルムがとりこわさせ、そこに新たな木造の平天井をつくらせたことを想定するものもあるが[☆23]、一度完成した石造ヴォールト天井をわざわざとりこわしてまで、ここに木造天井を架けたという説には、にわかには賛同しがたい。だが、全体を覆う石造ヴォールトが計画されていたのか、それともペルシエのドローイングにあるようにアーチと木造平天井を組みあわせたものが計画されていたのかは不明であるものの、無用の持送りが残されている以上、ここにル・ブルトンが横断アーチを計画していたのはたしかである。一五四七年にドロルムが建築家に任命されたとき、少なくとも巨大な柱とアーチの部分までは完成しており、ル・ブルトンは彼の計画の実現のためにそこに持送りをあらかじめつくっておいたのである。

新古典主義の建築家として名高いペルシエが描いた想像復元図を見ると、そこには華やかなルネサンス建築の世界が広がっている。しかしながら、フィリベール・ドロルムがヴォールト天井をとりやめ、木造平天井を採用したことも、あるいは中世的なヴォールト天井ではなくルネサンス的な平天井を採用するという意図が働いていたとも考えられよう。建築家ドロルムの意図は想像するしかないが、その結果、活躍の場を与えられた木工職人シベック・ド・カルピは「舞踏会の間」ですばらしい仕事を残すことになった。

シベック・ド・カルピは、「舞踏会の間」の天井、腰壁、寄木の床を担当した。腰壁と床、天井のいずれも一九世紀の修復時に新たにつくり直されたため、当初のものではない。さらに一九世紀の修復時に制作された腰壁は、オリジナルと異なる姿であったと考えられ、一九六〇年代に新たに修復されたさいに、わずかに残っていた断片をもとに一六世紀当時の姿と考えられるデザインに復元された。以上のごとく、度重なる修復を経ているため「舞踏会の間」のシベック・ド・カルピの装飾を論じることには困難をともなうのだが、そのことを踏まえたうえで、彼の木工細工

フランス近世美術叢書Ⅰ　装飾と建築──フォンテーヌブローからルーヴシエンヌへ

80

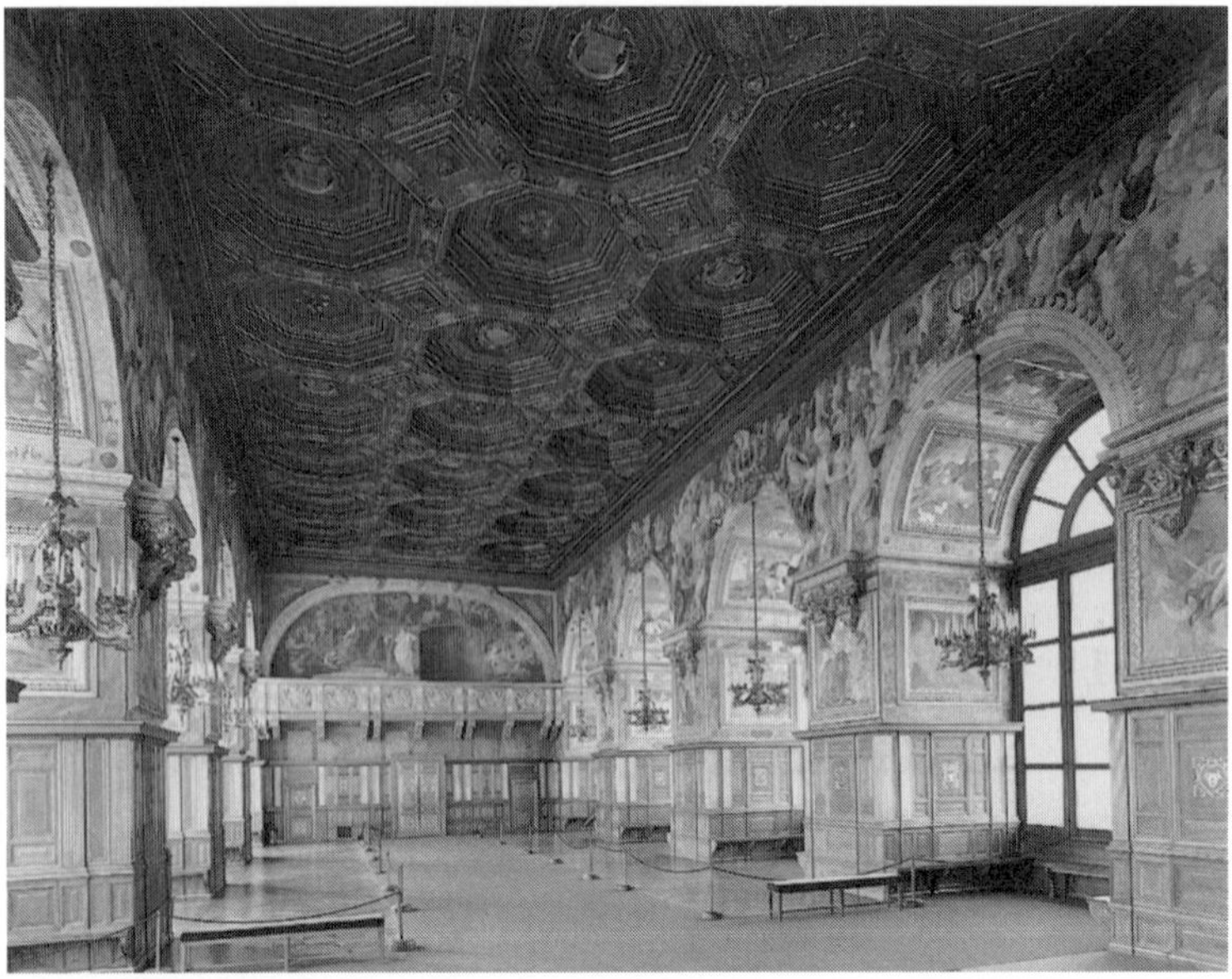

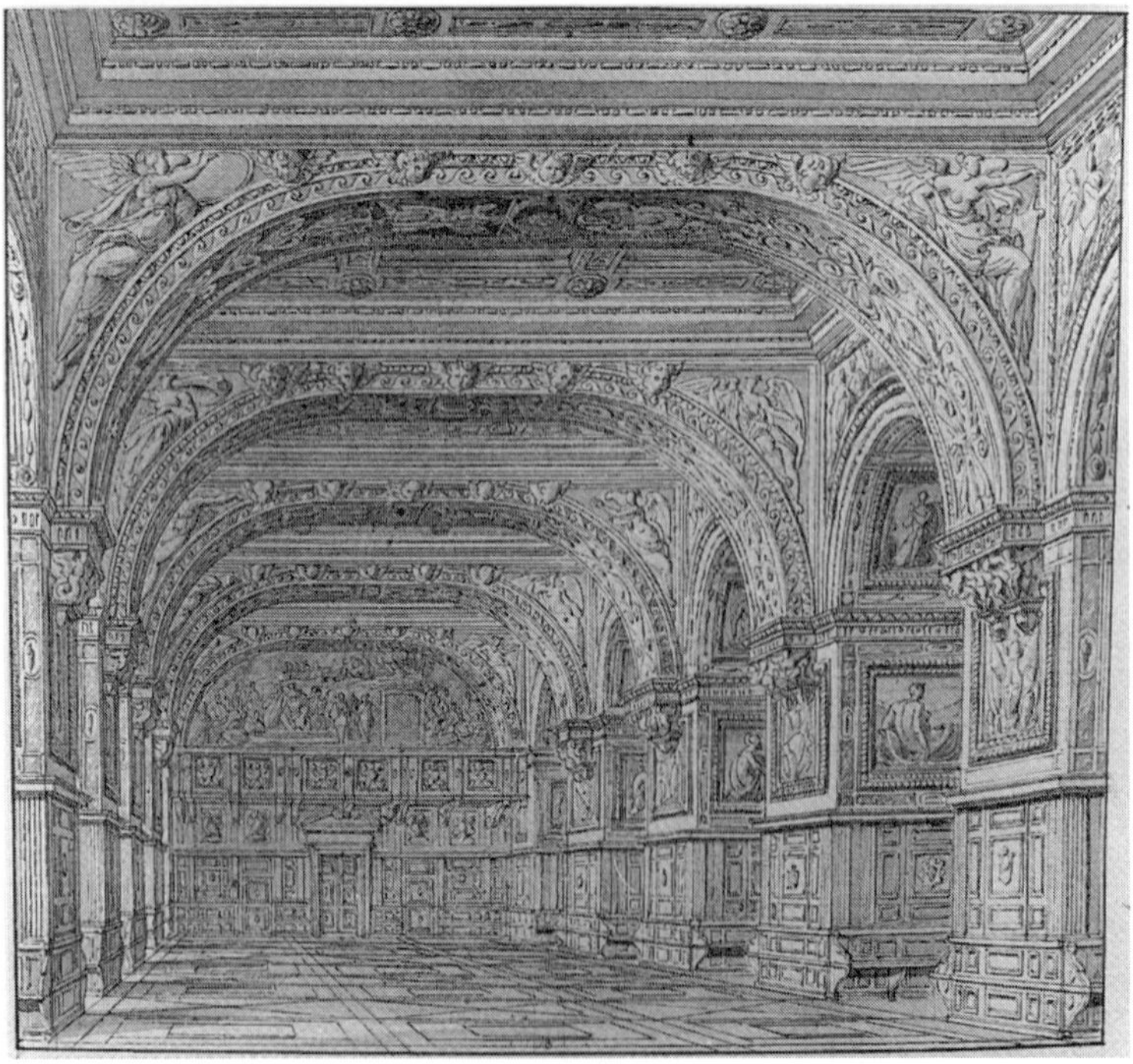

図 10———「舞踏会の間」
図 11———シャルル・ペルシエによる「舞踏会の間」の想像復元図
図 12———「舞踏会の間」の八角形の格天井
図 13———「舞踏会の間」の格天井詳細

を「フランソワ一世のギャラリー」における彼の仕事との比較という観点から見ていこう。

「フランソワ一世のギャラリー」において、シベック・ド・カルピが思う存分腕をふるった腰壁の装飾は、「舞踏会の間」ではいたって簡素なものとなった。長方形パネルを組みあわせただけの幾何学的な構成で、中央には王家の紋章である百合の花や、アンリ二世のドゥヴィーズである三つの三日月がからみあったモチーフがあしらわれているものの、具象的な装飾に満ち溢れていた「フランソワ一世のギャラリー」と比較したとき、全体の印象は簡素で抽象的なものである。ドゥヴィーズの周囲には巻紙装飾もあしらわれているのだが、それもごく控えめなものでわずかな膨らみを示すにすぎない（図12）。

「舞踏会の間」におけるシベック・ド・カルピの大仕事は、天井パネルであった。これは正八角形の枠が格子状に並べられた格天井であり、フランスで登場した格天井としては最初期の実例である。この格天井にはめこまれた八角形のパネルには、細く引き延ばされてほとんど円弧のようになった三日月のモチーフの中にアンリ二世のイニシャルHをあしらい、その上に王冠を載せた装飾モチーフを見ることができる。この二重三重にアンリ二世を示すモチーフと交互に並んで市松模様を形成しているのが、花飾りのモチーフである。八角形の格天井に花飾りがあしらわれるのはルネサンス装飾においては珍しいことではないが、ここではその花飾りが八角形のパネルに対して小さすぎるため、若干奇異な印象を与えている。そればかりか、本来であれば一輪の花であるべきところに、ここではオークの葉が集まって円形飾りをつくりだしており、これはゴシック建築のヴォールト天井におけるキーストーンの装飾でしばしば見られるモチーフになっているのである。アンリ二世のイニシャルと三日月を組みあわせたモチーフの影で、この花飾りは目立たないものであるが、ここにも中世の名残りがわずかに残されているといえるだろう（図13）。

八角形の格天井の枠に目を向けると、八角形の頂点には円の中にあしらわれた三つの三日月がからみあったアンリ二世のドゥヴィーズが見られる。八角形の各辺には、アンリ二世のイニシャルHと、HとCを組み合わせたモノグラム——アンリ二世とカトリーヌ・ド・メディシスのイニシャル——とが、交互に並んでいる。このモノグラムにおいてカトリーヌを示すはずのCは、アンリ二世のイニシャルHと組みあわさったとき、CではなくむしろDに見えることから、王の寵姫ディアーヌ・ド・ポワティエのイニシャルを想起させるものになっていることはよく知られるところであろう。さらにこの枠の側面には、小さなイニシャルHと三日月とが交互に並び、こちらはむしろアルファベットのHとCが並んでいるようにも見えなくない。

以上のような、「舞踏会の間」の天井装飾は、シベック・ド・カルピがフィリベール・ドロルムの指示に従って制作したものであり、そのデザインもドロルムに帰せられるべきかもしれない。デザインの原案がフィリベール・ドロルムであるとすれば、「フランソワ一世のギャラリー」から「舞踏会の間」にいたって、シベック・ド・カルピの装飾が大きく変貌を遂げたことの説明もつくであろう。シベック・ド・カルピの木工細工装飾が、中世風からルネサンス風に変化した「舞踏会の間」において、フォンテーヌブロー宮殿の室内装飾は、完全なルネサンス化を遂げたということができるのである。

	国王	建築家／石工親方	画家・彫刻家	木工細工
「フランソワ一世のギャラリー」	フランソワ一世	*／ル・ブルトン	ロッソ	カルピ
「舞踏会の間」	アンリ二世	ドロルム／ル・ブルトン	プリマティッチョとデッラバーテ	カルピ

以上のごとく、本章で着目したフォンテーヌブロー宮殿の「フランソワ一世のギャラリー」と「舞踏会の間」は、フランスにおける近世室内装飾の幕開けと呼ぶにふさわしいものであり、第一次フォンテーヌブロー派と呼ばれる芸術家たちが活躍した二人の国王の治世に、中世がしだいに影を潜めていく過程を見てとることができた。二つの華やかな建築空間を比較したとき、「舞踏会の間」の室内装飾はほぼ完全にルネサンス化を遂げていたといえるのに対し、「フランソワ一世のギャラリー」では中世の残滓と当時の前衛とも呼ぶべきイタリア・マニエリスムが混在していた

わけである。「フランソワ一世のギャラリー」が見る者を惹きつけてやまない一種独特の強烈な魅力は、そこにこそあるように思われる。なんといってもフォンテーヌブロー宮殿そのものが、多様な時代、多様な様式の混沌なのであり、「フランソワ一世のギャラリー」はそのもっとも典型的、象徴的な空間となっているのだから。（加藤耕一）

第3章　ランベールの邸館
──「ミューズの間」の装飾

はじめに

パリのサン゠ルイ島の東端に現存する「ランベールの邸館」[☆1]は、一七世紀に建てられた代表的な個人の邸宅のひとつで、国務評定官で国王書記官のジャン゠バチスト・ランベール（Jean-Baptiste Lambert）がルイ・ル・ヴォーに建築を依頼したものである。このジャン゠バチストは一六四四年の落成からほどなくしてこの世を去るが、当初の内部装飾はフランスの古い伝統を引くもので、壁面にはタピスリーが掛けられ、天井は彩色された格天井というものであった。[☆2]この人物の歿後にこの建物を引き継ぎ、内部装飾を完成させたのが、のちに会計院の部長評定官となる弟のニコラである。

一七世紀前半のフランスは宗教戦争からの復興期にあたり、数多くの個人の邸館が建築され、内部装飾にもさまざまな趣向が凝らされた。[☆3]天井装飾において特筆されるのは、イタリアの影響による旧来の装飾的な格天井から絵画の描かれた天井への移行である。[☆4]パリにおけるイタリア趣味が最も顕著にうかがえるもののひとつに、フランソワ・マンサールによって一六三四年から三六年にかけて建築されたラ・ヴリリエールの邸館（のちにトゥールーズ館と呼ばれる、現フランス銀行）の二階ギャラリーの装飾がある。ヴォールト天井には、イタリアから帰国直後のフランソワ・ペリエ（一五九〇～一六五〇年）が起用され、いくつかの区画に分かれた「太陽と四大元素」をテーマとした神

ベルナール・ピカール版刻
図1——《ランベールの邸館の「アモルの間」の内部》
一七四〇年

話が一六四六年に描かれた（現存するギャラリーは一八七〇年に破壊され、七五年に再興されたもの）。側壁にはグイド・レーニ、グエルチーノ、ピエトロ・ダ・コルトーナ、プッサンら、当時イタリアで最も高い評価を得ていた六作家の一〇作品が集められ、設置されていた。[☆5]

　これに対抗するかのようにニコラ・ランベールは、もっぱらフランス人画家を起用し、大きくは三つの装飾を完成させた。最初に装飾が始まったのは、二階の「アモルの間」（一六四六〜四七年頃［図1］）で、ウスタシュ・ル・シュウール（一六一六〜五五年）が主導したものである。天井と暖炉上には、アモルを主題としたル・シュウールの六枚のタブローが設置された。扉上にはル・シュウールの《誘拐されるガニュメデス》、側壁上段には、作者不詳《アイネアスに武器を授けるウェヌス》、ペリエ《ハルピュイアと戦うアイネアス》、ロマネッリ《アイネアスの傷にディクタムスヌスの薬液を注ぐウェヌス》、ベルトレ・フレマル《イフィゲネイアの犠牲》が設置され、下段にはピエール・パテル、ヤン・

アセイレンらの風景画が設置された[☆6]（いずれもルーヴル美術館蔵）。「アモルの間」より少し遅れて始まったのが三階の二つの部屋の装飾である。「ミューズの間」（一六四八〜五四年頃）は当初フランソワ・ペリエが率いて、その没後にル・シュウールが引き継いだ（作品はすべてルーヴル美術館蔵）。「ヘラクレスのギャラリー」（一六五〇〜六二年頃）はシャルル・ル・ブラン（一六一九〜九〇年）が率いたものである[☆7]（作品は現在も建築に現存）。このように、ランベールの邸館の装飾は、一六四八年の王立絵画彫刻アカデミーの創立にも加わったやや年長のペリエ、若手のル・シュウールとル・ブランという三人のフランス人画家がイニシアティブをとった点でフランス絵画史の展開にとっても特筆すべきプロジェクトである。本稿では、「ミューズの間」に絞り、一七世紀フランスの個人の邸宅の装飾と同時期の絵画に現われた新しい傾向の一端に触れ、その成立の背景と意義について探ることにしよう。

1 「ミューズの間」の概要

前述したように、「ミューズの間」はもともとフランソワ・ペリエに委嘱されていたもので、一六五〇年に画家が急逝したためル・シュウールが引き継ぐことになった。この部屋の装飾が一六五三年にニコラの妻となるマリー・ド・ロベスピヌのために設えられたものであることは、のちに詳しく触れるが、この部屋の図像プログラムを特色あるものにしている。一八世紀初頭には部屋の大規模な改造がおこなわれたが、当初の状況について、ギエ・ド・サン＝ジョルジュが次のように伝えている。

トリニー部長評定官夫人の部屋に、ル・シュウール氏は見事な手法で、装飾が付随する絵を数枚制作した。この部屋はいわゆるイタリア風の部屋のひとつで、指物細工の美しさと羽目板の豪華さが綴れ織りにとってかわっているがゆえにそう呼ばれる。天井に描かれているのは、パエトンに馬車の操縦をさせる太陽神である。アウロラが松明を片手に馬車を先導している。時、四季、風が擬人像として表わされている。天井下縁のアーチ型区画《ヴッシュール》(voussure)に描かれた四枚の絵は、美術アカデミーの教授の一人であったペリエ氏の手になるものである。だがル・シュウール氏は暖炉の上部にウェヌスの面前でクピドの羽を抜き、かわりに自分のカドゥケスを与えるメルクリウスが描かれた絵を制作した。それは、恋愛のはかなき戯れを拒み勉学に専心しなければならないことを伝えるためであるかのようである。

その少し下には、ル・シュウール氏の手になる金地で彩色された二枚の絵がある。片方にはウェヌスが登場し、もう一枚にはウルカヌスが登場している。この部屋のフリーズは、花綱を支える幼児たちによって飾られている。また、黒地に黒ずんだ金のグロテスク装飾、すなわち一面の金地にくすんだ色で描かれた人物も見いだされる。扉のパネルには女性を表わす彩色されたさまざまな人物も存している。この部屋のアルコーヴの天井には、この場合は月とみなされなければならないディアナが描かれている。彼女は馬車に乗り、明けの明星の寓意像に先導されている。アルコーヴの羽目板には、ミューズの絵が描かれている。一人ひとりは、個々の持物で見分けられる。これらの背景はパテル氏によるものである。[☆8]

このように、当初の「ミューズの間」は、アポロンが支配する大きな区画とディアナが支配するアルコーヴとに分かれていたことがわかる。この部屋に改築がなされたあとの一七四〇年に刊行された、版画家ベルナール・ピカール(一六七三〜一七三三年)がランベールの邸館の内部の各部屋の装飾を版刻した版画集[☆9](図2)では、アルコーヴについての記述は消え、ミューズを描いた五枚の絵が大きな区画の羽目板に移されたことがわかる。

一七四九年に刊行されたデザリエ・ダルジャンヴィルによるパリの名所案内の著作には、「この部屋の背後に、かなり天井の低いギャラリー状の別の小部屋があり、ル・シュウールが天井にディアナの姿で月の女神を描いたこと以外には注目すべきものはない」という記述があり、アルコーヴの装飾の一部が残存していたことがわかるものの、

図2――ベルナール・ピカール版刻
《ランベールの邸館の「ミューズの間」の内部》
一七四〇年

当初の装飾プログラムの体系性は壊されてしまったことがわかる。またそこでは、それまで「イタリア風の部屋」と呼ばれていたこの部屋に「ミューズの間」の呼称が与えられ、それぞれがどのミューズであるかについても、すでに一七四〇年のピカールの版画で示されていた同定に従い、「左の絵にはメルポメネ、ポリュムニア、エラトがおり、右にはクレイオ、エウテルペ、タレイアがいる。ほかはカリオペ、テルプシコレ、ウラニアが描かれた三枚の楕円形の板絵に描かれている」としている。[☆10]そののち「ミューズの間」のル・シュウールの作品は、「アモルの間」の諸作品と同じように、ランベールの邸館を離れ、一七七七年にルイ一六世に購入され、現在までルーヴル美術館に収蔵されている。

制作年に関しては、大きな区画の天井画のアポロンとパエトンの絵は、一六五〇年六月のペリエの逝去のあとにル・シュウールに引き継がれ、アルコーヴの作品は婚礼の迫った一六五二年に改めてル・シュウールとの契約書が結ばれ、

一六五二年から五四年頃にかけてル・シュウールのミューズたちは制作されたと考えられている。[☆11]

2　ル・シュウールのミューズたち

「ミューズの間」の中心をなす作品は、ル・シュウールが九柱のミューズを五枚のパネルに描きだしたものである。ミューズの比定については、現在のルーヴル美術館ではピカールの記述が受け継がれているが、異論もある。クレイオ（歴史）、エウテルペ（音楽）、タレイア（喜劇）を描いた作品（図3）については、画家は一六四三年にパリで刊行された『イコノロジー』[☆12]の挿絵に見いだされるそれぞれの持物に忠実に従っており、個々のミューズの特定に議論はない。ところが、通常向かって左からメルポメネ、ポリュムニアとエラトが描かれているとされる絵（図4）については、ナタリー・ローゼンバーグ・ヘンダーソンは、メルポメネ（悲劇）、カリオペ（叙事詩）、エラト（抒情詩／恋愛詩）という順に描かれていることを指摘した。また、譜面を見ながら歌うメルポメネは、ここではホラティウスの記述にしたがい、歌唱のミューズとして扱われていることに注意を促した。残りの三枚の作品にはミューズが一人ずつ描かれており、天文学を司るミューズであるウラニア（図5）についてはどの論者も一致している。他方ヘンダーソンは、カリオペとされる作品（図6）がテルプシコレ（舞踏）であること、テルプシコレとされる作品（図7）がポリュムニア（英雄讃歌）であることを提起している。[☆13]

その是非についてここで簡単に検討してみることにしよう。九柱のミューズが個別的に描かれた版画集として、一五世紀のイタリアで制作された通称「マンテーニャ・タロッキ」と呼ばれる版画集に含まれるもの（B.XIII. 124.28-33;125.34-36）、一六世紀ドイツで版刻されたヴィルギール・ゾリスによるもの（B.IX. 255.83）、やはり一六世紀ドイツのフランツ・イザーク・ブルーンのもの（B.IX.446.17;447.17-22; 448.23-24）、一六世紀末のクリスペイン・デ・パセ一世によるもの（H.14-15.403-411）などを代表的なものとして挙げることができる。その四つを比較してみると、持物が固定しているものと交換可能なものが存在することがわかる。また一七世紀のものとして、マリー・ド・メディシス旧

蔵のバリオーネによる連作〈アポロンとミューズ〉に個別的に表わされたミューズの実例がある。[☆14]
人物同定に異論のあるル・シュウールの三人組の作品（図4）において、ヘンダーソンは真中のポリュムニアとされた人物が叙事詩を司るミューズであるカリオペであるとした。真中の人物の特定には、音楽に耳を傾けながら立てた書物を右手に抱えていることが注目される。先述した『イコノロジー』では、ポリュムニアが巻物のようなものを広げているのに対し、カリオペは書物を手にしている。上述した四つの版画集のうちゾリスとデ・パセのもの（図8）が書物を手にしていること、さらにバリオーネの作例でも左手で月桂冠を掲げつつ書物の方に振り返っていること（図9）、シモン・ヴーエの《ウラニアとカリオペ》（図10）においてもカリオペが書物を抱えていることなどを考慮に入れると、ヘンダーソンの比定は説得力をもっているように思われる。
次に単独像のうち、カリオペとされてきたハープを奏でる人物（図6）について考えてみよう。『イコノロジー』（一六四三年）の挿図ではカリオペの持物は書物であり、ハープを弾くのは舞踏のミューズのテルプシコレ（図11）である。四つの版画集のうち、テルプシコレがハープを弾いているのはゾリスのものだけであるものの、『イコノロジー』の作例との密接な類似はヘンダーソンの比定を否定しがたくしている。他方、これまでテルプシコレとされてきたトライアングルを弾く人物（図7）に関していえば、すでに述べたように『イコノロジー』ではテルプシコレはハープを弾いており、ヘンダーソンが提起する英雄讃歌を司るミューズであるポリュムニアは広げられた巻物のようなものをもっている。もっとも、四つの版画集ではポリュムニアには共通する持物はなく、トライアングルを弾くミューズとしてはゾリスのメルポメネとブルーンのタレイアがあるのみである。ヘンダーソンは積極的な根拠をあげていないが、消去法的にこのミューズがポリュムニアになるのであろう。
単独像とは別に、アポロンを中心にしてミューズたちが一堂に会するパルナッソスはルネサンス以降多数の作例がある。ミューズはアポロンの奏でる竪琴の調べに合わせて踊ったり（マンテーニャ）、その音色に聞き入ったり（ラファエッロ［図12］）する場合が多いのであるが、そこでは持物は必ずしも明示的に描かれておらず、個々の同定が困難

図3——ウスタシュ・ル・シュウール《クレイオ、エウテルペ、タレイア》一六五二〜五四年
パリ　ルーヴル美術館

図4——ウスタシュ・ル・シュウール《メルポメネ、カリオペ、エラト》一六五二〜五四年
パリ　ルーヴル美術館

ウスタシュ・ル・シュウール
図5――《ウラニア》一六五二～五四年
図6――《テルプシコレ（別称カリオペ）》一六五二～五四年
図7――《ポリュムニア（別称テルプシコレ）》一六五二～五四年
パリ　ルーヴル美術館

図8――クリスペイン・デ・パセ一世《カリオペ》一五九〇～一六三七年頃

図9――ジョヴァンニ・バリオーネ《カリオペ》一六二〇年 アラス美術館

TERPSICORE .

図10──シモン・ヴーエ《ウラニアとカリオペ》一六三四年頃　ワシントン　ナショナル・ギャラリー・オヴ・アート

図11──ジャック・ド・ビィ版刻《テルプシコレ》チェーザレ・リーパ『イコノロジー』(パリ、一六四三年刊)

図12──マルカントニオ・ライモンディ(ラファエッロの原画に基づく)《パルナッソス》一五一七～二〇年頃

図13――ジョルジョ・ギージ（ルカ・ペンニの原画に基づく）《パルナッソス》
一五五七年頃

図14――レオナール・ゴーチエ版刻《パルナッソス》
デピネル『レ・ミューズ・フランセーズ』（パリ、一六二二年刊）扉絵

な場合も多い。『イコノロジー』においては個々のミューズに固有の属性が与えられているが、ル・シュウールの師シモン・ヴーエの《パルナッソス》（一六四〇年頃、ブダペスト美術館）におけるように、事細かにミューズを描きわけることはそれほど重要ではない場合も多かったにちがいない。

他方、たとえばルカ・ペンニの原画に基づくジュルジョ・ギージの版画（図13）におけるように、ミューズたちのほぼ全員が楽器を演奏し、コンサートの様相を呈しているものもある。また、一五九九年に初版が刊行され、そののちも版を重ねたデピネルの詩歌集成『フランスのミューズたち』の扉の版画（図14）におけるパルナッソスも合奏の場面となっている。右下のヴィオラ・ダ・ガンバを弾くミューズにはル・シュウールの作品との関連を指摘することもできよう。

これまで検討してきたミューズやパルナッソスの図像の伝統におけるル・シュウールのミューズたちの特徴としては、書物や仮面などによる諸芸術との関連を暗示するものと楽器を演奏するものとが同程度に強調されていることである。そこで改めて問題になるのが、ル・シュウールの作品が設置された空間である。ミューズを描いた五枚のパネルは、当初この部屋のアルコーヴの羽目板に嵌められていた。この「イタリア風の部屋」が改造されるまえは、大きい区画の天井にアポロンの絵が、アルコーヴの天井にディアナの絵が設置され、ミューズの作品は後者の側壁に配されていた。したがってミューズの絵は、この場合アポロンというよりもむしろディアナとの関連で検討する必要が存するのである。

3 「ミューズの間」の装飾プログラム

それでは、ル・シュウールのミューズたちが飾られたアルコーヴ、この空間はいかなる機能をもっていたのであろうか。

アカデミー・フランセーズの辞書（一六九四年）が記しているように、アルコーヴとは建築的には「通例寝台が置かれる、ほかとは分け隔てられたある部屋の場所」のことで、フュルチエールの辞書（一六九〇年）には、「この語はスペイン語の alcoba に由来する」とある。このアルコーヴがパリで流行するきっかけとなったのは、ライブイエ侯爵夫人がスペイン趣味に感化を受けてアルコーヴつきの部屋をその邸館に一六二〇年頃に拵え、サロンを開いたことに端を発する。[☆15]つまりアルコーヴこそが、サロンを主宰する才女《プレシューズ》たちが貴族や上流の人々や文人たちを集めて知的で気の利いた会話を楽しむ場であった。「才女宅において騎士のごとく仕える役目を果たし、その名を高め会話が弾むのに力のある」（Littré）人物のことをアルコーヴィスト（alcoviste）と呼んだほどであった。ニコラ・ランベールは自邸において流行のサロンが開かれるのを望んだのであろうか。それにもかかわらず、ランベールの新婦について、「美人だがおつむが鈍く、とはいえ善良な女性」との当時の評が残されていることはいささか皮肉なことである。[☆16]

ル・シュウールと同様、女性のアパルトマンにミューズが描かれたものに、一六四五年に完成したラ・メイレ夫人の寝室の装飾に作例がある[☆17]（図15）。この装飾を率いたのはシャルル・ポエルソンで、天井の中央に配された絵画では、アポロンと九柱のミューズたちが、画面中央に配された夫妻の一族の家紋を頂いた祭壇を賛美し、夫妻の結婚を寿いでいる。アポロンと二人のミューズが祭壇に月桂冠を授け、花籠と花綱を運ぶ二人のミューズと、それぞれヴァイオリンとハープを弾くミューズが二人いる。ここにはミューズの持物はなにも描かれておらず、むしろ全体の調和ある幸福な雰囲気づくりを強調している。

ランベールの邸館の「ミューズの間」は、すでに触れたように、大きな区画とアルコーヴに分かれており、それぞれがアポロンとディアナの、すなわち太陽と月の領分として構想されている。

「ミューズの間」の大きな区画の中央には、ル・シュウールの《アポロンに馬車の操縦の許しを請うパエトン》（図16）が設置された。この作品では画面に統一性をもたらす遠近法の厳格な適用も注目を集めてきた。画面中央に描かれた天上の神殿の主人公の上にはアウロラが天翔け、その後方には時の翁が描かれている。画面の下半分には四季の表現が見いだされる。画面左手に花籠をもつプットーを従えた、花冠をつけ手に花束をもつ二人の少女は春を表わし、

図15――シャルル・ポエルソン《パルナッソス》一六四五年
パリ　アルスナル図書館　ラ・メイレ夫人の間

図16――ウスタシュ・ル・シュウール《アポロンに馬車の操縦の許しを請うパエトン》一六五二～五三年頃
パリ　ルーヴル美術館

その右手にいるケレスは夏を表わしている。画面中央やや右手の葡萄を運ぶプットーが秋を表わし、右下の風の神アイオロスが冬を表わしている。画面右には右手に球体をもつ若者が描かれており、これは夏至を表わしている。それによって四季の時の循環とともに太陽の破壊的かつ再生的な力が強調されている。[18] 現在もランベールの邸館に現存しているアーチ型区画《ヴッシュール》（voussure）には、当初の担当のペリエによって《パルナッソスのアポロン、ミネルウァ、ミューズたち》、《ダフネを追いかけるアポロン》、《アポロンとパンの楽器の腕比べの審判をするトモロス》、《パエトンの死を嘆くニンフ》が描かれているが、[19] ここでは太陽神アポロンの暴力的な力と宇宙の調和が暗示されている。このように「ミューズの間」の大きな区画では、太陽の領分としてアポロンの全能性が強調されているのである。

それに対して、ミューズたちの絵が最初に設置されたアルコーヴは月の領分となっており、その天井には《馬車に乗るディアナ》（現在はランベールの邸館の別の部屋に移動）が描かれていた。その側壁のミューズたちと相まって、この空間は新婦を迎えるにふさわしい貞女の鑑が会する場となっているのである。[20] 加えて、「ミューズの間」の最初の報告を残したG・ブリスが、「アルコーヴにある合奏するミューズたちを表わした絵」と記述していることは注目に値する。[21]

アルコーヴが壊されミューズの絵が「ミューズの間」の大きな区画に移されたあとの状況を伝えるのが、一七四〇年に刊行されたピカールの版画である（図2）。そこでは、三人のミューズを描いた作品が並べられ、その左に二枚の単独像、右に一枚の単独像が壁に嵌められている。ここではディアナとのかかわりは薄くなり、アポロンと同一の空間に属することでパルナッソスとしての性格を帯びることになったが、天井下縁のアーチ型区画《ヴッシュール》（voussure）にはすでにペリエの《パルナッソス》が描かれており、テーマがかぶってしまうことになった。それでは当初の配列はどのようなものであったのだろうか。

ミューズたちの絵を改めてよく見ると、ウラニア（図5）が楽器を演奏するのではなく、右手を挙げて指揮をしているように見え、おそらく五枚の絵の中心を占めていた。人物の向きや配置を考慮すると、ウラニアの向かって左手には《クレイオ、エウテルペ、タレイア》（図3）と《ポリュムニア》（図7）が、右手には《メルポモネ、カリオペ、エラト》（図4）と《テルプシコレ》（図6）が配されたと想定される。[☆22] したがって、指揮者の右側ではトライアングル奏者とフルート奏者が演奏し、左側ではヴィオラ・ダ・ガンバ奏者とハープ奏者が演奏しているのである。さらに大きな二枚の絵では、四人のミューズが楽器とは異なる持物を与えられることによって、歴史、喜劇、悲劇、叙事詩というそれぞれのミューズ本来の属性が前景化し、ミューズたちが学問芸術を司る存在でもあることが改めて表明されている。前述したように、悲劇のミューズはここでは歌唱のミューズとして描かれているが、そのことを含め、女主人が寝台で客を迎えるサロンという場にうってつけの配慮がいくつもなされているのである。

そうすると、大きな区画とアルコーヴからなるこの「ミューズの間」は全体としてどのような構想で主題が選択され、配置されたのであろうか。

すでに述べたように、大きな区画は太陽神アポロンの領分で、アルコーヴは月の女神ディアナの領分であった。ヘンダーソンが指摘するように、ミューズは天球の惑星を象徴するものでもあったことを考慮に入れると、「ミューズの間」は宇宙の縮図として構想されているのであり、ミューズたちの合奏は天球の調和のメタファーとなっている。[☆23]

もちろん、ミューズたちの協和はよき結婚の寓意であり、マンテーニャやポエルソンの作品におけるようにひとつのトポスをなしていた。すでに触れたように、貞潔なディアナとミューズたちのテーマは新婦に求められる貞節さの美徳とも交錯するものであった。アルコーヴをともなった当初の「ミューズの間」ではアポロンに体現される男性の領分とディアナに体現される女性の領分が一体となっており、勇敢さと貞淑さという新婚のニコラ・ランベール夫妻に求められる二つの美徳が見事に統合されているのである。

4　理想と思惟の世界の勝利

一六四八年一月、フロンドの乱（一六四八〜五三年）の直前、宮廷から勅許状を得た画家や彫刻家たちは、パリの同業者組合との対立がぬきさしならぬものとなったため、王室に王立絵画彫刻アカデミーの設立請願書を提出した。その結論部には次のような嘆願の文章がある。

陛下、次の諸点をご勘案ください。われらが画家および彫刻家たちは、これらの室内装飾業者や石材業者の特権を否定する意志など毛頭もっていないこと。ただ、この手職従事者団体から分離したい、袂を分かちたいと思っているにすぎないこと。これは、かつてこの団体に属し、親方の免状を取得した者のかなりの数が分離しましたが、それと同じことでございます。先にも申しましたとおり、彼らは、親方といっても、同業組合から離れた身であり、彼らと事を構えるつもりは毛頭ございません。次に、アカデミーの会員の大部分の者たちは、国王陛下付画家・彫刻家の許可状をいただいていること、他の、高貴かつ特権を付与されたさまざまな自由学芸に従事している方々はそれにふさわしい自由を享受していらっしゃるが、この請願書はそうした自由を、アカデミーのみならず、現在パリに在住している、あるいは在住の可能性のあるフランス人と外国人の画家および彫刻家にもお与えくださるよう請願するものであること、以上でございます。[☆24]

ここにはイタリアの人文主義の文化で醸成された、絵画・彫刻が手工的な技芸（artes mecanicae）ではなく精神的な営為としての自由学芸（artes liberales）と同等の地位を有すべきものとする考え方がはっきり打ちだされている。一六四〇年から四二年にかけてのプッサンの国王首席画家としてのパリ滞在以降、シモン・ヴーエの抒情的な作風よりもプッサンの古典主義的な作風が影響力をもつようになったが、裏返せば、フランスの美術愛好家たちの間に人文主義的な思想が浸透し、絵画の高貴な理念が受け入れられるようになりつつあったことの証左でもある。この傾向を如実に示すのがジェデオン・タルマンのために描かれたロラン・ド・ラ・イール（一六〇六～五六年）の自由学芸の連作（一六四九～五〇年）である。[☆25]マレー地区に邸宅を構えたタルマンは、その絵画、宝石、版画、書籍のコレクション

図17――ロラン・ド・ラ・イール
《文法の寓意像》一六五〇年
ロンドン　ナショナル・ギャラリー

図18――ニコラ・プッサン
《エリエゼルとリベカ》一六四八年
パリ　ルーヴル美術館

図19——ニコラ・プッサン
《オルフェウスとエウリュディケのいる風景》一六五〇年頃
パリ　ルーヴル美術館

に加え、さまざまな動物を飼っていたことでも名が知られていた人物で、『小逸話集』で著名なタルマン・デ・レオーの従兄弟でもあった。たとえば、この連作の一枚《文法の寓意像》（図17）を見ると、主題に見いだされるタルマンの人文主義への関心に加え、くっきりと対象を浮かびあがらせる切れ味のよい明快な素描と明晰な空間構成と明快な彩色に、パリにおける古典主義の勝利が声高に宣言されているように見える。

王立絵画彫刻アカデミーの創立会員にル・ナン兄弟が含まれるなど、実際にはアカデミー設立に結束した画家や彫刻家は世代もさまざまでその作風も多様であったが、その中でも若手の世代に属するラ・イール、ル・シュウール、セバスチアン・ブールドン（一六一六〜七一年）、ル・ブランの作風は、プッサンの新しい絵画の理念や作風に積極的に応答して古典主義的な作風に転換したものであった。一六四五年から六〇年頃に優勢となるそれらの古典主義傾向は「摂政期のアティシスム」としばしば呼ばれる。[☆26]「アティシスム」とはもともとギリシア語のアッティカ語法を指す言葉であるが、美術では紀元前五世紀のアテナイで開花したクラシック彫刻の高貴な造形世界を連想させる語である。この時期、ポール・フレアール・ド・シャントルーのための「七つの秘蹟」連作（一六四四〜四八年）やジャン・ポワンテルのための《エリエゼルとリベカ》（図18）などのプッサンの作品が相次いでパリに到着した。芸術愛好家や画家たちは、そこに見いだされる古典主義絵画の考え方の実現――「芸術家は精神の作用により一挙に本質に向かうことによって、世俗の現実や、眼の前に提示されているすべてが不揃いで不完全な無数の形態から離れることが可能となり、思惟の表現に集中することができる」[☆27]――に大いに目を瞠ったことであろう。先述のラ・イールの作品やル・シュウールのミューズの作品に同様の理想の優れた実現を見いだすことは困難ではなく、「洗練さの要求から大仰な効果が排され、簡潔な造形言語と周到な構図が追及されるようになり、アラベスクが織りなす繊細な音楽ならびにますます明快になった彩色が生みだす軽快な調和が大きな働きをしている」[☆28]その作品世界は、まさに「アティシスム」の名に値するものとなっているといえよう。

図20——オットー・ウェニウス
〈魂の平和はミューズからやってくる〉
『ホラティウスのエンブレム集』（アントウェルペン、一六〇七年刊）

おわりに

「ミューズの間」が構想、制作された時期はパリでフロンドの乱が勃発した時期に重なっている。ローマに戻って活動を続けていたプッサンは、この内乱による母国の混乱に心を痛め、新たに風景画にとりくんでパリの顧客に向けてこの内乱に彼なりの応答を示した。たとえば、《オルフェウスとエウリュディケのいる風景》（図19）では、当時プッサンが探求していた、自然のもつ秩序と調和、あるいは運命の女神のいたずらというかたちで発現する自然の暴力と悲劇という自然のもつ二面性が一枚の絵に込められている。[☆29]画面右手には、オルフェウスとエウリュディケの婚礼の場面が描かれている。地面に身を横たえるエウリュディケがオルフェウスの奏でる竪琴の調べに熱心に耳を傾けている。その脇には、結婚の神ヒュメナイオスと思しき若者が立っている。その後ろでは、おつきの女性が地面を這う蛇に驚きのあまりのけぞっている。そこには、のちに両者にやってくる悲劇が暗示されている。のちの悪夢を予兆するかのように、岩塊からは深い影が広がり、蛇に咬まれて命を失うエウリュディケの身体を大きく覆い始めていることは暗示的である。左手背景のローマのカステル・サンタンジェロを思わせる城塞からは不穏な煙が立ちのぼり、現在の幸福が束の間のものであることを示している。

これに反して、ル・シュウールのミューズを描いた作品群には、音楽的な調和がその純化された理想的なフォルムの中にあますところなく実現されている。フロンドの乱の混乱の中で新たな門出を祝おうとするランベール夫妻にとって、ル・シュウールの「ミューズの間」の諸作品は、「魂の平和はミューズからやってくる」[☆30]（A musis tranquillitas〔図20〕）のエンブレムが図像的なプログラムによってだけではなく、簡潔典雅なその様式によっても見事に実現されている点で、これ以上の作品は存在しなかったにちがいない。

（栗田秀法）

第4章　ヴェルサイユ宮殿の装飾

――祝祭から「鏡の間」へ

ブルボン王朝を開いたアンリ四世は宗教的対立によって荒廃した首都を立て直すために、ルーヴル宮の増改築などの積極的な建築工事をおこなった。「建築王」という後世の異名はそうしたことに由来する。王宮以外にも、パリでは聖堂や個人の邸宅などがさかんに建てられるようになって、首都にふさわしい都市像の模索も始まった。それは世紀が進むにつれて、いっそう明確な姿となって現われるだろう。

専門化した官僚機構と組織化された軍隊の制度によって、国王を頂点にする支配体制を調えたこの時代に、豊かで教養あるブルジョワジーたちが邸館を構え、美術作品でどのように装飾したかのひとつの例は、栗田氏の論考が明らかにしている。「建築があらゆる芸術の母」という事実は、王宮であろうと個人の邸館であろうと変わることはない。しかしルイ一四世という絶対主義国家を完成させた王、自らを太陽神アポロンになぞらえた王にとって、王宮は野心を顕示する場としてはるかに重要な機能をもって登場する（図1）。私はヴェルサイユ宮殿という、王がすべての精力を傾けたといってもよい、王権の象徴ともいえる建築が実現されていく過程で、王がどのような存在として登場してくるか、さらに「鏡の間」の壮大な装飾がどのように計画され、画家シャルル・ル・ブランが王にいかなるイメージを託したか、この二つの点から王の野心を解きほぐしたいと思う。讃仰の対象としての個人の威厳ある存在から、フランス国家の表象へと、それは変容を遂げていくはずである。

建築に込められた深い意図については、中島氏が次の章で明らかにしてくれることだろう。

1　ルイ一四世とヴェルサイユ宮殿

ヴェルサイユ宮殿は祝祭から誕生したと、しばしば述べられてきた。ヴェルサイユの歴史は、若いときから狩猟に情熱を燃やしたルイ一三世が、狩りのための小さな館を建てたことから始まる。父王と同じく、この貴人のスポーツに親しんだルイ一四世も、一六五一年にこの地を訪れたことが、フランス最初の新聞『ガゼット』に記されている。膨大な書簡集を残したサン゠シモン公爵が、「カードの城」と評したルイ一三世の田園の城館が、王国の象徴としての壮麗な宮殿に変貌するとき、たしかに親政を始めてまもないルイ一四世が企てた三度にわたる祝祭（一六六四年、一六六八年、一六七四年）の重要性に気づかないわけにはいかない。これらの祝祭は、定期的に開催される宗教行事とは異なり、明確な意図に基づいた目的をもっていた。ルイ一四世は若いときから、太陽神であり芸術を司る神でもあるアポロンになぞらえられてきた。のちに国王修史官アンドレ・フェリビアンが、「太陽はルイ一四世のドゥヴィーズであり、詩人たちは太陽をアポロンと同一視したから、この壮麗な宮殿にはアポロンと関係のないものはなにひとつない」[☆1]と述べたヴェルサイユ宮殿は、これらの祝祭と歩を合わせるかのように体裁を調えていくのである。

三度目の壮大な祝祭を一六七四年に終えると、ルイ一四世は規模においてこれらの祝祭に匹敵するような催しを再び企てることはなかった。そのことが、ルイ一四世の治世初期の三度にわたる祝祭を、ヴェルサイユの歴史の中で、さらに国王の歴史の中で特別の存在にしているように思われる。ほぼ一世紀ののち、未来のルイ一六世とオーストリア王女マリー゠アントワネットの結婚を祝っておこなわれた祝祭のように、ヴェルサイユはそののちも華麗な祭事の舞台であり続けた。しかし、それらにルイ一四世の祝祭を色濃く染めあげている若々しい野心は、稀薄である。

ところで、ヴェルサイユの造成や祝祭に携わったのは、王の不興を買って失脚した財務卿フーケのヴォー゠ル゠ヴィコントの城館（図2）の建設に従事した建築家ル・ヴォーと画家シャルル・ル・ブラン、それに造園家ル・ノート

図1――ピエール・パテル
《ヴェルサイユ宮殿俯瞰図》一六六八年
ヴェルサイユ　ヴェルサイユ宮殿美術館

図2――ヴォー゠ル゠ヴィコント城

ルだった。建築の披露の宴に招かれた国王は、そのあまりの壮麗さに驚きと羨望を隠せず、それが財務卿の失脚につながったと言われている。ル・ブランの手がけた室内装飾は、未完のまま残った。彼らは中断を余儀なくされた事業にかわって、その才能をいっそう壮麗な規模で自由に発揮する場を見いだしたのである。この時期に、国王の側近コルベールの強力な庇護のもとで、王立絵画彫刻アカデミーが再編され、音楽や建築のアカデミーが創設されたことを思い起こそう。まさに国王の事業に携わる過程で、後世、フランスの古典主義と呼ばれることになる諸芸術が形をとりはじめるのである。

祝祭の重要性から、その構成や企画を担当する役所である遊芸局《ムニュ・プレジール》が脚光を集めるようになったのも、この時期からである。この役所の長官は、名門貴族出身の主席侍従が長官を務めた。長官の下で、祝祭の演出や装飾を担当したのが王付企画官で、一六六〇年頃に設けられて以降、装飾図案家や装飾家がその任に就いた。初代の企画官となったアンリ・ジセーは、ル・ブランやル・ヴォー、音楽家のリュリなどと協同で、壮麗な舞台を実現した。

この小論では、まずルイ一四世の一六六四年の祝祭を中心に、三度の祝祭の概要と特徴をみることにしよう。そのあとで、祝祭にかわって国王の関心が集中したヴェルサイユ宮殿のいわば象徴とも言える「グランド・ギャラリー」、つまり一七枚の壮大な鏡で飾られた「鏡の間」の装飾をとりあげて、その内容を検討することにしよう。[☆2] そのことが、国王が祝祭から建築とその装飾へと関心を移行する経緯を明らかにしてくれることになるだろう。

2　一六六四年の祝祭「魔法の島の楽しみ」

当時の記録によれば、ルイ一四世がヴェルサイユに特別な関心を寄せるようになったのは、一六六〇年秋のことである。二年後には狩猟のためのこの地への逗留が目立って増えてくるが、それは寵姫ラ・ヴァリエール嬢と過ごすためだったという。国王が周囲の地所を積極的に購入しはじめるのもちょうどこのころからで、宮殿の増改築も緒につき、ル・ノートルが大庭園の造成に手をつけはじめる。工事の進行ぶりを裏づけるひとつの出来事は、一六六三年一〇月にルイ一四世がごく身近な人々を招いて催した小宴である。そのさい、モリエールがその一座とともに招かれ、一〇日あまりの間に、自作の『亭主学校』や『うるさがた』などを演じ、これが翌年の壮麗な祝祭の先触れとなったのである。[☆3]

「魔法の島の楽しみ」と呼ばれる祝祭が始まったのは、春たけなわの五月七日のことだった。ルイ一四世は王妃と母后をもてなすことを目的に、六〇〇人あまりの客を招いた。王の本意は、ラ・ヴァリエール嬢を楽しませることにあったらしい。少し脇道にそれるが、国王付主席画家ル・ブランが原画を描いた〈四季〉連作のタピスリーで《春》(図3)の背景には、ヴェルサイユ宮殿が選ばれている。このタピスリーは版画化され、フェリビアンの解説文とともに一六七〇年に出版された。[☆4]彼はその中で、木々が葉を茂らせ、花が咲き誇るヴェルサイユの春の美しさを讃えている。この図像には、まちがいなく一六六四年の祝祭の余韻があり、祝祭を通して示された愛と力によって蘇る若々しい王の姿に、春が重ねあわされている。

「魔法の島の楽しみ」の構成は、主席侍従、つまりムニュ・プレジール長官のサン゠テニャン公爵が担当し、それを華やかに盛りあげたのは、衣装のデザインを担当したアンリ・ジセーと、機械を用いた演出で人々を楽しませたイタリアのモデナ出身のカルロ・ヴィガラーニだった。[☆5]公爵は一六世紀のイタリアの詩人、アリオストの恋と武勇に魔法がからんだ『狂乱のオルランド』から、美しい魔女アルシーヌ(アルチーナ)の虜となったロジェ(ルッジェーロ)と騎士たちが、その魅力の呪縛を脱するという筋立てで、全体の統一を図った。「魔法の島の楽しみ」という標題も、このアルシーヌが住む魅惑の島にちなんでいる。ロジェの役が与えられたのは国王ルイ一四世で、宮廷人たちがさまざまな役柄に扮した。公爵の意図は、快楽から立ち返る国王の美徳を人々に印象づけることにあった。祝祭が統一したテーマのもとでおこなわれたのはこの年だけであり、それだけにいっそう主催者の国王讃辞の入念なプログラムが浮かびあがる。もっとも、三日間の「魔法の島の楽しみ」のあとに、さらに余興は幾日か続き、このときモリエールは『タルチュフ』を初演している。

祝祭初日の五月七日は、午後六時にロジェに扮したルイ一四世を初めとする騎士たちの騎馬パレード《カルーゼル》で始まった。国王はギリシア風に武装して登場し、金糸やダイヤモンドで豪華に飾られた胴鎧を身に着けていた。火の色をした羽飾りのついた兜はアポロンに由来し、同じ色の服を着た近習が、王の槍と「余は速度をゆるめず、道を踏み外さない」という銘句のある楯を手に行進した。最後に、豪華に飾りたてた凱旋車に乗ったアポロンが登場し、国王への頌歌を終えると、馬上槍試合《クルス・ド・バグ》が始まった（図4）。この競技は、「剣や槍を扱う騎士を鍛錬し、集団で闘うことを教え、武勇の美徳を育む」ことを目的に、ヨーロッパの宮廷で広くおこなわれた馬上武術試合《トゥールノワ》に起源をもっている。その性格から、しばしば死を招いたこの競技によってアンリ二世が死にいたったことから（一五五九年）、それにかわって武芸の要素を保持しつつ登場したのがこの馬上槍試合で、騎士たちは荒々しい戦闘でなく、馬上から槍で吊輪を突いて、武術の技量を競った。

この馬上槍試合は、王太子の誕生を祝ってチュイルリー宮殿前の広場に設けた仮設の円形競技場でおこなわれた騎馬パレードを髣髴とさせる。「パリの人々が、ルイ一四世治世下で楽しんだ最大のスペクタクル」[☆6]と言われたこの催しは、一六六二年六月五日から二日間にわたっておこなわれた。その内容は、詩人シャルル・ペローのテクストとイスラエル・シルヴェストルとフランソワ・ショヴォーの版画の挿図がついた公式記録（一六七〇年）によって知ることができる。[☆7]この騎馬パレードでは、国王を初め王弟フィリップ・ドルレアンなどが指揮をとる五つの騎馬分隊が、その武術の腕前を競った。これらの分隊は、「世界で最も特色のある」五つの国家、つまりローマ、ペルシア、トルコ、インド、未開なアメリカを表わし、それぞれにふさわしく入念にデザインされた衣装をまとっていた（図5）。国王はローマ皇帝の衣装で身を固め、「私は見た、そしてその瞬間に勝利した」という銘句と、太陽が描かれた紋章付の楯をもつ近習を従えていた。ペルシアを表わす騎馬分隊の指揮をとる王弟には、「ただ太陽だけが私よりも偉大である」という銘句と、月が描かれた紋章付の楯が与えられた。つまり、この騎馬パレードは、ルイ一四世をかつて世界に君臨したローマ皇帝に準えた壮大な儀式だったのである。馬にいたるまで訓練のゆきとどいた整然とした行進には、厳格な規律に基づいた国家支配の意志が反映しているだろう。当時、祝祭がたんに娯楽としてのみ考えられていなかったことは、コルベールの次のような言葉が示している。「フランスの王太子や国王は、これらの祝祭をたんなる娯楽と考えてはならない。……余計と思われる支出によって蕩尽されるものは、鷹揚さ、権力、富、威厳といった印象を、人々に焼きつけるのである[☆8]」。

チュイルリー宮殿前の騎馬パレードを髣髴とさせながら、「魔法の島の楽しみ」は、都市の群集の前ではなく、広々とした庭園を背景におこなわれたことに注目すべきだろう。ここで問題とするヴェルサイユの祝祭は、いずれも屋外にあつらえられたその場かぎりの会場でおこなわれた。「田園の魅力を知ってもらう」という国王の意志が背後にあるのはもちろんだが、仮設とはいえ豪華な建造物が祝祭の終わりと同時にとりこわされるという財の蕩尽は、まさにコルベールの言葉どおり、招かれた人々に国王の勢威をいやがうえにも印象づけたにちがいない。騎馬パレードのあとで、四季に扮した四人の人物が王妃への讃辞を述べると、庭園内に設けられた、多数の燭台に囲まれた壮大なテーブルでの豪勢な食事で、祝祭の初日は終わった。

二日目は趣向が一転し、魔女アルシーヌに命じられて、ロジェと騎士たちが王妃たちを楽しませるために演劇を催すというものだった。モリエールの台本にリュリが音楽をつけた『エリード姫』の初演が、アルシーヌの宮殿が設けられた池に向かう庭園の円形広場の舞台で、夜に入っておこなわれた[☆9]。数多くの松明と蠟燭で照らされ、音楽が奏される中を、暁の女神アウロラが、「愛することほどすばらしいものはない」という口上を述べて、舞台は始まる。狩りは好きだが恋愛には無関心のエリード姫が、恋の歓びを知り、結婚相手を見つけるという物語で、モリエールは、国王による王妃への、さらに密やかながら寵姫ラ・ヴァリエール嬢への愛の宣言を、テーマにしたという。終幕では、羊飼いの男女が愛の歓びを歌い踊る中を、ヴィガラーニが考案した機械仕掛けの木に乗った牧神たちが、舞台下からフルートとヴァイオリンを奏して登場する。牧歌的な情景は、舞台となったヴェルサイユの庭園に、そのまま通じているのである。

図3——シャルル・ル・ブラン原画
〈四季〉のタピスリーより《春》
ゴブラン製作所

図4——イスラエル・シルヴェストルとジャン・ル・ポートル
《馬上槍試合》一六六四年の祝祭　版画
ヴェルサイユ　ヴェルサイユ宮殿美術館

図5——フランソワ・ショヴォーとジャック・バイー一世
《ローマ皇帝の衣装を着たルイ一四世》一六六二年の騎馬パレード　版画
ヴェルサイユ　ヴェルサイユ市立図書館

Première Journée

ところで『エリード姫』は、モリエールとリュリが協同で始めた「コメディ＝バレエ」と呼ばれる新しい演劇のジャンルの、初期の作例である。当時の貴族にとって、バレエは乗馬や剣術とともに、重要な嗜みのひとつだった。ロイ・ストロングが指摘するように、一六世紀半ば以降、古代の神々や「美徳」や「悪徳」といった寓意像が登場する「宮廷バレエ」がフランス独自の祝祭形式として定着した。[☆10] ルイ一四世がダンスを好み、数々の催しで主役を務めたことはよく知られている（図6）。モリエールは、演劇にこのバレエを組みあわせた、新しいジャンルを開拓したのである。『エリード姫』では、幕間劇で劇の登場人物に加えて、音楽家やサテュロスなどが登場し、歌い踊って華やかで賑わしい雰囲気をつくりだした。

三日目は、ロジェと騎士たちが魔女アルシーヌの妖しい魅力から解放される、物語の大団円である。やがてグラン・カナルに生まれ変わる、庭園の西端にある池に、三つの島がつくられ、中央の島の大きな岩の背後から怪物をともなったアルシーヌが現われる。美しい魔女は、自分が虜にしたロジェや騎士たちがやがてそのもとを去るのを予感してか、その胸中の不安を二人の供のニンフに語り、巨人や怪物を使って宮殿の防御を固める。大詰めは、ヴァイオリンの奏楽で始まる最終幕のバレエの場面である。妖精メリスがアトラスに姿を変えて登場し、魔法を解く指輪をロジェの指にはめて、この勇敢な騎士を呪縛から解放するのである。アリオストの物語では、メリス（メリッサ）はロジェの恋人ブラダマント（ブラダマンテ）の守護聖霊とされている。輝かしい閃光と大音響とともに、壮麗な花火に包まれて、魔女アルシーヌの宮殿は炎上するかのように消滅する。ヴィガラーニの機械仕掛けの演出が参加した人々を驚嘆させたことを、公式記録は、シルヴェストルとル・ポートルの挿図（図7）とともに、ありありと伝えている。

この三日間の祝祭をアルシーヌの物語で統一することによって、サン＝テニャン公爵は、なにを実現しようとしたのだろうか。

まず、三日間の祝祭の内容はそれぞれに異なっているが、アルシーヌを基軸にすることによって全体に一体感が生まれ、のちに見るような王をめぐるひとつの理念の表現と理解を容易にしたことである。花が咲き誇る春の田園を舞

図6――作者不詳
《「夜のバレー」で太陽に扮したルイ一四世》一六五三年
パリ　国立図書館

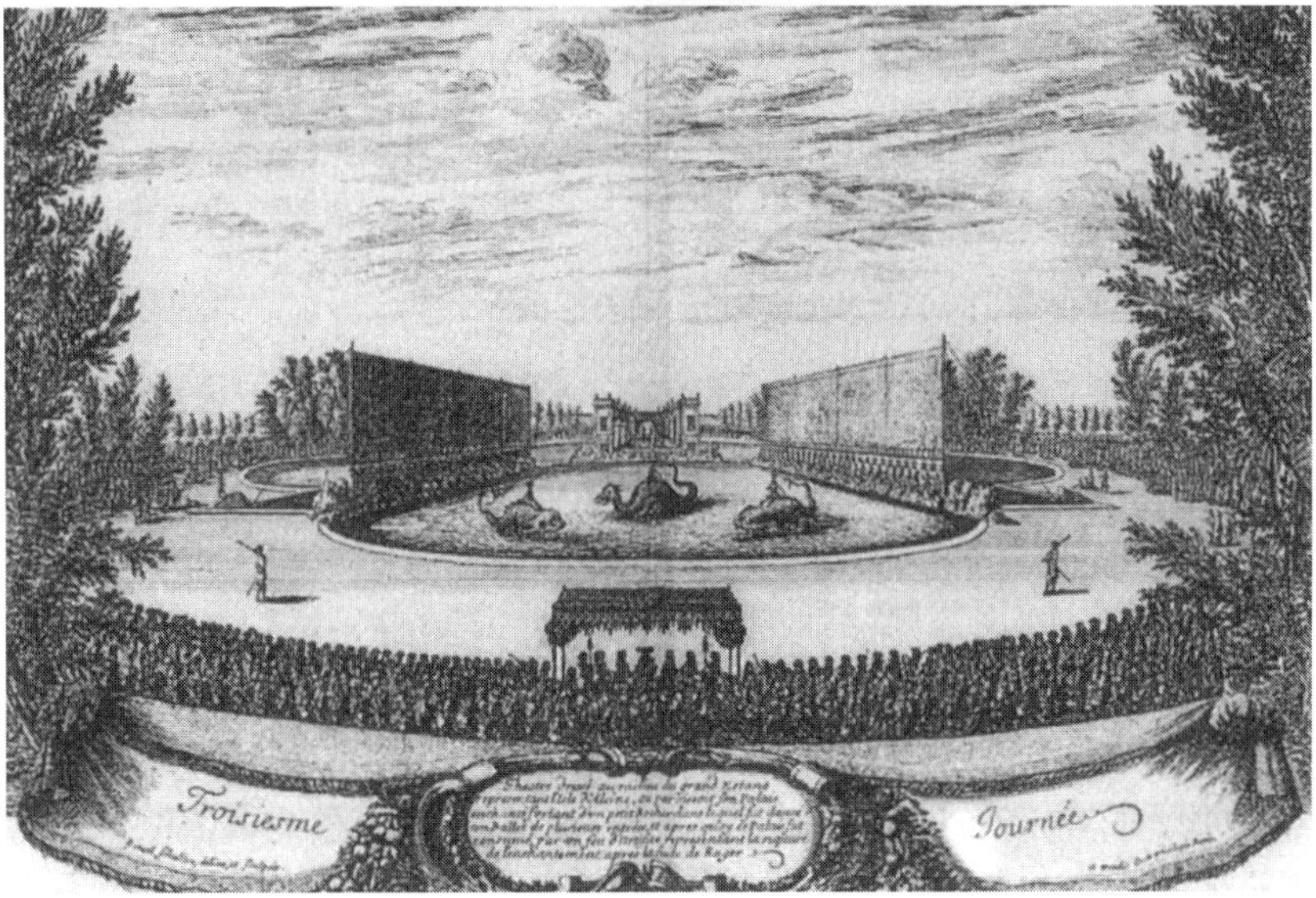

図7――イスラエル・シルヴェストルとジャン・ル・ポートル
《アルシーヌの島の消滅》一六六四年の祝祭　版画
パリ　国立図書館

台に、招待客たちも、魔女アルシーヌの甘美な魔法の世界に引きこまれるかのような幻惑を覚えたにちがいない。
次に、アルシーヌの宮殿の消失に端的に示される巨大な富の浪費である。すでに見たように、これは国王の絶大な権力の誇示以外のなにものでもない。ヴィガラーニの精巧な機械仕掛けの演出も、別の意味で王の権力を象徴する。祝祭の報告書には、整備が進みつつある庭園に、豪華な舞台が短期間でいかに見事に設営されたかが、驚嘆の念とともに熱っぽく語られる。それを実現した国王への畏敬は、機械を用いた息を呑むような効果に対しても向けられる。一分の隙も見せず、秩序正しく正確なリズムを刻んで作動する機械は、その背後に潜む強力な意志を予想させる。人々は、そこに国家と支配者としての国王の姿を感じとったにちがいない。アポストリデスの卓抜な表現を借りれば、国家という機械を操る機械操作師としての王のイメージが、こうしてつくりだされたのである。[☆11]
最後の最も興味深く思われる点は、ルイ一四世にアリオストの登場人物であるロジェの役割が与えられたことである。祝祭の初日、ロジェの役で登場した若い王は、ギリシア風に武装し、騎馬パレードをおこなった。この仮装は、当時、国王がル・ブランにアレクサンドロス大王の軍事遠征を主題とする連作を依頼していたことを想起させる。[☆12] それはギリシアからアジア・アフリカにまたがる大帝国を建設した王の美徳と武勲を主題とする五点の巨大な絵画からなり、ル・ブランはいまだ制作途上にあった。二年前のチュイルリー宮殿前の騎馬パレードでは、王はローマ皇帝として登場した。サン゠テニャン公爵は、古代の偉大な皇帝を呼び起こして、親政を始めてまもない王に重ねあわせることで、その権威の拠りどころとしたのである。こうした祝祭の演出を通して、ルイ一四世は古代の偉大な皇帝の末裔として位置づけられ、その正統性が強く印象づけられることになったのである。これに関連して、ロジェが妖精から与えられた指輪によって魔法から解放される、祝祭の大団円に注目したい。ロジェ、つまり国王が聖なる力で守られた存在であることが、暗示されているからである。
田園を舞台とする祝祭は、都市や城館を舞台とした祝祭に比べて、いっそう遊戯性が強調されるとともに、寛いだ雰囲気をかもしだす。ミシェル・ド・ピュールは、古今の演劇を論じた書物で、「舞踏会は舞台でおこなわれるよりも、花に囲まれておこなわれるほうがいっそう心地よく思われる。なぜなら、そこでは婦人の美しさと、その相手と相手の凛々しい姿を見せることが大切になるからだ」と述べている。[☆13] この精神は、のちにヴァトーの雅宴画に結実する。しかしながら、ヴェルサイユの祝祭で最も肝要な面が娯楽の体裁の背後にあったことは、招待客や記録を読む人々には明瞭だったにちがいない。

3　一六六八年と一六七四年の祝祭

「魔法の島の楽しみ」から四年後、ルイ一四世は再び壮麗な祝祭を催した。今度の祝祭は、王が新たな寵姫モンテスパン夫人を真の目当てに開いたとも言われる。七月一八日にサン゠ジェルマン゠アン゠レー宮殿から、王妃や王太子たちを伴ってヴェルサイユを訪れた王は、午後六時に門を開放した。フランドル戦争でスペインからリールなどフランドルの重要郡市を獲得した王は、戦争の償いという意味で、祝祭を解放したのである。

この年の祝祭は、この日かぎりのものだった。実をつけたオレンジや桜桃の木々が夏の陽射しをさえぎる下で、冷肉やお菓子などの間食に始まり、モリエールとリュリの『ジョルジュ・ダンダン』の上演、夜食、舞踏会が続き、豪華な花火で幕を閉じた。仮設の舞台はいっそう豊かに飾られ、いたるところにアポロンのイメージが充満し、たとえば夜食が供された会場では、芸術神としてのアポロンとミューズたちが集うパルナッソス山が中央に設けられた。ル・ノートルが着々と作業を進める庭園を、国王に案内されながら、わずか一日の饗宴のために設えられた豪華な舞台に、参加者はあらためて国王の勢威を思い知ったことだろう。この年のヴェルサイユに投じられた支出額のおよそ三分の一がこの一日で消費されたことを知ると、その豪勢さがいかばかりであったかがわかる。[☆14]

この祝祭の公式記録は、修史官アンドレ・フェリビアンが担当したが、いたるところに設けられた泉水を流れる水が立てる音が、広大な庭園の魅力をどれほど引きたてているかが、熱っぽく語られる。[☆15] ふんだんに供給される水も、王権のもうひとつの象徴だった。[☆16] 庭園のあらゆる要素が五感を刺激して、王の魔法の神殿へと人々を誘ったのである。

食事の会場や演劇の衣装とともに、照明を担当したアンリ・ジセーが最後に用意した華麗な打上花火は、感覚の刺激という点で最も壮麗な催しだった。舞踏会を終えて、アポロンやさまざまな寓意像で飾られた庭園を通り宮殿へと向かう一行を驚嘆させたのは、大音響とともに炸裂するその花火だった（図8）。火に包まれた宮殿は、太陽王の居所にふさわしく輝き、その場に居合わせた人々は、まるで王の威光に打たれるかのように、闇の中で明るく照らしだされたのである。

宴が果てると、ルイ一四世は王太子を残して、深夜にサン＝ジェルマン＝アン＝レー宮殿に帰った。

その六年後、フランシュ＝コンテ地方を獲得したルイ一四世は、ヴェルサイユで三度目の大きな祝祭を催した。七月四日に始まり八月三一日に幕を閉じるまで、華やかな遊興が断続的に六度にわたっておこなわれた。観劇や豪華な食事、花火など、それまでの祝祭を彩った催しがくりかえされた。再び公式記録を残したフェリビアンが、最終日の記述で「もうなにも新しい催しはできそうもない」と記したのは、当時の人々の共通の思いだったであろう。☆17

しかし、次のような点には、注目したい。まず、前年に亡くなったモリエールにかわって、キノーとラシーヌが劇作家として華やかな舞台に登場してきたことである。キノーとリュリの『アルセスト』は初日に、『アモルとバッコスの祭典』は第四日目にあたる七月二八日に上演された。いずれもすでに上演されたものの再演だったが、コメディ＝バレエにかわるオペラという新しい劇形式の流行を物語るものである。もっとも、ヴェルサイユのオペラ劇場は、一六八二年に模索が始まって以来、ルイ一五世の晩年にようやく完成することになる。ラシーヌの『イフィジェニー』は、五日目の八月一八日に上演されている。モリエールも忘れられていたわけではない。彼の『気で病む男』が、「テティス（テテュス）の洞窟」（図9）の前で三日目の七月一九日に上演されているのである。アポロンは女神テティスのもとで一日の仕事を終えると休むという伝承があり、☆18「この壮麗な宮殿には、太陽神と関係のないものはない」と言われたヴェルサイユ宮殿で、この洞窟は一六六五年に建造が始まって以来、休息所、つまり宮殿そのものの象徴という意味を担った。この洞窟には、フランソワ・ジラルドンとトマ・ルニョダンの彫刻《テティスのニンフたちにかしずかれるアポロン》が設置された。この年の祝祭について、フェリビアンは王とアポロンの関係をことさらに強調している。それは、ル・ノートルの庭園の整備の進展と大きく関係している。事実、祝祭の舞台となったのは、その多くが装いを新たにした庭園だった。中でも注目されるのは、「磁器のトリアノン宮殿」（もっとも実際は陶器製であった）の庭園と、グラン・カナル（大水路）だった。豪華な間食や音楽を聴きながらの饗宴やラシーヌ劇の上演は、「いつも春のようで、愛神と美神の棲家」[☆19]と呼ばれたトリアノン宮殿の庭園でおこなわれた。特筆すべきは、「ヴェルサイユの広大な庭園で最も注目に値するもの」と言われた、完成したグラン・カナルでの遊興であろう。ことに最終日は、この種の壮大な祝祭が再びおこなわれることがないことを予告するかのように、それまでとはうって変わった様相を見せる。

　フェリビアンは、王が演劇や音楽や花火ではない美しいものを望んで、ヴィガラーニにグラン・カナルの照明を命じたと述べている。王は深夜一時に王宮を出て、照明された庭園や多くの噴水が光を浴びて銀色に輝く中を、グラン・カナルへと向かった。進むに従ってアポロンの泉水の向こうに姿を見せるグラン・カナルは、「水晶の鏡」のように輝いて、まるで詩人が歌った楽園《シャン・ゼリゼ》のようだったという。

　この最終日には、そう言ってよければ、「鏡の間」の装飾を生みだす精神の芽生えがはっきりと認められる。そこには、一六六八年の祝祭の最終日におこなわれた豪壮な花火によって王宮を、太陽王の宮殿にふさわしく輝かせる手法も、古代の皇帝や神話の神々を登場させて権威のよりどころとする演出も見られない。王個人の神格化は、もはや問題とされていないのである。祝祭の最終幕で国王はグラン・カナルをゴンドラに乗って遊覧する。闇の中から、種々の照明が建築や胸像を浮かびあがらせる。ゴンドラがカナルの西端にいきつくと、種々の色の石でできたテラスの上に設けられた「水晶の王宮」（図10）が姿を見せる。フェリビアンはその荘厳な佇まいを熱っぽく語るが、もはや王個人の威光と関連づけられることはない。

　祝祭における王の位置づけの変化は、ルイ一四世の治世下で壮麗な祭事がそののち再びくりかえされることがない

図8――ジャン・ル・ポートル
《花火》一六六八年の祝祭　版画　一六七八年
ヴェルサイユ　ヴェルサイユ宮殿美術館

図9――ジャン・ル・ポートル
《テティスの洞窟》版画　一六七六年
ヴェルサイユ　ヴェルサイユ宮殿美術館

図10――ジャン・ル・ポートル
《水晶の王宮》一六七四年の祝祭　版画　一六七六年
ヴェルサイユ　ヴェルサイユ宮殿美術館

という事実と、深く関連していると考えられる。ヴェルサイユは、祝祭にかわって、豪壮な宮殿の建設と装飾の舞台へと変わるのである。

4「鏡の間」の装飾

ヴェルサイユ宮殿の西正面からは、広大な庭園を一望することができる。[☆20]ルイ一三世は土地の最も高い地所を選んで狩猟の館を建設したのである。

もちろんこの場所から、庭園の構造を把握することはむずかしい。庭園は視界を越えて広がり、木立ちが視界を遮るからである。しかし、その整然とした構成を感じとることは充分に可能である。地図を参考にすると、明快な幾何学的構成が一目瞭然となって、いわゆる「フランス式庭園」の典型であることがわかる。「対称、どこにいっても対称」とマントノン夫人が述べたような厳格な構成は、ヴォー=ル=ヴィコント城から協同で作業をした、ル・ヴォーとル・ブランとル・ノートルが制作にさいして、ともに尊重した芸術観だった。庭園の見取図は、そのまま建築や天井画の整然とした配列を連想させる。フランス古典主義美術の創成と展開に大きく貢献したこの三人の芸術家は、明晰というその精神ばかりか、アポロンの神殿にふさわしい構造を実現した。すでに指摘されていることだが、王宮の東正面からグラン・カナルへと向かう東西の軸は、まさに太陽の進行を暗示している。[☆21]この東西の軸と交差する南北の軸が、ネプトゥヌスの泉水からスイス連隊の池に伸び、二つの軸が交差する地点が、ちょうど「グランド・ギャラリー」、つまり「鏡の間」の下に位置する「水の庭」（図11）にあたる。この池には、一六七四年の計画では、四大元素や四季、一日の四つの時間や四つの世界など、太陽の運行と同時に世界（宇宙）を構成する要素とその結合を暗示する寓意像が設置されることになっていた。中央の池の岩の上に置かれるはずのアポロンとミューズの像は、芸術のみならず、秩序と調和に基づく支配を暗示するものであろう。「水の庭」の南には「ラトナの泉水」が、北には「テティスの洞窟」がある。ラトナ（レト）はアポロンとディアナの母である。のちにジュール・アルドゥアン=マンサールがル・ヴォーのテラスを改造する西正面には、一二カ月の寓意像の八月と九月の間に、アポロンとディアナの像が設置されることになる。このように、この地点にはアポロンにまつわる神話が収斂している。この場所を見下ろす「鏡の間」の天井装飾のテーマに、ル・ブランが最初にアポロンのテーマを選んだのも、けっして偶然ではない。

「鏡の間」に移るまえに、ル・ブランが天井装飾をおこない、その問題とも関連する「大使の階段」について、簡単に見ておこう。[☆22] この名称は、おもに外国の大使が「鏡の間」でルイ一四世に謁見するために、宮殿に入るさい用いたことに由来している。ル・ヴォーが一六七〇年に亡くなったために、その計画を引き継いで完成させたのはフランソワ・ドルベーだった。しかし、制作当時から「ル・ブラン氏の階段」と呼ばれたことから、彼がたんに絵画装飾ばかりか、全体の構成にも深く関与したことを推測させる。ル・ブランと協同者が装飾に着手したのは一六七四年で完成は一六七九年である。翌年九月には、『メルキュール・ギャラン』誌に、その礼讃記事が掲載された。ルイ一五世時代にとりこわされたこの壮大な階段は、版画や文書資料からその内容を知ることができる。

狭い部屋をできるだけ広く見せるために、ル・ブランはトロンプ・ルイユを用いて、あたかも空間が外に向かって広がっていくかのような演出をした。「大理石の庭」からこの部屋に入ると、訪問者は階段の正面の壁に置かれたルイ一四世の胸像を目にする。その両側には、まるで手すり越しに訪問者を覗きこんでいるかのような人々が、建築と広大な空を背に描かれている（図12）。彼らは、衣装や髪型、持物などによって、四大陸のうち、ヨーロッパ（図13）とアメリカの人々であることがわかる。さらにその両側には、タピスリーを摸した画面の中央に、国王が一六七七年に収めた戦勝の場面が、ヴァン・デル・ムーランによって描かれた。この北の壁に向かう南の壁にも、同じ配列でアジアとアフリカの人々と、二つの戦勝の場面が描かれた。四大陸の人々の多くは視線を下に向けているが、幾人かは上方を見上げ、訪問者の視線を天井へと誘う役割を演じている。天井下縁のアーチ型区画《ヴッシュール》（voussure）には、アポロンとミューズたちが描かれ、賢明と英雄的偉業を暗示するミネルヴァとヘラクレスの像、四大陸の女性寓意像、一二カ月の像が置かれた。非常に注目されるのは、天井の八つの長方形の区画に、「王の歴史」とも呼べるオランダとの戦

図11——ル・ブラン工房
《「水の庭」の最初の構想》一六七四年頃
パリ　ルーヴル美術館

図12——ルイ・ド・シュルグ
《ヴェルサイユ宮殿の「大使の階段」》版画　一七二五年
ヴェルサイユ　ヴェルサイユ宮殿美術館

図13——シャルル・ル・ブラン原画
《ヨーロッパの国々》
ヴェルサイユ　ヴェルサイユ宮殿美術館

争の三場面、外交の二場面、市政の三場面が表わされたことである。[☆23] 壁面と天井は、描かれた見せかけの建築によってつながり、主題の共通性が両者を意味の上でも結びつけている。

数多くの神話的寓意像は、「水の庭」を飾る多くの像とも共通している。このように見てくると、「泉というひとつの要素の存在を忘れてはならない。階段を上がった最初の足場の全体構造の中心となるところに、ル・ブランは泉のある壁龕《へきがん》を設けた。……この泉は（偽装ではなく）本物の泉だった」[☆24]というチュイリエの指摘が、いっそう重要になるように思われる。フェリビアンは、祝祭の庭の魅力として、水の音を記述した。「大使の階段」では、泉から湧きでる水の流れやその音が、この部屋に動きを生みだしている。同時に、王宮の内部と庭園を結ぶ通過点として、両者を総合した性格が、この部屋の装飾には与えられたのである。そうだとすれば、ル・ブランはこうした連続性を考慮する中で「鏡の間」の装飾でなにを実現しようとしたのだろう。

「グランド・ギャラリー」の建設が決まったのは一六七八年のことである。長大な天井の装飾はル・ブランに委ねられて一六八四年に完成し、同年一二月の『メルキュール・ギャラン』誌に図像についての詳細な説明のついた記事が掲載された。

今日見る装飾は、実はル・ブランの三度目のプランを実現したものである。彼の最初の計画は、ルーヴル美術館が所蔵する素描から、アポロンにまつわる神話を題材にしたものだったことがわかっている。すでに記したように、この選択はきわめて当然のなりゆきだったと考えられる。また、ル・ブランにとっては、未完のままに終わったルーヴル宮の「アポロンの間」[☆25]と、ヴォー＝ル＝ヴィコント城の「グラン・サロン」の装飾を、いっそう壮麗に完成させたいという期待があったかもしれない。しかし、このプランはやがてヘラクレスの主題に席を譲った（図14）。その間の事情は、憶測の域をでないとはいえ推測は可能である。

ル・ブランの生涯のライヴァルであるピエール・ミニャールは、王弟オルレアン公フィリップのサン＝クルーの城館で、「アポロンのギャラリー」を完成させた。装飾は一六七七年夏に始まり、一年後に完成した。大小一九の絵画は、アポロンにまつわる種々の主題を表わしている。ミニャールには、ル・ブランが未完成に終わらせたテーマをとりあげてその鼻を明かしてやろうという思惑があったにちがいない。王弟は装飾の披露の宴を、国王夫妻をはじめ宮廷の人々を招いて一〇月におこなった。たいへんな評判を呼んだこの装飾をル・ブランも見たことはまちがいなく、それが彼の計画になんらかの影響を与えたことは考えられる。ミニャールに同じテーマで挑むことを避けたのだろうか。あるいはミニャールが描いた諸芸術や自然の運行を支配するアポロンのテーマが、「グランド・ギャラリー」には不適切だと考えたのだろうか。たしかに、数々の戦勝を収めた国王には、英雄的性格の強いテーマがいっそう似つかわしい。「特段の事績のない王にはアポロンがふさわしいが、武勲ある王にはヘラクレスがふさわしい[☆26]」のである。ル・ブランは、ローマから帰国後にランベール館の「ギャラリー」をヘラクレスの物語で装飾しており、このテーマはすでに熟知したものだった。さらに彼には、ルイ一三世の求めで帰国し、ルーヴルの「グランド・ギャラリー」をヘラクレスのテーマで装飾する計画を立てながら完成できなかった、プッサンのことが頭をよぎったかもしれない[☆27]。師であり、フランス古典主義絵画の創設者の一人の夢を実現し、さらに凌駕したいと。ルーヴルに残された全体の構想から細部にいたる多くの素描は、ル・ブランがいかに熱心にこのテーマにとりくんだかを示している。

しかし、オランダ戦争を終結させた一六七八年のナイメーヘン条約締結後、国王はいったん同意して実現に向けてすべての準備が調ったル・ブランのプランを、最高国務会議で自らの武勲や内政の場面に変更するように命じた。「この変更が決まると、ル・ブラン氏は二日間グラモンの古い屋敷に閉じこもって「ギャラリー」「中央の大画面の最初の構想を描いた。……それと同じ趣旨で続きを制作するように命じられた[☆28]」と、この折のことをル・ブランの弟子で伝記を書いたニヴロンは記している。彼はヘラクレスのテーマからの変更の理由を、国王がより明快で理解の容易な表現を望んだからだと説明している。

ル・ブランが最初に構想を練ったのは、ニヴロンによれば天井の中央に位置する《王の親政、一六六一年》(図15)

図14――シャルル・ル・ブラン《ヘラクレスの神格化》素描
パリ　ルーヴル美術館

図15――シャルル・ル・ブラン《王の親政》
ヴェルサイユ　ヴェルサイユ宮殿「鏡の間」

ということになる。この年、四歳で即位したルイ一四世は、枢機卿マザランの死によってようやく自らの手で政権の運営を始めたのである。この主題は、「ギャラリー」全体の構成を位置のうえでも意味のうえでも統率する要として、最もふさわしいと考えられる。近年ヴェルサイユ宮殿美術館が購入した「ギャラリー」中央部分の準備エスキース（図16）は、ル・ブランが残したこの部分についての四〇点ほどの準備作品のひとつで、完成までの重要な階梯を示している。玉座に坐る威厳にあふれる国王の図像は、彼がローマ滞在時に古代のユピテル像をもとに模写した図像を思いださせる。[☆29] このイメージは、彼が国王を表現するさいに騎馬像とともにしばしば採用したものでもあった。《王の親政》について、ピエール・ランサンは『ヴェルサイユのギャラリーと二つのサロンに描かれた絵画の説明』（一六八七年）で、細かく説明している。[☆30] ルイ一四世は、三美神やフランスやセーヌ川、さらに結婚などの寓意像に囲まれて、正義の剣を手にしている。前方にはともに武装したミネルウァ（賢明）とマルス（勇気）が上空の「栄光」を示し、頭上には「上空から若い国王を見つめ、その栄光に関心を注いでいるような」オリュンポスの神々が登場する。この長大な画面の反対には、《フランスの隣の強国たち》、つまりフランスの積年のライヴァルであるドイツとスペインとオランダの寓意像が描かれている。画面の中央には、神々の使者メルクリウスが二つの場面をつなぐかのように登場する。この神は、意味のうえでは、ルイ一四世の栄光を、これらのライヴァルの国々に告げる役割を与えられている。さらに、王の足下には裸の子供たちが姿を見せる。カードやチェスや音楽に興じる彼らは、歓楽や遊興を表わしている。これを絵画彫刻アカデミーの書記ギエ・ド・サン・ジョルジュは、「国王は歓楽の精たちを見捨て、彼のもとを訪れようとしている『栄光』へと向かう」[☆31] と説明した。一方、ピガニョル・ド・ラ・フォルスは、「裸の子供たちは種々の仕草によって、洗練され栄光に満ちた若い国王の宮廷で催された祝祭や遊興を表わしている」としたうえで、国王はただ自らの前に姿を現わす「栄光」にだけ関心を払っていると記している。[☆32] これが書かれたのはルイ一四世の歿後二年を経た一七一七年で、若い王が主宰した祝祭が引き合いに出されているのが興味深い。いずれにしても、二人はこの図像に国王の勤勉への礼讃を読みとっており、ル・ブランの意図もそこにあったにちがいない。そうだとすれば、親政の開始というひとつの歴史的事実を描きながら、その栄光の源泉ともいえる王の美徳という時間を超えた徳性をも表現していることになり、その点でも天井の中央で数々の国王の事績を統一するにふさわしい主題ということになるだろう。

この画面の両脇には、親政を開始してからナイメーヘン条約締結までの内政外交の出来事が整然と配置される。いずれの画面にも、《オランダ攻撃の命令を下す王》(図17)を除いて、現実の存在として登場するのは、ルイ一四世ただ一人であり、多くの寓意像が王の事績を華やかに彩っている。この表現は、フォンテーヌブロー宮の「フランソワ一世のギャラリー」以降のフランス室内装飾史の中で、斬新で非常に大胆な試みであった。ル・ブランが、このとき、ルーベンスのリュクサンブール宮の「マリー・ド・メディシスの生涯」連作を念頭に置いていたかどうか。肖像画を含めて二四点からなるこの連作には、マリーやその夫のアンリ四世などが、さまざまな寓意像とともに描かれ、華やかな生涯を表わしているのである。チュイリエが指摘したとおり、ル・ブランや当時のフランス美術へのフランドルの巨匠の影響は、一般に考えられているよりはるかに強く深い[☆33]。当時、絵画彫刻アカデミーで起こった色彩論争は、ややもすると色彩派のルーベンスと素描派のプッサンおよびル・ブランとを単純に対立させる恨みがある。ル・ブランは色彩を別にして、室内空間が屋外に向かって広がっていくような劇的画面構成を、ルーベンスから学んでいるのである。

「鏡の間」に立って天井を見上げると、たとえ絵画の内容を歴史的事実と結びつけることができなくても、絵画が生みだす幻惑的ともいえる効果に、誰しも魅了されずにはいない。「大使の階段」とともに、フランス美術の最もバロック的な表現がここにあると言ってもよい。

*

「魔法の島の楽しみ」が催されて二〇年ののち、装飾が完成した「鏡の間」は披露された。この期間に、ルイ一四

図16――シャルル・ル・ブラン
《王の親政》
ヴェルサイユ　ヴェルサイユ宮殿美術館

図17――シャルル・ル・ブランに基づく版画
《オランダ攻撃の命令を下す王》
ヴェルサイユ　ヴェルサイユ宮殿「鏡の間」

図18――ニコラ・ド・ラルジリエール
《ペルシャ王の大使を
「鏡の間」で歓迎するルイ一四世》
ヴェルサイユ　ヴェルサイユ宮殿美術館

世は対外戦争で着々と成果を挙げて、強力な官僚組織をつくりあげ、由緒ある名門貴族の勢力を押さえ、国王を中心とする中央集権国家を完成させた。それは次の世紀に、ほかのヨーロッパ諸国のモデルとなるだろう。

こうしたルイ一四世に、一六七八年、パリ市は大王の称号を贈った。ルイ大王にはアポロンもヘラクレスも、古代ギリシアや古代ローマの偉大な皇帝の権威も、もはや必要ではない。三度の祝祭で意図されたことは、一人の若い王を周知の存在に託して礼讃することだった。しかしいまや、ルイ一四世一人の栄光ではなく、フランスという国家の栄光が問題となる。祝祭が果てたあと、壮大な建築と室内装飾へと国王の関心が移るのは、まさにこうしたことを背景にしている。一時の贅の浪費にかわる堅牢で荘重な建築は、まさに王国の威厳を示すのに最もふさわしい。「鏡の間」の天井装飾を説明する銘句に、フランスという国名がしばしば用いられるのは、この環境を示す明白なしるしであろう。《ペルシャ王の大使メフメト・リザ・ペイを歓迎するルイ一四世》（図18）は、まさにルイ個人ではなくフランス王国の威厳の表現にほかならない。

一六八七年にはシャルル・ペローがルイ一四世を讃える詩『ルイ大王の世紀』を発表し、「新旧論争」が世間を賑わすことになる。さらに次の世紀になると、ヴォルテールが『ルイ一四世の世紀』（一七五一年）で、この時代のフランスを歴史上最も文化の豊かな時代と評することになろう。「鏡の間」の装飾は、この時代が生みだした最も優れた美術の成果のひとつであり、新しい国家の誕生を告げる表象なのである。

（大野芳材）

※本稿は、『ヴェルサイユ展』（神戸市立美術館、東京都美術館、二〇〇二〜二〇〇三年）の拙稿「ヴェルサイユ——祝祭から『鏡の間』へ」を書き改めたものである。

第5章　ヴェルサイユ宮殿の建築・美術とブルボン王朝の記憶の継承

序

ルイ一四世治世下の代表的な作曲家の一人マルカントワーヌ・シャルパンティエ（一六四三〜一七〇四年）による牧歌劇『花咲ける芸術』（*Les arts florissants*）には次のような一節がある。[☆1]

「建築」
精妙なる「絵画」と力を合わせて、
彼（ルイ一四世）の武勲が時を越えて輝くようにつとめましょう。
空虚な荒野では、
不毛なる「自然」が彼女（「絵画」）にできることを力弱き営みに変えてしまいます、
私は彼女のために宮殿を建てましょう、
その高貴な構造物は彼女の最高に豊かな様相をくりひろげ、
無敵の障壁によって彼女を守っているのだと誇ることでしょう。

ここではルイ一四世の偉業を後世に伝えることが「絵画」(peinture)の役割であり、それを護ることこそ「建築」(architecture)の意義なのだと擬人化された「建築」が歌っている。建築とは「意味を与えるもの」(quod significat)を覆うシェルターであり、外界の危険に身をさらすのである。建築の起源はシェルターであるという考え方は古代以来の古いものだが、ここでは保護されているのが「意味を与えるもの」である絵画である点が注目される。[☆2]そして、建築の保護によって絵画の伝える王の「武勲が時を越えて輝く」のである。

この意味ではヴェルサイユ宮殿こそがルイ一四世の「栄光」(gloire)を今に伝える最大の歴史記念物(monument historique)ということになろう。それゆえにその建設にあたっては建造物本体だけでなく、そこに配置される天井画などの絵画や庭園に設置される彫刻のそれぞれの主題、そして複数の絵画や彫刻が織りなすプログラムについても、後世に伝えるべき「王の栄光」が最大限に表現されるよう細心の注意が払われた。とりわけ、一六七〇年代までのヴェルサイユにおける天井画や庭園彫刻群では、ルイ一四世を太陽神アポロンに準え、それを中心とした古代神話に基づく主題が展開された。「王のアパルトマン」(appartement du Roi)と「王妃のアパルトマン」(appartement de la Reine)で構想された「七惑星」主題に基づく天井画群や庭園を東西に貫く中央軸線に沿って配置されたアポロンの戦車の泉水、ラトーナの泉水などの群像、「テティス(テテュス)のグロット」と「アポロンの水浴」群像などがそれにあたる。王の修史官アンドレ・フェリビアンによる『ヴェルサイユ城館大全』では次のように記述されている。[☆3]

まず、太陽が王の紋章であるがゆえに、また、詩人たちが太陽神とアポロンを同一視しているがゆえに、このすばらしき館においてこの神と関係のないものはなにもないことに注目するのがよいだろう。また、そこに見られるあらゆる彫像や装飾物はたまたま配置されているわけではなく、太陽神か、あるいはそれらが置かれた特定の場所と関連づけられているのである。

一方、建造物の方はそのような一貫した方針でデザインされているわけではない。後述する理由で正面側のデザインと庭園側のデザインはまったく異なっている。これはルイ一三世時代以来のさまざまな時代に建設された建造物が共存しているからである。しかも、城館正面中央部こそがルイ一三世治世下に建設された城館最古の部分なのである。すなわち、ヴェルサイユでは新たな建設現場が開かれるたびに既存の建造物の処遇が問題となり、多くの場合、既存建築の「建築再生」がおこなわれたことになるだろう。[☆4] 本稿ではヴェルサイユ宮殿の造営におけるこの「建築再生」に注目する。とりわけ、ヴェルサイユ宮殿心臓部の建設において、「スクラップ・アンド・ビルド」か「保存・再生」かが大きな論議を巻き起こしたのであり、本稿でもとくに注目していきたい。

*

ここでヴェルサイユ宮殿の沿革を簡単に紹介しておこう。[☆5] もともとこの宮殿は狩を大変好んでいたフランス王ルイ一三世（在位一六一〇〜四三年）の休憩所として一六二三年から二四年にかけて建設された。サン・ジェルマンの森で狩に興じた王が夢中になりすぎてサン＝ジェルマン＝アン＝レー城館に帰れなくなることも多く、ヴェルサイユ村の農家の納屋に宿をとることもあったからである。この城館を気に入った王は、一六三一年から三四年にかけて段階的に城館をとりこわしながら、赤レンガとクリーム色の切石からなる新たな城館を建設した。[☆6] これが後世、「小城館」(petit château）と呼ばれるようになったものである（図1）。

一六四三年五月一四日、ルイ一三世が崩御すると、四歳の長男ルイがルイ一四世（在位一六四三〜一七一五年）として「フランスおよびナヴァールの王」に即位した。後世、「太陽王」（Roi-Soleil）と呼ばれるようになるフランス絶対王政を代表する王である。彼も父王と同じく狩の愛好家であり、ヴェルサイユの地に少年時から親しんだようである。そして、一六六一年三月九日、事実上のフランスの最高指導者だったジュール・マザラン枢機卿（一六〇二〜六一年）が薨去すると、「親政」を開始した王はヴェルサイユ城館の拡張も手掛けることになる。

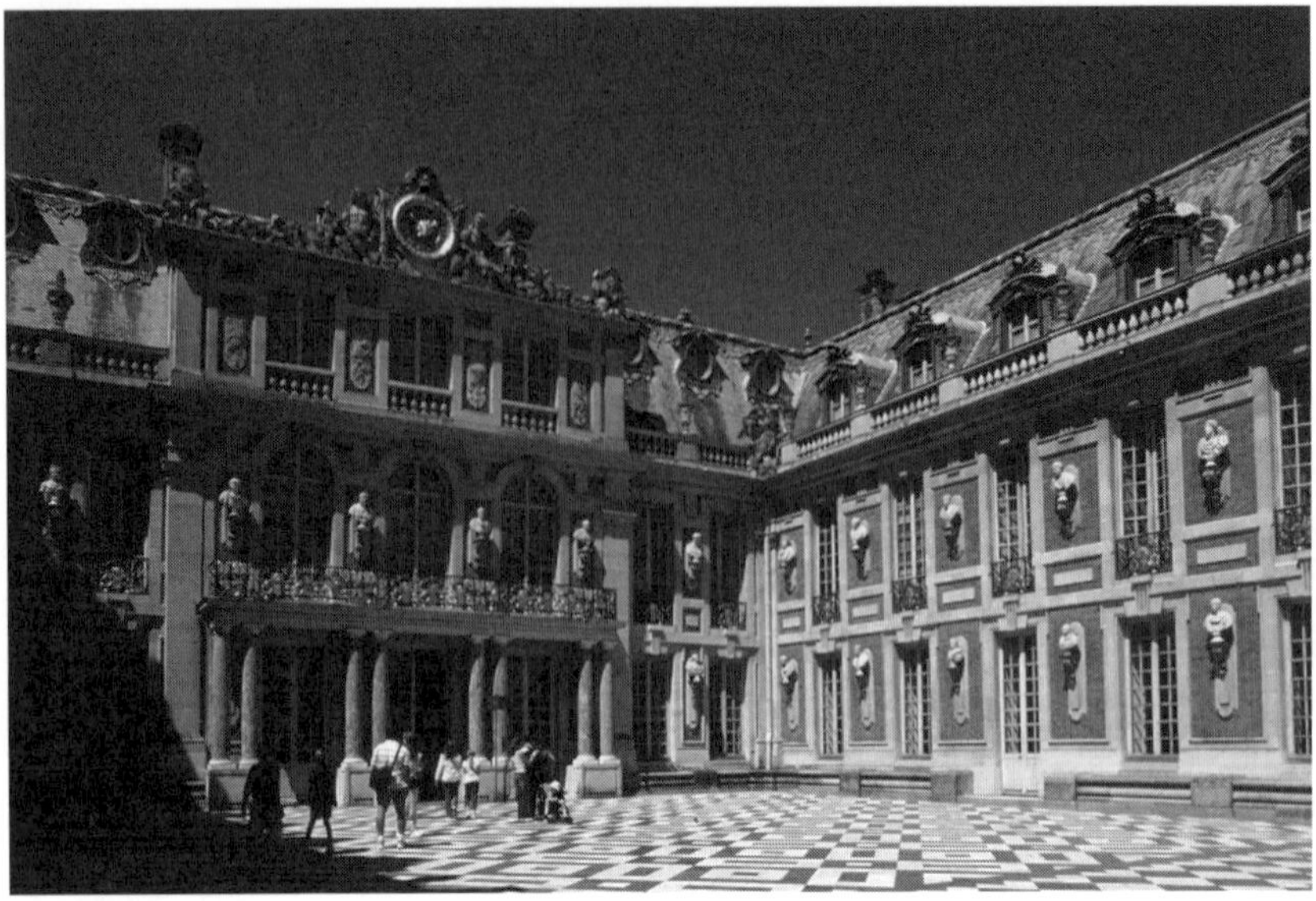

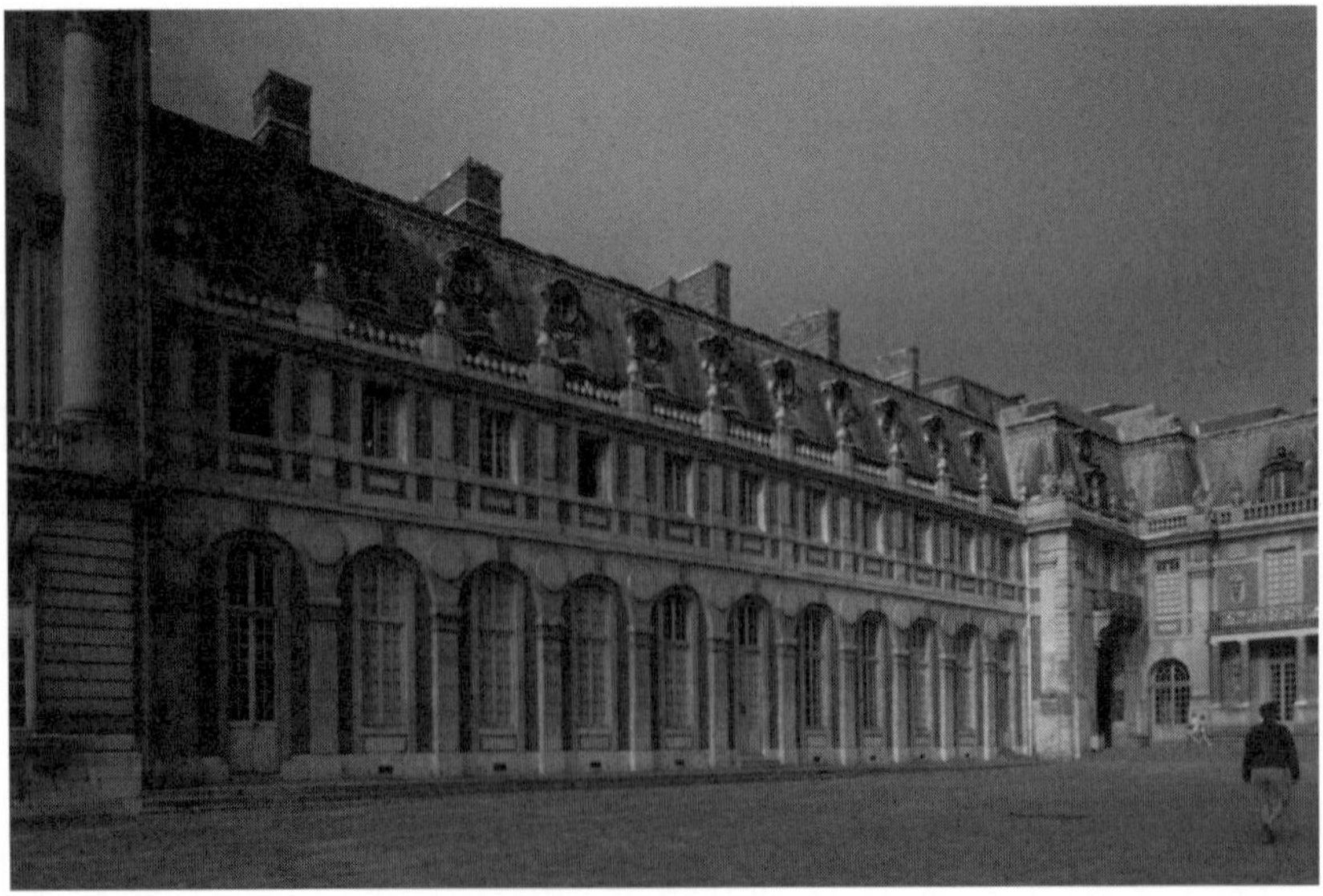

フランス近世美術叢書Ⅰ　装飾と建築――フォンテーヌブローからルーヴシエンヌへ

図1———ヴェルサイユ宮殿　小城館ファサードと「大理石の前庭」（筆者撮影）
図2———ヴェルサイユ宮殿　旧厩舎ファサード（筆者撮影）
図3———ヴェルサイユ宮殿　新城館ファサード（筆者撮影）
図4———ヴェルサイユ宮殿　南側の大臣翼棟ファサード（筆者撮影）

＊

まず、コの字形平面の小城館の斜め前方に二棟の付属棟を増築した。正面向かって右側が厨房や使用人たちの使う部分を含むサーヴィス棟、左側が厩舎だった（図2）。次いで、一六六四年から六五年にかけて「テティスのグロット」が建設されたのち、一六六八年一〇月から一六七〇年にかけて「新城館」（château-neuf）が小城館を三方から囲うように建設された（図3）。続く一〇年ほどの間に新城館の内装工事が進められている。新城館の主階段となる「大使の階段」（escalier des ambassadeurs）も一六七五年に建設された。☆7

そして、一六七八年、ヴェルサイユ城館にとって重大な決定がなされたという。「王宮」がルーヴルから移されるというのである。これにともなってさまざまな付属棟が次々に建設されていった。王族の住まう「南翼棟」、廷臣のアパルトマンが設けられた「北翼棟」、大臣たちが政務を執る二棟の「大臣翼棟」（図4）、厨房や使用人たちの使う部分を含む「大サーヴィス棟」、そして、「大厩舎」と「小厩舎」などである。だが、とりわけ重要だったのは「鏡の間」（Galerie des Glaces）だろう（図5）。以後、小城館内部の内装変更などがおこなわれるものの、「鏡の間」の完成により、宮殿の大枠は定まったといえるだろう。

1　ル・ヴォーによる「修景」――厩舎とサーヴィス棟の増築

一六六一年以降、ルイ一四世はヴェルサイユ城館に対してさまざまな増改築を施していく。その嚆矢となったのが厩舎とサーヴィス棟の増築であり、手掛けたのは「王の首席建築家」（premier architecte du Roi）ルイ・ル・ヴォー（一六一二〜七〇年）である。ル・ヴォーの建築は筆者のみるところ、当時のフランス建築の中でも最もローマ・バロックに近づいたと評してよく、代表作のヴォー＝ル＝ヴィコント城館（図6）、コレージュ・デ・キャトル・ナシオン（現フランス学士院）、実現しなかったルーヴル宮殿東側ファサード案などに見られるように、楕円形平面の空間や中央にドー

図5――ヴェルサイユ宮殿「鏡の間」（筆者撮影）

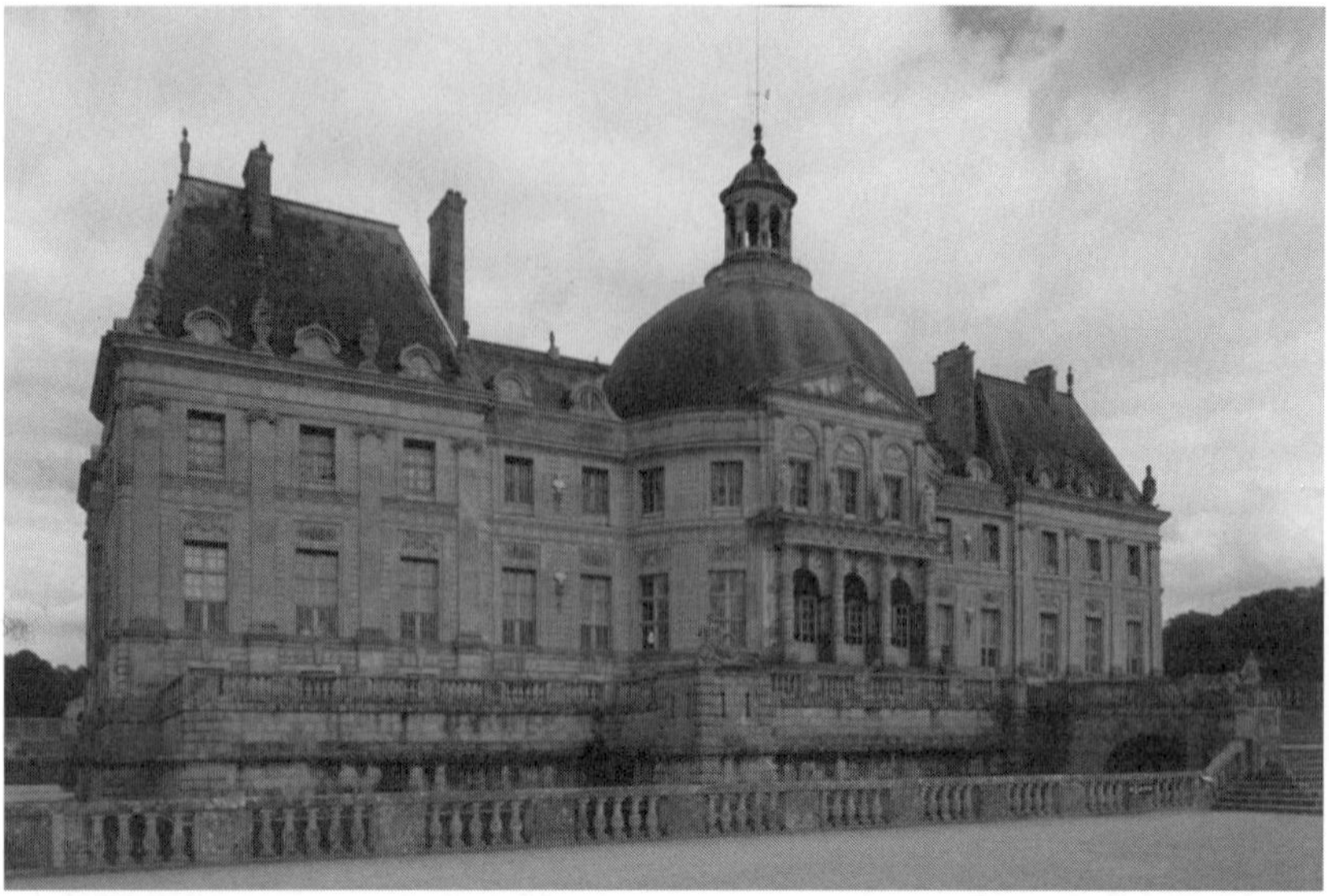

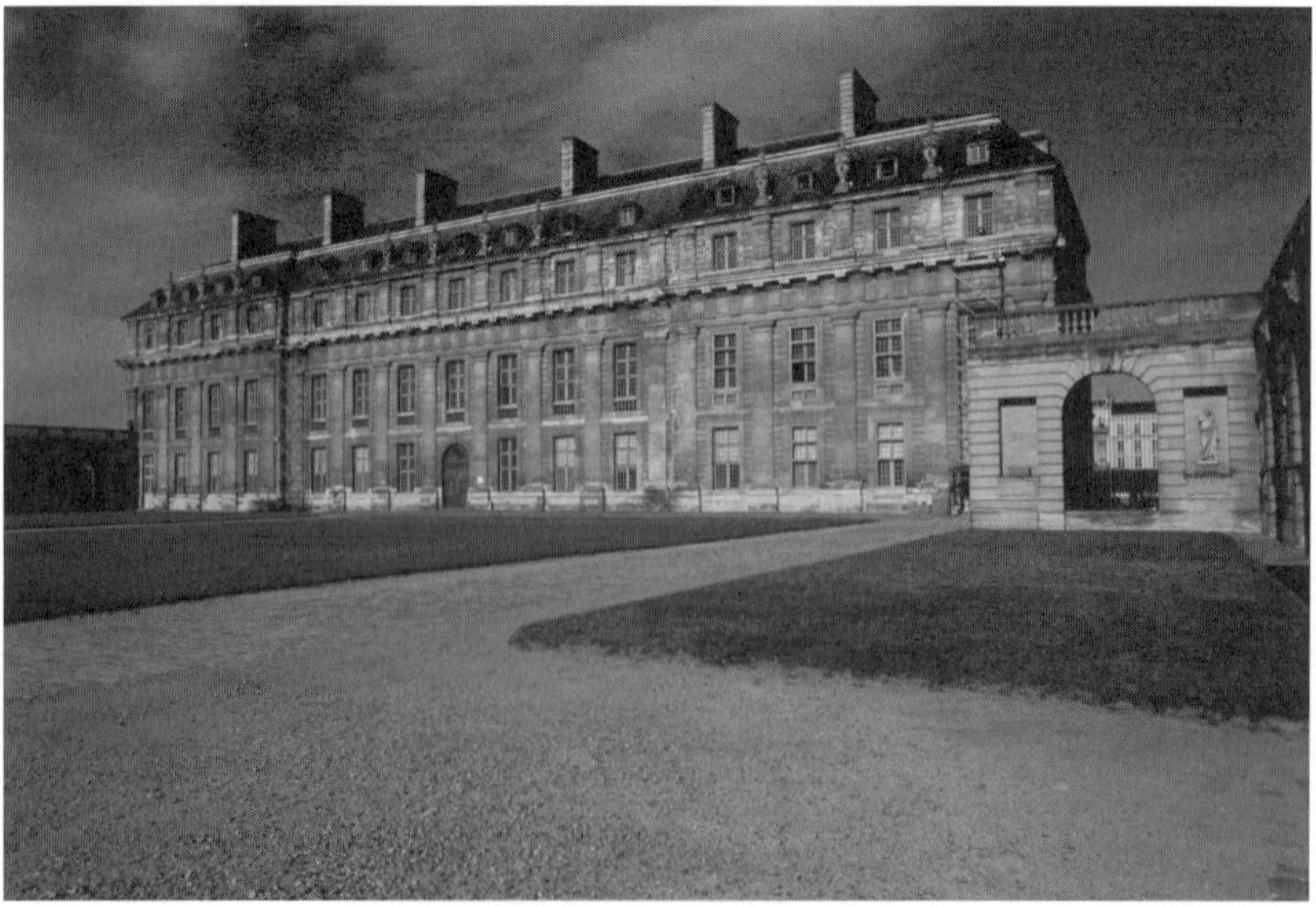

フランス近世美術叢書Ⅰ　装飾と建築――フォンテーヌブローからルーヴシエンヌへ

図6——ヴォー＝ル＝ヴィコント城館　庭園側ファサード（筆者撮影）
図7——ヴァンセンヌ城塞「王のパヴィリオン」（筆者撮影）
図8——ヴォージュ広場ファサード（筆者撮影）
図9——ヴェルサイユ宮殿　正面ファサード（筆者撮影）

ムを頂く立体的なファサードを好んだ建築家だった。[☆8]

それでは、このときに建設された厩舎とサーヴィス棟の建築はどのような特徴を具えていただろうか。まず、外壁の仕上げが赤レンガとクリーム色の切石によるところが目を引く。それに対して、上記のル・ヴォーの作品、およびヴァンセンヌ城塞の中の「王のパヴィリオン」と「王妃のパヴィリオン」においても外壁仕上げはクリーム色の切石のみが使用されていて、それぞれにモノクロームの厳かな質感である（図7）。

実は赤レンガと切石のツートンカラーはアンリ四世（在位一五八九～一六一〇年）からルイ一三世時代にかけての多くのフランス建築に見られる特徴であり、現在でもパリのヴォージュ広場（当時は「国王広場」）を囲う建築群に見ることができる[☆9]（図8）。つまり、ル・ヴォーは一世代前の古いデザインを採用したことになる。これはもちろん、小城館のデザインに合わせたということが考えられる。一六七八年以降にジュール・アルドゥアン＝マンサールがこれらの付属棟の斜め前方に建設した二棟の「大臣翼棟」も同じく赤レンガとクリーム色の切石からなるツートンカラーであり、現在も正面から見るヴェルサイユ宮殿は統一された外観を見せているのである。

現在、新たに建設する建築のデザインを既存の建築のそれから導かれた一定のデザインコードに則って進める方法を「修景」といい、長野県・善光寺の沿道や滋賀県・彦根城周辺地区などの多くの地方都市のまちづくりで採用されている[☆10]（図9）。ル・ヴォーの二棟の付属棟もこのような手法が用いられた例といえるだろう。では、なぜにル・ヴォーは自らの建築デザインを封印してまでこのような手法を採ったのだろうか。この議論は次節の小城館の処遇をめぐる議論とさらに密接にかかわってくる。

2　新城館建設をめぐる小城館の「保存問題」

新城館建設の略史

先に述べた事業は小城館本体の外側に付属棟を建設したということであり、小城館本体には外壁の装飾や内装が新たに施されたものの、大枠はそのままだった。だが、一六六四年の「魔法の島の楽しみ」と一六六八年の「ヴェルサイユの大ディヴェルティスマン」といった大規模な野外祝典で露呈したように、大国フランスの宮廷を収めるには手狭にすぎた。[11]たとえ「王宮」はルーヴルであり、ヴェルサイユが王の私的な別荘にすぎないとしても、である。

そこで一六六八年一〇月、王はさらに大規模な新城館の建設に着手した。着工当初、どのような案が構想されたのかについて、実はあまりはっきりしたことはわかっていない。[12]王の建設総監（surintendant des Bâtiments du Roi）ジャン・バチスト・コルベール（一六一九〜八三年）の側近の一人シャルル・ペロー（一六二八〜一七〇三年）が兄クロードの作品集の註記で多少語っている程度であるという。[13]だが、少なくとも一六六九年六月八日には新城館が一階部分まで建設されていたことを、現場監督プチからコルベールへの報告書から知ることができる。[14]

また、一六六九年六月中に工事が中断され、新案を募るべく六人の建築家たちによるコンペティションがおこなわれたことが、ペローからコルベールへの一六六九年六月二五日付書簡やコルベールによる二点の文書によって知られる。[15]二点のコルベール文書とは、コンペの条件を記した「ヴェルサイユの建造物において国王陛下が望まれていることについての覚書」（Mémoire de ce que le Roi désire dans son Bâtiment de Versailles［以下「覚書」と略記］）とコンペ案四案についての講評「ヴェルサイユのためにさまざまな建築家たちが提出した計画案についての講評」（Observations sur les plans présentés par différents architectes pour Versailles［以下「講評」と略記］）である。[16]「覚書」では、一六六九年六月時点での新城館北棟二階の「王のアパルトマン」の平面についての寸法も含んだ詳細な情報がうかがえる。[17]このコンペの骨子は、まず、小城館をとりこわして更地にしたうえで新たな城館を建設すること、および新城館のすでに建設した部分はとりこわさずに再利用することである。

おそらく、このコンペではル・ヴォーが勝利したものと思われる。そう推定される従来から指摘されてきた理由は、「講評」において最も長く言及され、不満な点も数多く指摘されながら最も高く評価されていると判断できることだった。筆者もこれを支持するが、「講評」の記述との比較から、このコンペのル・ヴォー案と比定されているストックホルム国立美術館所蔵の平面図の特徴が「講評」の記述と微妙に異なる点もあって、この平面図が修正案であると思われることそのものもその理由として加えてよいだろう[☆18]（図10）。もし勝利していなければ、通常は修正案が作成されるはずもないからである。

だが、このコンペ案は破棄されたという。結局、一六六九年六月以前の案にたちかえり、小城館を保存して、その三方から囲うように一階部分まで建設された新城館を引きつづき建設することになったようであり、建造物そのものは一六七〇年に完成した（図11）。結局、小城館を保存したうえで、その北、西、南の三方から小城館を囲うように新城館が建設されたのである。

「ヴェルサイユ宮殿　概論」に示されたコルベールの建築観

筆者は、この間の事情を記したのがコルベールによる「ヴェルサイユ宮殿　概論」（Palais de Versailles: Raisons générales［以下「概論」と略記］）ではないかと考えている[☆19]。コルベールは「概論」前半で「概論」執筆時における「現行案」を完膚なきまでに批判し、後半ではそのような状態からどのように挽回するかを三つの選択肢を挙げて論じている。三つの選択肢は以下のとおりである[☆20]。

A　すべてを「とりこわして」敷地をもっと広く整備したうえで「大宮殿を建設する」

B　「新しく建てられた部分をすべてとりこわすか残すかを検討」する

C　「小城館を残し、着工された案に従って包囲建築を建設する」

だが、実際にはBは次のようにさらに二つに別れるので選択肢は四つであるともいえる。また、「新しく建てられた部分」が一六六八年一〇月以降に建てられた部分なのか、一六六九年六月以降に建てられた部分なのかはっきりさ

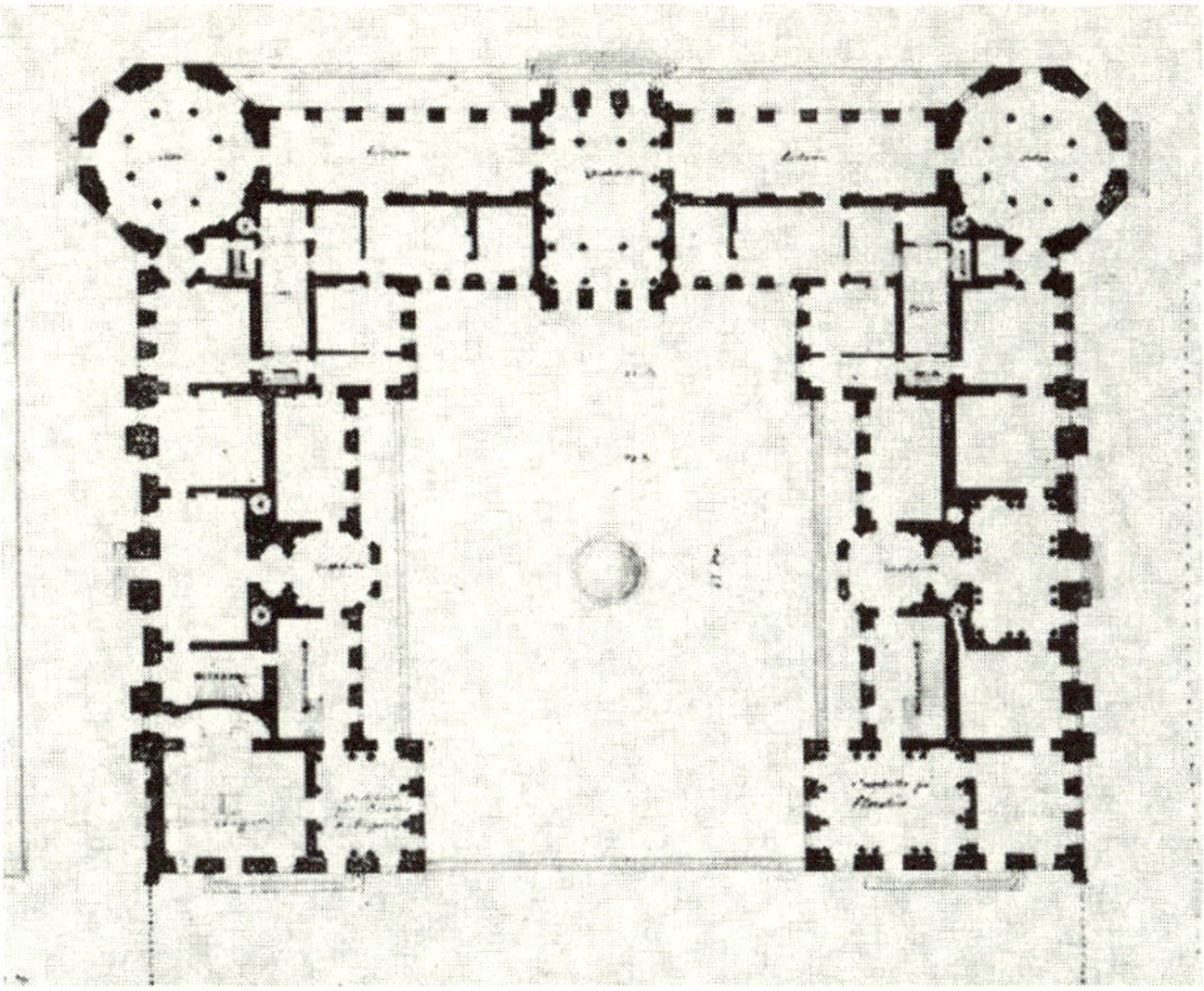

図10――――ル・ヴォーのコンペ案　一階平面図
(Nationalmuseum, Stockholm, Collection Tessin, no 2392)
一九四八年一二月、ストックホルムにてアルフレッド・マリーが発見

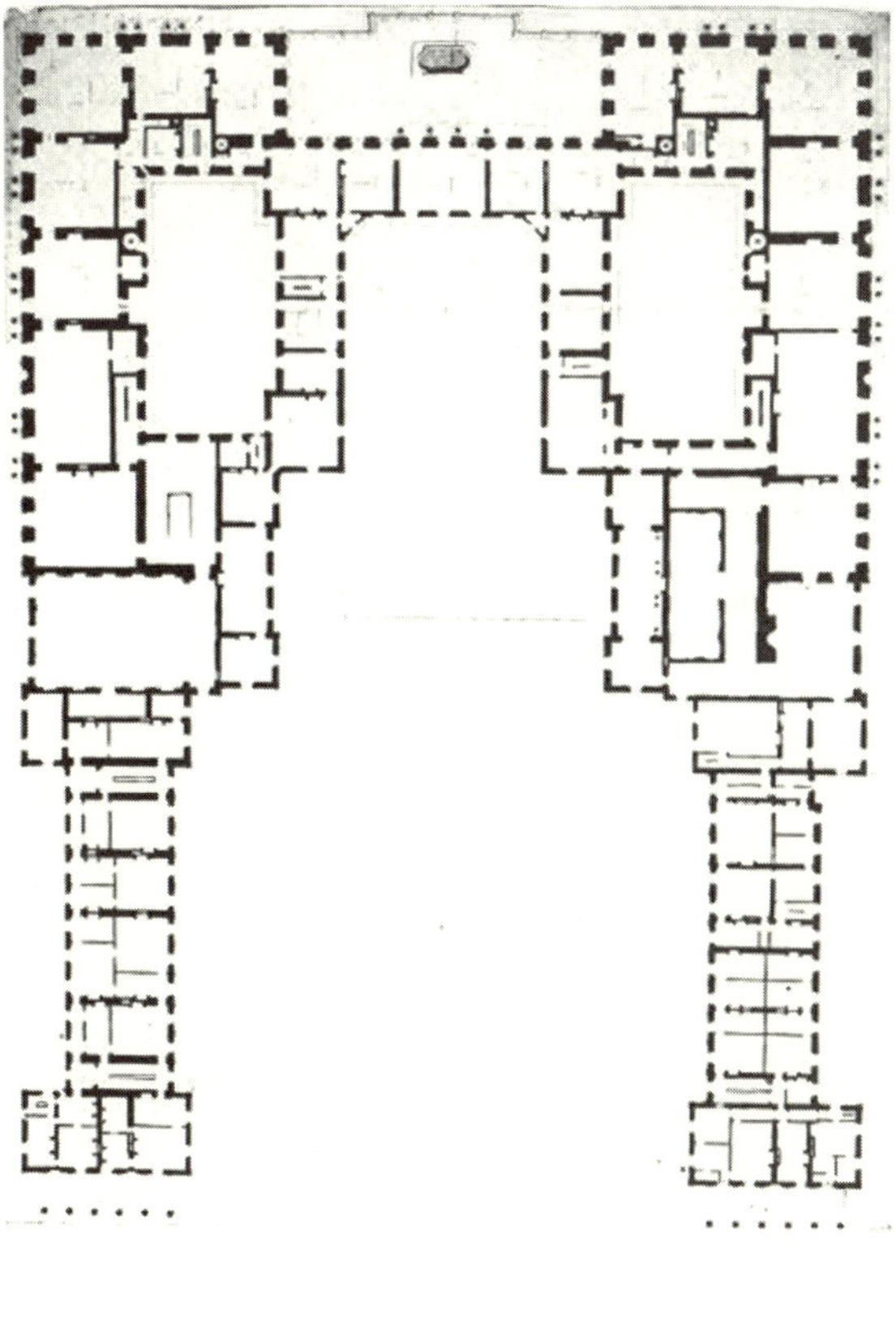

図11――――ヴェルサイユ宮殿　新城館竣工案の二階平面図（Nationalmuseum Stockholm, CC74）

せる必要があるだろう。

B-1　新しく建てられた部分をとりこわす→すべてを白紙化し、小城館だけに戻す
B-2　新しく建てられた部分を残す→「概論」が批判している案にとどまる↑「前述したような不都合におちいる」という記述

もっとも、B-2は「前述したような不都合におちいる」と評価されているので、これは「概論」前半で批判されているその時点での現行案そのものだと判断でき、選択肢からは除かれる、つまり、やはり選択肢は、A、B-1、Cの三つであるとも読める。

本稿の関心にとって興味深いのは「概論」で示されたコルベールの「保存」についての考え方である。彼は第一の選択肢Aを提示しつつ、「さらなる敷地を得るためには、すべてをひっくりかえし途方もない出費をせねばならないゆえ、国王陛下はこの場所が自然に提供できる以上の敷地を占めたいとお望みになられているとは思われない。そのような出費はルーヴルやほかの大事業のために為し、国王陛下がこの宮殿で楽しまれる遊興から長い間身を背けることこそ、国王陛下にはさらにふさわしく栄光に輝けるものとなろう。それゆえ、陛下がこの解決法をおとりになられるとは考えられない」と述べて、この選択肢を否定する。

また、第二の選択肢B-1を、「すべてをとりこわすと、決断のなさ、絶え間ない改変と巨額の出費が国王陛下のすべての偉大なる御業とつりあわなくなるのは確実である。加えて、大宮殿を建造できないのだから、建設されるものは陛下の御政道のすべてといかなるつりあいもとれないだろう」と述べて、やはり否定している。

加えて、「概論」を締めるべく第三の選択肢Cについても、「この解決法に反するかもしれないのは、国王陛下が小城館をとりこわす旨でおこなった偉大にして公にもされた宣言である。これはたがえることのできない約束となって

いる。それゆえ、つくられた部分を保存しつつ高価なことはなにもしない、あるいはその部分をとりこわして小さなこと以外はなにもしないという選択肢をとるよりほかはない。いずれにせよ、国王陛下について残される永遠の記憶は、この建設物のせいで惨憺たるものとなるだろう。国王陛下の御楽しみが充足されたときに、この建設物が倒れることを願うばかりである。国王陛下の解決法をとること」と評価し、せいぜい三案の中で最も「まし」な程度で、コルベールにとってヴェルサイユの事業そのものが不本意であったことがわかる。

したがって、上記の三つの引用からうかがえるとおり、コルベールの判断基準はできるかぎりヴェルサイユの出費をおさえること以外ではありえない。「覚書」冒頭で「陛下は以下のことをお望みである。新しくつくられた部分すべてを用いること」と指示し、ル・ヴォー案の「講評」冒頭で「つくられた部分はすべて保存される」と真っ先に指摘しているのも同じ観点による意見だろう。また、以上三点のコルベール書簡からは、建築とは王の偉大なる治世の記憶を後世に永遠に伝えていくものであるという建築観をうかがうこともできる。[☆21]

建築による記憶の継承に対する王の意向

コルベールは、小城館を保存し、新たに建造される城館と共存させるという案はもっとも「まし」な解決案だが、それでも「国王陛下について残される永遠の記憶は、この建設物のせいで惨憺たるものとなるだろう」と評している。[☆22] だが、小城館の保存を強行に望んだのはルイ一四世自身であるという点で、先行研究の多くは一致しており、その傍証として、シャルル・ペローが兄の作品集『クロード・ペローの注解および図面集』に施した註記において下記のように述べていることが挙げられる。[☆23]

これらル゠ヴォー氏の設計による三棟の大主棟が造られたとき、それらが美しく壮麗だったので、小城館がこの新しい建造物といかなるつりあいや調和もとれないと考えられた。国王陛下に対し奉り、この小城館をとりこわして、そのかわりに建てられたばかりのものと同じ性格で同じ比例をもった建物を造ることが提案された。……しかし、国王陛下はそれに対する同意をまったく望まれなかった。大部分がこわれかけており、再建すべきところを再建されるよう、空しくも陛下に御忠告申しあげる者もあったが、陛下に対し奉り、この小城館を実際よりもいまにも倒れそうなものと信じさせて、それをとりこわす決定をさせようとしているのではないかとお気づきになり、陛下は多少のお怒りを込められ、それをすべてとりこわしてもよいが、まったくもとどおりになにも変えることなく再建させようと仰った。[☆24]

一方、「概論」で言及されている「国王陛下が小城館をとりこわす旨でおこなった偉大にして公にもされた宣言」とは、一六六九年六月のコンペティションに先立ってなされたものだと考えられ、史料から多くはうかがえないものの、小城館が新城館に囲われていくのを目の当たりにした王が、建築家を初めとするさまざまな人々に説得されて認めてしまったものだと考えられているが、王の真意は上記の文書が伝える方に近く、それゆえコルベールが「概論」で提案した第三の選択肢が最終的に選択されたということだと思われる。

それでは、なにゆえに王は父王の建てた小城館にこだわったのだろうか。ルイ一三世が崩御したとき、ルイ一四世は四歳の幼児だった。当時の王族の生育環境も考え合わせると、父の記憶、父への親愛の情はどの程度残っていただろうか。こればかりはうかがい知ることはできない。同時代のサン・シモン公爵の『回想録』をはじめとして、古来、なぜルイ一四世はヴェルサイユにこだわり、そこに王宮を営んだのか論じられてきた。[☆25]だが、公的には一六七四年に王の修史官フェリビアンによって公にされた『ヴェルサイユ城館大全』冒頭において、以下のように記されているだけである。[☆26]

国王陛下のあらゆる居館の中でもヴェルサイユの館は、とりわけ国王陛下の御喜びとなる栄誉に浴し、一六六一年、陛下はかつてなきほどに館を広壮にかつ快適にお住まいになれるよう事業に着手された。ルイ一三世陛下が建設させたこの城館は、当時単純なコール＝ド＝ロジ［主棟］と二棟の翼棟、および四棟のパヴィリオン［突出部］のみで構成されていたのである。国王陛下の今日の宮廷と同様に大規模な宮廷を収容すべく、多くを増築せねばならなかった。だが、陛下は亡き父王陛下の御記憶に対する御孝心を抱えておられたゆえに、父王陛下が建設させた部分をまったくとりこわさせることなく、増築された部分のすべてが、既存の宮殿がかつてあったように見えるのをまったく妨げないようにされた。

上記のように記述されているものの、諸家は四歳で父王と死別したルイ一四世の「亡き父王陛下の御記憶に対する御孝心」を額面どおりに受けとってはいない。それゆえにさまざまな議論がなされてきたのである。ただ、筆者としては、それを父から子へと受け継がれていく王位の継続性、すなわち、新たな王家ブルボン朝の継続性への関心と読むならば、このフェリビアンの記述はかなり重要なのではないかと考える。たしかに王は多くの居館を所有していたが、ヴェルサイユ以外のすべてがカペ朝、ヴァロワ朝から受け継いだものだった。[☆27] ヴェルサイユこそはブルボン朝だけの記憶を後世に伝える城館だったのである。

してみると、コルベールにとってヴェルサイユは「国王陛下について残される永遠の記憶」を「惨憺たるもの」とするものだったのに対し、フェリビアンの記述によれば、ヴェルサイユこそがブルボン朝の継続性の象徴であり、ブルボン朝の記憶だけを後世に伝える城館だったと評せるだろう。このように小城館の保存は王朝の継続性という大きなものを背負っていたのである。

3　トリアノン宮殿はとりこわしのうえで再設計

一方、さしたる保存のための議論もなくあっさりとりこわされた建築もヴェルサイユにはあった。一六六四年から六五年にかけて建設されたという「テティスのグロット」は、一六八四年に南翼棟の建設のためにとりこわされている。[☆28]これは王の別荘から宮廷の存する王宮へという重要な機能の変更にともない、とりこわしが決定されたものと思われる。ただ、グロット内部の彫刻群は庭園彫刻としてヴェルサイユ庭園内の別の場所に移設された。

ヴェルサイユ庭園の「小庭園」の彼方に位置していたトリアノン離宮も同じ運命をたどった。そのコンセプトから「磁器のトリアノン」（Trianon de Porcelaine）と呼ばれたこの離宮は、一六七〇年の冬、故ルイ・ル・ヴォーの設計に基づいて、その助手フランソワ・ドルベ（一六三四～九七年）の施工で急造されたもので、翌春には完成している[☆29]（図12）。ルイ一四世の愛妾モンテスパン侯爵夫人（一六四一～一七〇七年）のために建てられたこの四阿《あずまや》は、磁器に覆われているという南京のパゴダ（仏塔）に想を得たもので、直接には一六六五年にオランダのレイデンで出版された『オランダ共和国東インド会社使節団』（*L'Ambassade de la Compagnie orientale des Provinces-Unies*）の挿絵の影響を受けているともいわれている。

第二次フランシュ＝コンテ征服を寿いだ一六七四年のヴェルサイユ宮大祝典の二日目にあたる七月一一日に、ジャン・バチスト・リュリ（一六三二～八七年）作曲、フィリップ・キノー（一六三五～八八年）台本の田園劇『ヴェルサイユのエグローグ』（*Eglogue de Versailles*）が上演されるなど、その異国情緒は野外祝典の華やぎをみごとに演出したものである。[☆30]

「磁器のトリアノン」という通称は、サン・クルー、リジュー、デルフトなどのファイアンス陶器を大量に用いたことに由来する。中央棟の庭園に面した三広間の床と腰壁は青と白、両端の広間の床と腰壁には紫と白のタイルが用いられた。タイルが貼られていない壁の上部もスタッコ仕上げや絵画によってタイルの色彩が模倣された。庭園の二つのカスケード（滝）の装飾としても用いられたようである。すなわち、「磁器のトリアノン」の名の由来となったファイアンス陶器のタイルは室内で用いられたのであって、屋根や壁面に大量のファイアンス陶器が貼りつけられていたというのは伝説にすぎない。しかし、白と青を基調とした華やかな屋根飾りやそのほかの城館全体としてのイメージは「磁器のトリアノン」の名を喚起せずにはおかなかったようである。ファイアンス陶器とは錫釉をほどこした陶器のことであり、一六世紀にその重要な産地だったイタリアのファエンツァに由来する名前といわれる。つまり、「磁器のトリアノン」という通称とは異なり、最初のトリアノンで実際に本物の磁器が用いられたわけではない。これはいうまでもなく当時のヨーロッパでは磁器を製造することができなかったからである。加えて、中国からの輸入も明から清へと変わる革命期だったゆえに絶えがちであり、オランダを介して日本から入ってくる磁器も王侯貴族や富裕な商人たちのコレクションを満たすことさえ困難なほど貴重だった。フランスでもルイ一四世の息子ルイ大王太子（一六六一～一七一一年）の東洋磁器コレクションは有名だった[☆31]（王太子没後に散逸）。

ともあれ、まさに一七世紀の東洋趣味建築の代表例といえるこの宮殿も一六八六年にとりこわされ、その跡地にはジュール・アルドゥアン＝マンサール（一六四六～一七〇八年）の設計で「大理石のトリアノン」（Trianon de marbre）が建造された（図13）。ラングドック地方の「王の採石場」で採石した大理石が用いられたのでこのように呼ばれる（図14）。これが現存する「大トリアノン」（Grand Trianon）である。とりこわしの理由としては、急造されたことがたたって建造物が老朽化したということが指摘されている。

「テティスのグロット」と「磁器のトリアノン」のとりこわしにいたった事情は、建築の機能変更による新たな機能に対応できなくなったことと「老朽化」ということだった。先にとりあげた小城館についても、「大部分がこわれかけており、再建すべきところを再建されるよう、空しくも陛下に御忠告申しあげる者もあった」といい、「陛下に対し奉り、この小城館を実際よりもいまにも倒れそうなものと信じさせて、それをとりこわす決定をさせようとしていた」という[☆32]。ある意味、「老朽化」とはスクラップ・アンド・ビルドの由緒正しき伝統的な「理由」、というより「口実」であり、「老朽化」という語彙の占める位置は現在もいささかも揺らいでいない。

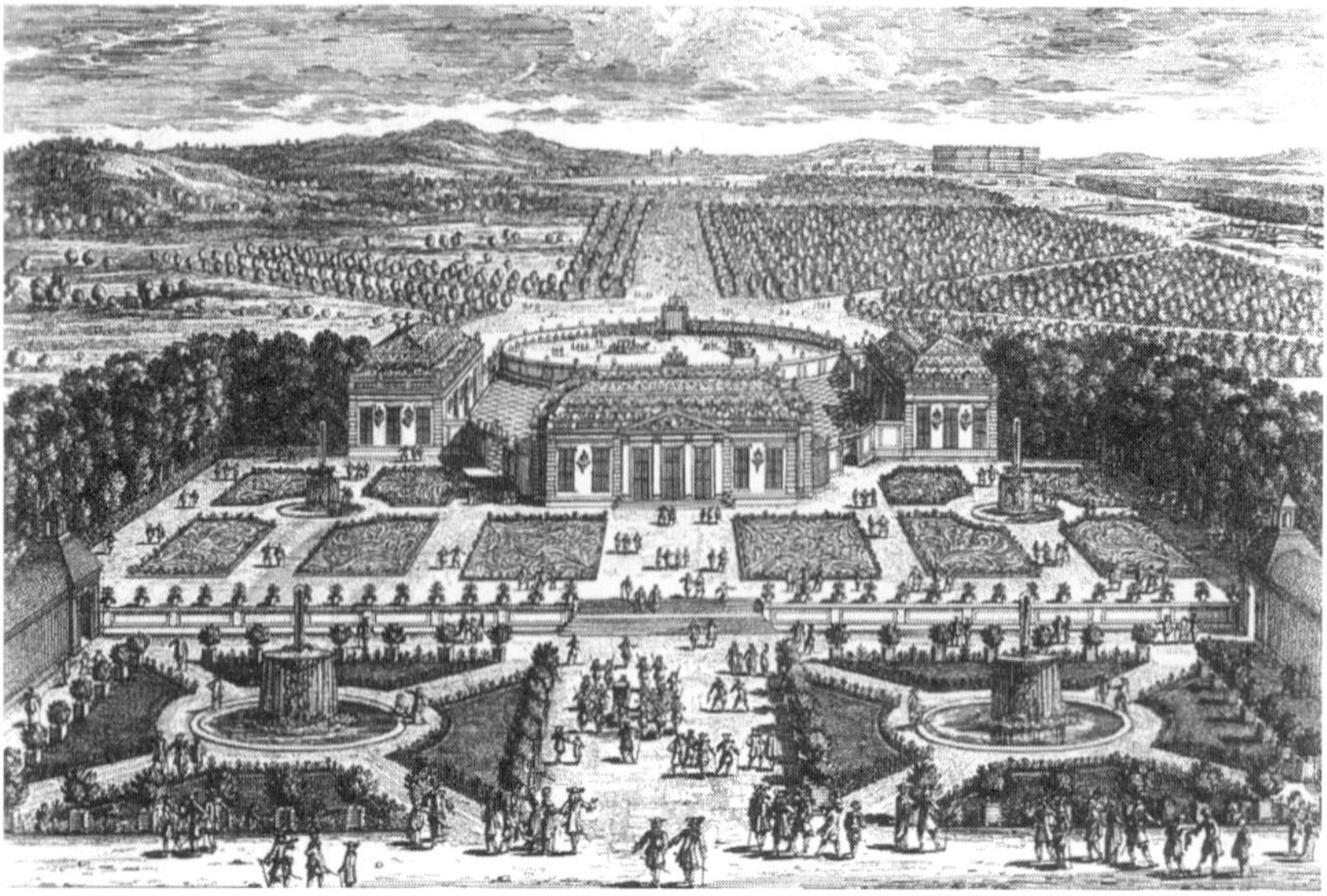

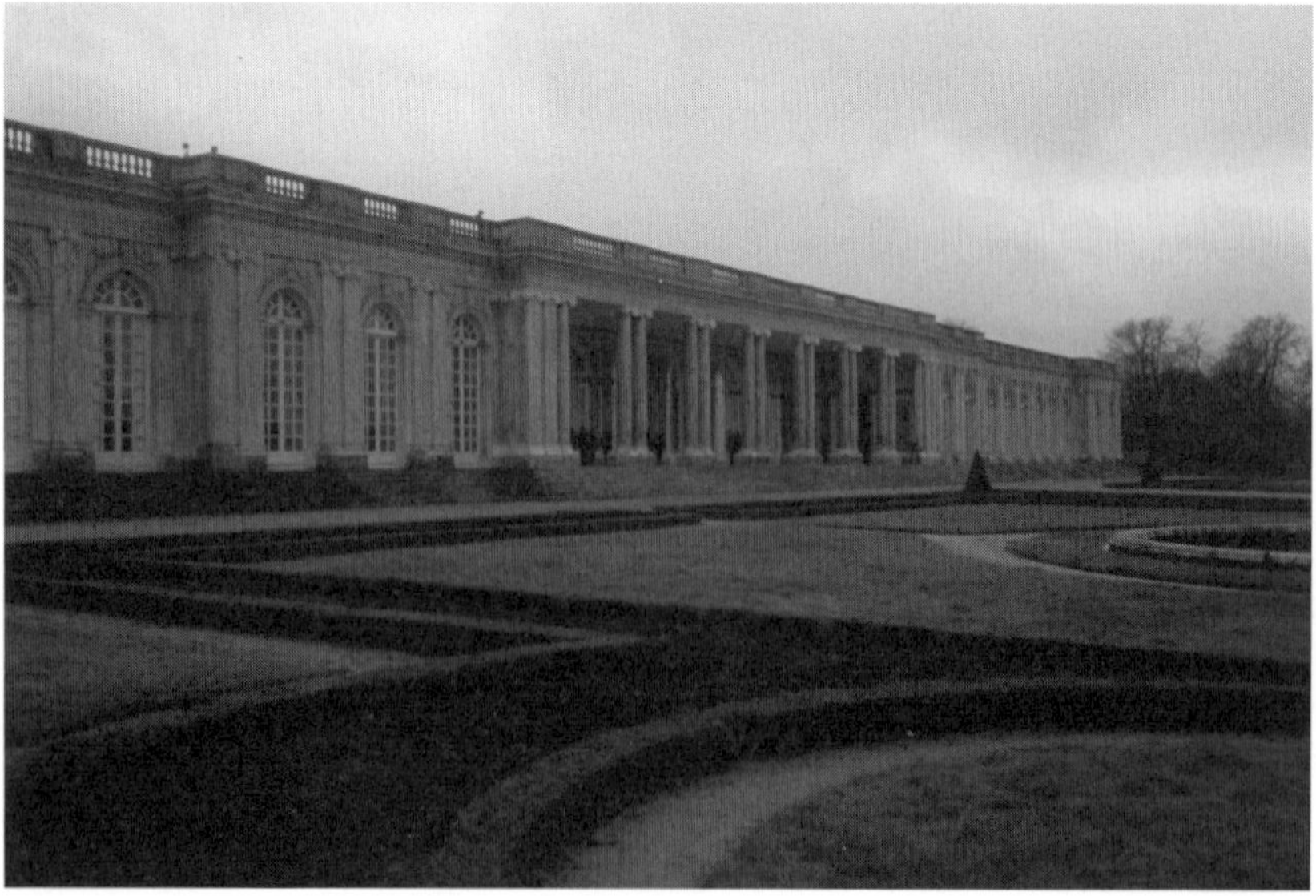

フランス近世美術叢書Ⅰ　装飾と建築——フォンテーヌブローからルーヴシエンヌへ

図12――「磁器のトリアノン」鳥瞰図
図13――「大理石のトリアノン」庭園側ファサード（筆者撮影）
図14――ラングドック地方「王の採石場」（筆者撮影）

4　「鏡の間」の建設にともなう「国王のアパルトマン」の天井画の「再利用」

「国王のアパルトマン」と「鏡の間」の建設略史

一六七〇年、新城館本体が完成すると、その内装が王の首席画家シャルル・ル・ブラン（一六一九～九〇年）の指揮の下で一〇年を要して遂行された。新城館は三階建てで、主要階《ピアノ・ノービレ》は二階にある。大きく分けて北棟と南棟で構成され、それぞれに対称に位置する「国王のアパルトマン」（北棟）と「王妃のアパルトマン」（南棟）が設けられた。各々七つの広間から成り、それらの天井画や装飾は七惑星を象徴する古代の神々を主題としていた。また、新城館のファサードには全四〇体の彫像とそれに関係する浅浮彫りや仮面飾りが配された。☆[33]

天井画の構想はル・ブランの手になるといわれているものの、「鏡の間」などの場合と異なり、彼自身の素描はひとつも残っておらず、これについては推定の域にとどまっている。また、天井画の構想が新城館建設過程のどの時点で始まったのか、それを統括する小アカデミーの文人たちがどうかかわったのか、史料からうかがうことはできない。☆[34]それでも、ル・ブランの関与については多くの論者が支持している。

なお、ここでいう「国王のアパルトマン」とは小城館に位置する現在そう呼ばれているものではなく、「王の大アパルトマン」(grand Apartement du Roy) と呼ばれていた部分のことである。☆[35]一六八四年におこなわれた現位置への移設まで、ここが「国王のアパルトマン」だった。もっとも、「豊饒の間」から「アポロンの間」までの六室からなる現在の「大アパルトマン」の姿は「鏡の間」の造営以来のものであり、竣工当初はこの新城館北棟の「国王のアパルトマン」は七室の広間で構成されていた。それと対称をなす南棟の「王妃のアパルトマン」も同様だったと思われる。つまり、東側からテラスの方向へ、「広間」(Salon)、「衛兵の間」(Sale des Gardes)、「控の間」(Antichambre)、「寝室」(Chambre)、「大広間」(grand Cabinet)、「小寝室」(petite Chambre à coucher)、「小広間」(petit Cabinet) の順に並んでいた。☆[36]

これらの広間の天井は、中央の大絵画と周辺の天井湾曲部に配された小絵画群で構成され、それらを縁取るように豪奢な金色スタッコ装飾が施された。たとえば、国王の「寝室」の天井構成は、中央に円形大絵画一枚、天井湾曲部に丸みを帯びた台形状絵画を四枚配し、その間を、ミューズ像などを象ったスタッコ装飾が埋め、やはり四隅にも絵画が描かれている（図15）。これらの装飾要素のうち、焦点になっているのは、やはり各部屋の天井中央に配置される大絵画である（図16および図16-1〜7）。竣工案にしたがって、「広間」から「衛兵の間」、「控の間」、「王の寝室」、「大広間」、「小寝室」、そして「小広間」の順で見ると、「広間」には〈ディアナ〉が、「衛兵の間」には〈マルス〉が、「控の間」には〈メルクリウス〉が、「王の寝室」には〈アポロン〉が、「大広間」には〈ユピテル〉が、「小寝室」には〈サトゥルヌス〉が、そして「小広間」には〈ウェヌス〉が、それぞれ描かれることになっていた[☆37]。そして、天井湾曲部に描かれた四枚の絵画では、それぞれの神が司る美徳に関連する古代神話や古代史の英雄のエピソードが描かれ、これらの英雄はルイ一四世の表現でもあった。したがって、アパルトマンの天井画計画全体でもって語られたのは王の美徳である[☆38]。フェリビアンも『ヴェルサイユ城館大全』で次のように明記している[☆39]。

> これらの部屋のすべては寄木細工（menuiserie）で床張りされており、扉には最新の手法で仕上げられた金色ブロンズが施されるだろう。天井は王立［絵画・彫刻］アカデミーの最良の画家たちによる絵画で美しく飾られるはずである。太陽が王のドゥヴィーズであるがゆえに、このアパルトマンの七室の絵画群の主題に供するべく七惑星（les sept Planettes）がとりあげられた。各室で各惑星、および陛下の御偉業と関係のある古代の英雄たちの偉業が表現されるはずである。コーニスや天井に制作された彫刻装飾物の中にその象徴的な彫像が見られる。

たとえば、最初の「広間」では中央に狩と航海を司る女神ディアナが描かれ、その周りには古代神話や古代史の英雄たちの狩と航海に関係のあるエピソードがとりあげられている。すなわち、ペルシアのキュロス大王の猪狩とアレクサンドロス大王の獅子狩、イアソン率いるアルゴー号の冒険とユリウス・カエサルによるカルタゴへの植民船団派遣である。これらはルイ一四世の狩への愛好や、たとえばマダガスカル島への植民船団派遣と密接な関係があるとい

図15———ヴェルサイユ宮殿　新城館　国王の「寝室」の天井画全景（筆者撮影）
図16———ヴェルサイユ宮殿　新城館　国王の「寝室」の天井画中央（筆者撮影）

図16-1——ガブリエル・ブランシャール
《ディアナの戦車》一六七〇年代後半
ヴェルサイユ宮殿「ディアナの間」天井画

図16・2――クロード・オードラン二世
《マルスの戦車》一六七〇年代後半
ヴェルサイユ宮殿「マルスの間」天井画

図16・3――ジャン＝バチスト・ド・シャンパーニュ
《メルクリウスの戦車》一六七〇年代後半
ヴェルサイユ宮殿「メルクリウスの間」天井画

図16・4――シャルル・ド・ラ・フォス
《アポロンの戦車》一六七〇年代後半
ヴェルサイユ宮殿「アポロンの間（寝室）」天井画

図16・5――ノエル・コワペル
《ユピテルの戦車》一六七三～七四年
ヴェルサイユ宮殿「ユピテルの間」天井画
現在は王妃の「衛兵の間」にある。

図16・6——ノエル・コワペル
《サトゥルヌスの戦車》一六七〇年代後半
ヴェルサイユ宮殿
「サトゥルヌスの間」天井画の下絵と比定されている。

図16・7——ルネ＝アントワーヌ・ウアス《自らの帝国で神々や力ある者たちを従わせるウェヌス》一六七三〜七四年
ヴェルサイユ宮殿 新しい「ウェヌスの間」天井画

う。同じ関係はほかの広間でも見られ、「衛兵の間」では戦争の神マルスと古代史の英雄たちの武勲、「控の間」では学問と芸術を奨励するメルクリウスと古代史の英雄たち、「寝室」では寛大さと壮麗さを司る太陽神アポロン、および寛大さを見せるコリオラヌスとアレクサンドロス大王、ミレトス港を築くアウグストゥス帝とコロッセウムを建設するウェスパシアヌス帝、「大広間」では公正さと憐憫の情を司るユピテルとこれら二つの美徳を見せる古代の英雄たちが描かれた。実施されなかった「小寝室」の天井にも慎重さと秘密を司るサトゥルヌスと「共和制ローマの歳入を検め、歳出を正すのに自ら勤しむアウグストゥス帝」が描かれるはずだったことがフェリビアン・デザヴォーの記述からわかる。[☆40]

しかし、このフェリビアン・デザヴォーの記述にもあるとおり、以上の王と王妃の美徳を語る「七惑星」の世界が完成することはなかった。そもそも新城館西側中央の二階と三階部分は三柱間分セットバックしており、その空いたところには泉水まで備えたテラスが設けられていたのだが、漏水が激しかったこともあって、一六七八年にはこのテラスを埋めるような形で「グランド・ギャラリー」の建設が計画され、その設計はこのときはじめて表舞台に登場したアルドゥアン＝マンサールに託されたのである[☆41]（図17）。一六八四年には、ル・ブランの天井画や内装も含めてほとんど完成、その内装に鏡が大量に用いられたことから「鏡の間」の名で広く知られている。

「鏡の間」の造営は宮殿の性格の変化を画したといわれている。それ以前のヴェルサイユは、テラスが「国王のアパルトマン」と「王妃のアパルトマン」の奥にあるということと目を楽しませるための泉水があることから、国王夫妻の非常に私的な性格をもったものと推定されている。[☆42]そもそも、新城館そのものが当初もっていた私的な性格についても指摘されている。初期の新城館計画は現状の三階建てではなく二階建てであって、宮廷人を収容できないゆえ、これは国王一家のための造営活動にほかならないというのである。[☆43]これに対して、「鏡の間」は宮廷儀礼のための場所で、きわめて公的な性格を帯びている。これは同じ時期に政庁がパリからヴェルサイユへ移されたことと密接な関係があり、その造営のあとのさまざまな大工事も、それにともなう宮廷人や召使の増加に対応するものだった。

図17――ヴェルサイユ宮殿　新城館の「鏡の間」竣工後の二階平面図

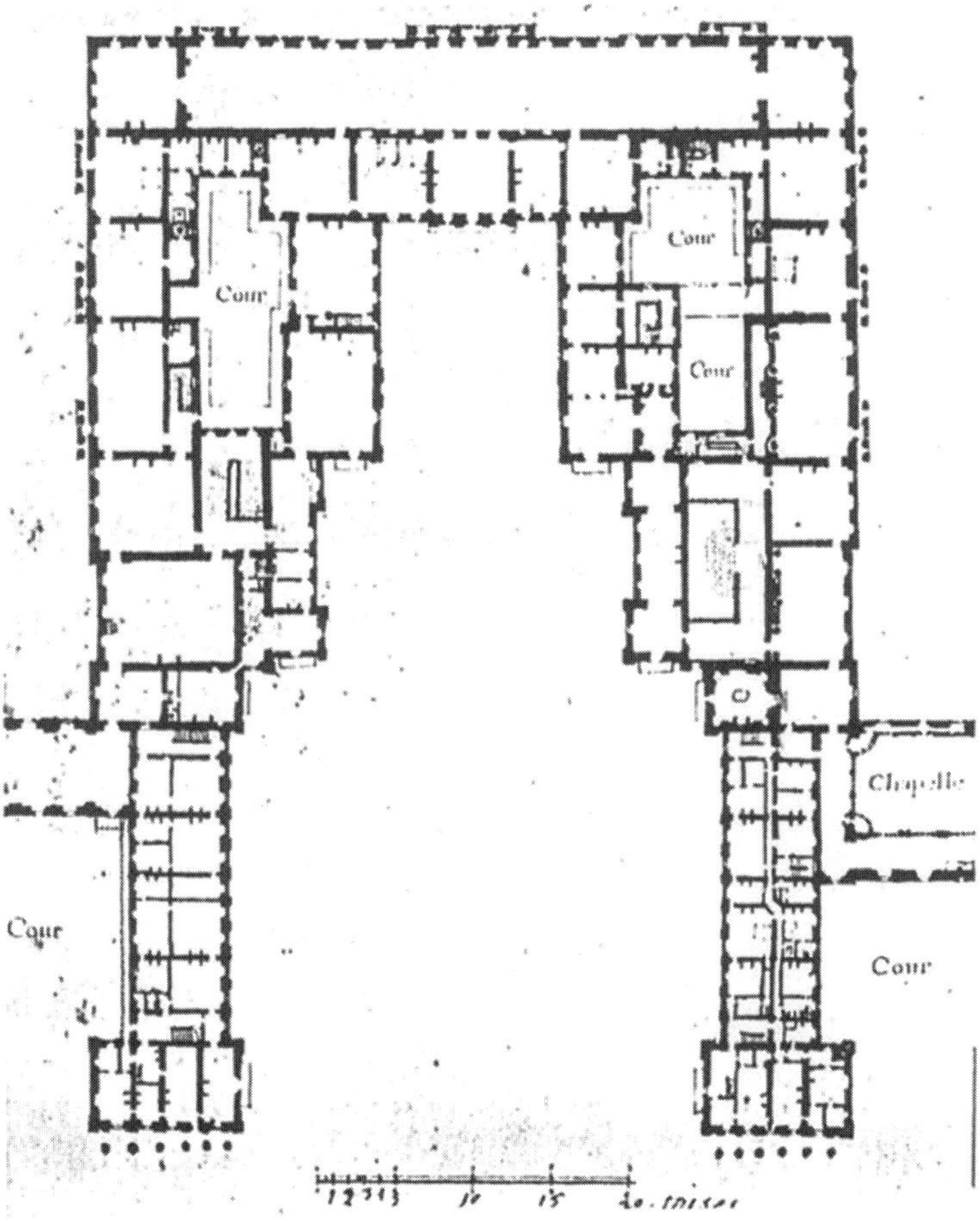

時代の画期に位置する「鏡の間」

「鏡の間」の構想をめぐっては、時代の転換点を画するものとしていくつかの視点から描写することができるだろう。いわゆる「新旧論争」(querelle des Anciens et des Modernes)の文脈からは、天井画主題が、「国王のアパルトマン」と同様の太陽神アポロンを中心とした古代神話ではなくルイ一四世その人の実際の「偉業」の描写を中心に据え、そのタイトルもラテン語ではなく現代語たるフランス語によってなされたことが「古代派」に対する「現代派」の勝利であるという筋書きを描くことができるだろう。☆44 当初、「鏡の間」の天井画主題は太陽神アポロンの活躍、とりわけこの神による懲罰に焦点を当てたものだったことが知られている。アポロンとディアナに子供たちすべてを射殺されて大理石に変身するニオベと音楽神でもあるアポロンに歌合戦を挑んで敗れたのちに皮を剥がれるマルシュアスの主題がそうである。これら二主題は、古代ローマの詩人オウィディウスの『変身物語』巻六から引いたもので、二つのエピソードの間で語られているリュキアの農民たちを水棲動物に変身させる女神ラトーナ(ラトーヌ)の主題が庭園中央に位置するラトーナの泉水でとりあげられていることから、庭園中央軸線上に展開する世界と七惑星主題などが展開する城館の世界を密接に結びつける重要な存在となるはずだった。☆45 しかし、ほどなく、これらの主題は放棄され、伝統的に君主の偉業と結びつけられてきたヘラクレス(エルキュール)の一二の功業がとりあげられたのも束の間、ルイ一四世自身のオランダ戦争などの武勲や偉業が展開する現在のものに変えられたのである。

一方、フランス産業史の文脈からは、一六六五年以来の財務総監(contrôleur général des finances)コルベールのガラス・鏡国産化の試みが成功し、それを誰の目にも明らかに示した成果として語ることができる☆46(図18)。これは同時にヴェネツィア産の鏡を使用したハプスブルク朝スペインのマドリードにあるアルカサル王城内の「鏡の間」に対する勝利でもあるだろう。☆47 さらにインテリア史の文脈からは、トロンプ・ルイユを用いた仮想空間による光と空間の拡張という古代以来の技法から鏡を用いた光と空間の拡張という手法へと移り変わる結節点に位置する成果ととらえるこ

図18——ヴェルサイユ宮殿「鏡の間」の鏡面（筆者撮影）

とができるだろう。[48] そもそも、「鏡の間」、およびその両脇の広間――「戦争の間」と「平和の間」――は、新城館の二階から三階にいたる吹き抜けの空間として建設されていて、二階開口部のみからの採光ではギャラリーや広間の上部まで十分な光が到達せず、せっかくの大空間が暗くなってしまう嫌いがあった。アルドゥアン＝マンサールが、ギャラリーのヴォールトにあたる三階部分にも、下からは見えないように間接照明のための開口部を設けるなどして採光にこだわったのも当然であった。[49]

だが、最終的に首席建築家はコーニスより上に開口部を開けて採光するという手段を放棄している。筆者はその理由を、開口部の向かい側に鏡面を導入したことに求められるのではないかと考えている。別の言い方をすると、一六七八年の構想段階においては「鏡の間」に鏡を使用することが想定されていなかったのではないかと推定している。[50] なお、王立鏡面ガラス製作所（Manufacture royale des glaces de miroirs）から「鏡の間」の現場に最初に鏡が納入されたのは、一六八三年九月二三日から同年一二月にかけてのことである。[51] これにより「鏡の間」においては先に述べた新旧二つの光と空間の拡張手法が用いられることになったのである。

「ユピテルの間」と「ウェヌスの間」の天井画の「再利用」

ヴェルサイユ宮殿における既存建造物の保存・再生に注目する本稿では、「鏡の間」造営のどのような点に言及すべきだろうか。実は「鏡の間」の建設により「国王のアパルトマン」と「王妃のアパルトマン」の一部の建設が中止されたり建設された部分がとりこわされたりしている。すなわち、「国王のアパルトマン」の「サトゥルヌスの間」の内装は着手されず、また、「サトゥルヌスの間」と「ウェヌスの間」は「鏡の間」に吸収されて消滅した。これにともない、「サトゥルヌスの間」の東側の壁体がさらに東側に移されたため、その直下に位置する「御湯殿のアパルトマン」（appartement des bains）の「御湯殿の寝室」（chambre des bains）の東側壁体も同様に同じだけ東側に移されている。[52] 組積造建造物の場合、二階の壁体は必ず一階の壁体の直上にそろえなければならないからである。これらに加えて、「国王のアパルトマン」の「ユピテルの間」は広間としては残ったものの「戦争の間」(salon de la Guerre)として内装を新たにされ、「王妃のアパルトマン」の方の「ユピテルの間」も「平和の間」(salon de la Paix)として同様に整備された。

以上から、「国王のアパルトマン」については、着手されなかった「サトゥルヌスの間」の天井画はともかくとして、「ユピテルの間」と「ウェヌスの間」の天井画が宙に浮くこととなった。だが、幸いなことに「国王のアパルトマン」と「王妃のアパルトマン」の天井画は油絵だった。フィレンツェのパラッツォ・ピッティやローマのパラッツォ・バルベリーニなどのイタリアの作例ではフレスコ画の手法が用いられており、本来、天井画に油絵を用いることはそれよりも一段劣るものと考えられていたのだが、このさいにはむしろそれが幸いした。[☆53] すなわち、油絵であればカンヴァスをとりはずして別の広間に移すことができたのである。

こうした経緯を経て、「ユピテルの間」の天井画は「王妃のアパルトマン」の「衛兵の間」(図19)で、「ウェヌスの間」の天井画は「ディアナの間」の東側に新たに設けられた新たな「ウェヌスの間」で再利用された(図20)。しかし、この処置には問題もあった。「王妃のアパルトマン」の「衛兵の間」は「ユピテルの間」より若干広く、新「ウェヌスの間」にいたっては旧「ウェヌスの間」よりもはるかに大規模だった。それゆえ、基本的に再利用可能なのは中央の絵画と天井湾曲部の四枚の絵画だけであり、それらの間を埋めるスタッコ装飾などは新たに施さなければならなかった。

この点では、「ユピテルの間」より微妙に広い「衛兵の間」で再利用された絵画群よりも、まったく面積の異なる天井で再利用された「ウェヌスの間」の絵画群の方が幸運だったかもしれない。私見だが、「王妃のアパルトマン」の「衛兵の間」の天井の構成は五枚の絵画間の間隔が中途半端に開いてしまい、全体構成がやや散漫である。それに対して新旧「ウェヌスの間」の面積はまったく異なっているので、むしろ新「ウェヌスの間」の天井画を新たに構成し、そこに旧「ウェヌスの間」の天井画五枚をはめこむ形式になっているのが功を奏しているように思われる。全体にト

フランス近世美術叢書I　装飾と建築——フォンテーヌブローからルーヴシエンヌへ

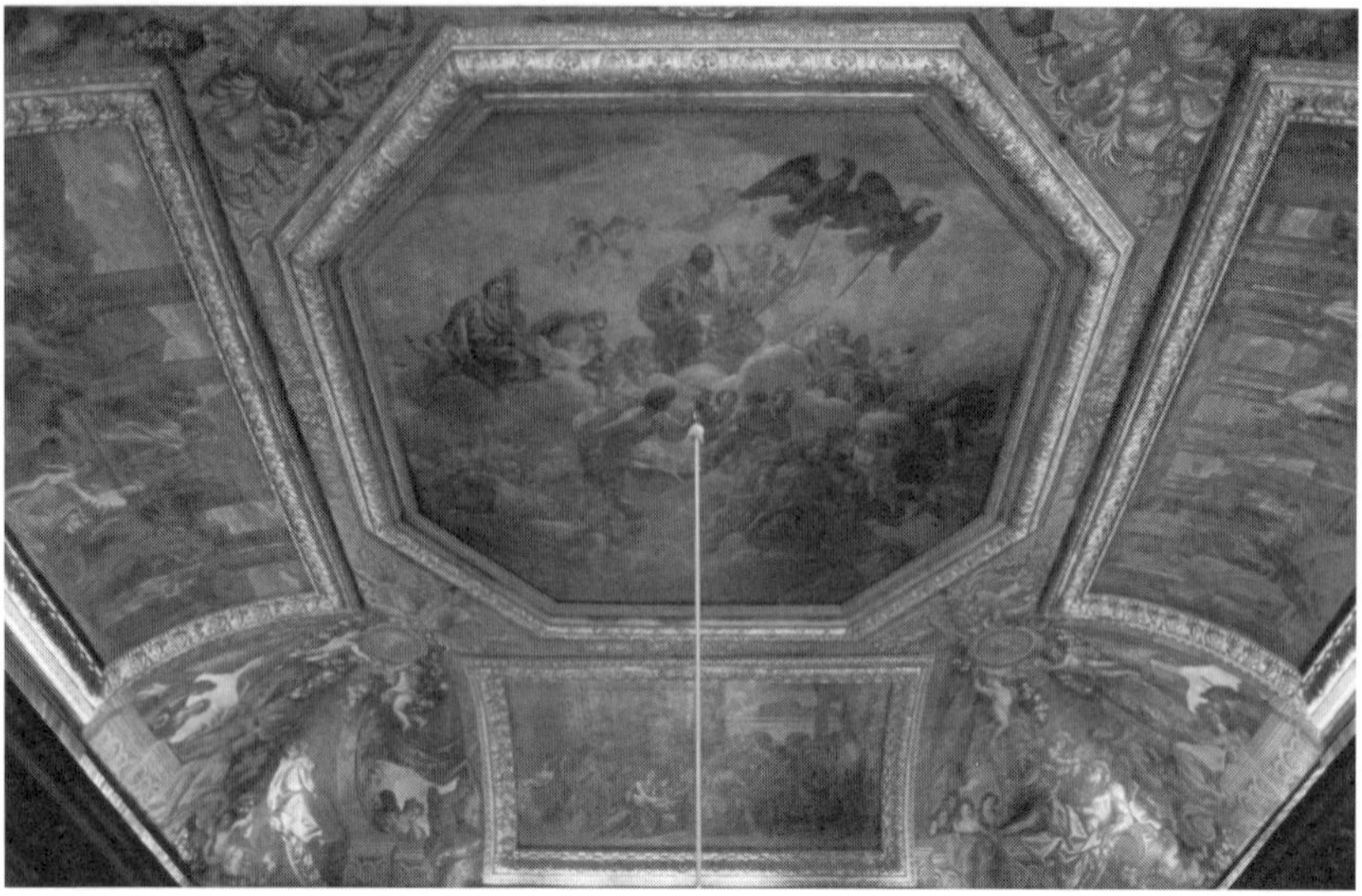

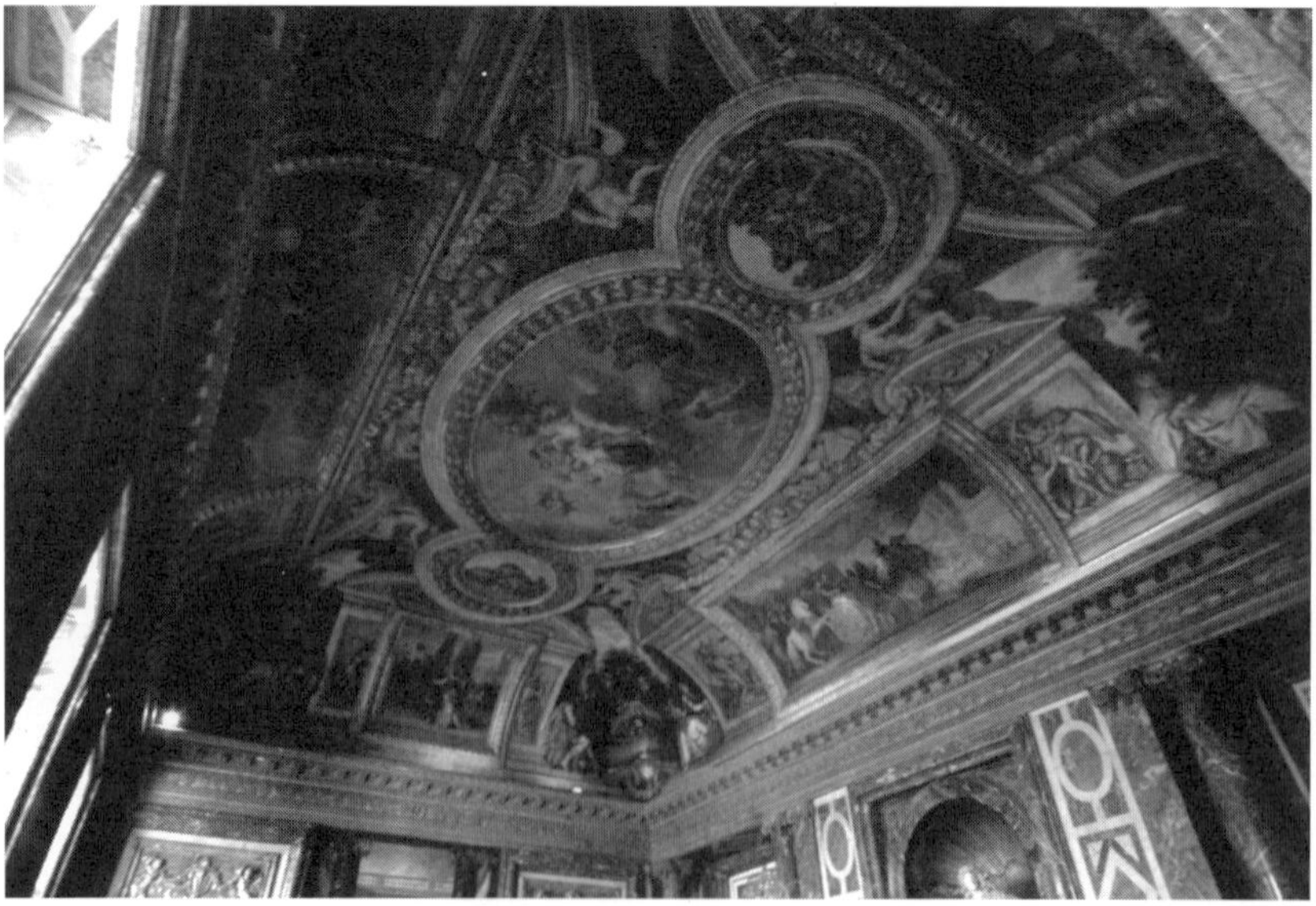

図19——ヴェルサイユ宮殿　新城館「ユピテルの間」の天井画全景（筆者撮影）
図20——ヴェルサイユ宮殿　新城館「ウェヌスの間」の天井画全景（筆者撮影）
図21——ヴェルサイユ宮殿　小城館「牛眼の間」（筆者撮影）
図22——ヴェルサイユ宮殿　小城館「王の寝室」（筆者撮影）

ロンプ・ルイユの技法を豊かに展開した優作だと評せよう。かくして、「国王のアパルトマン」の「七惑星」主題による統一性は失われたものの、制作された絵画群はすべて新城館の中に場所を得ることができたのである。

結

本稿では、ヴェルサイユ宮殿における既存建造物の保存・再生という主題に焦点を置いて、その創成期から事実上の完成に導かれるまでのヴェルサイユ宮殿の造営史を描いてみた。「テティスのグロット」や「磁器のトリアノン」のように姿を消してしまった建造物もあったものの、このヴェルサイユの現場にうかがえるのは一度造った部分は可能なかぎり再利用していこうという全体的な傾向である。ヴェルサイユ造営にあまり積極的でないコルベールのいうように、単にもったいないからという理由もあっただろうけれども、王朝の継続性の象徴たるべく意識的に保存がはかられたということもあっただろう。

とりわけ、ルイ一三世が建てた小城館はルイ一四世時代ののちも尊重され続けた。一六八四年には「国王のアパルトマン」が小城館内に移されている。ただ、そのままの姿では新たな機能に対応できなかった。つまり、「衛兵の間」の面積を確保するために小城館南棟二階の南側外壁が撤去され、さらに南側に新たな外壁が設けられたのである。加えて一七〇一年には、第二の「控の間（バッサーノの間）」と「寝室」の内壁を撤去してさらに大規模な第二の「控の間（牛眼の間）」が設えられ（図21）、小城館主棟中央の広間が「王の寝室」となった（図22）。ここにいたって、小城館こそがヴェルサイユ宮殿の中心となったのである。[☆54] まさに小城館の保存こそ、ブルボン朝の継続性の最大の象徴であり、鍵でもあったといえよう。

（中島智章）

第6章　スービーズ館

――マレの貴石、ロココ美術の揺籃の邸館

パリを横断するようにゆったりと流れるセーヌ河の北側、いわゆる右岸のヴォージュ広場の周りに広がるマレ地区には、古いパリの趣をとどめる建物や町並みが、今もいたるところに残る。東はバスチーユに接し、西に少し歩けばポンピドー・センターに出るという、現在はパリの中心に位置するこの地域も、本格的な開発は一六世紀からのことで、ルーヴル宮からは離れた周縁にあると長い間みなされてきたのである（図1）。

スービーズ館（図2）は古いパリの面影をとどめたこの地域の西方の一角を占める大貴族の旧館である。フラン・ブルジョワ通り（旧パラディ通り）に向かって開いた正門は、ゆるやかな凹面状の壁の中央に設けられ、そこから中に入ると、外の壁と対称な孤の両側から始まる列柱廊が囲む中庭の果てに、本館のファサードが現われる。現在は石地がむきだしになっているが、もとはスービーズ大公夫妻の徳を表わす寓意像で飾られた三角形のティンパヌムをコリント式の二重の円柱が支える端正な外観が印象的なこの邸館は、一歩邸内に入り右側の大階段を二階に上がって続き部屋《アパルトマン》を進むと、スービーズ館の名と分かちがたい「大公妃の楕円形のサロン」にいきつく。

私は、長い歴史をもつこの邸館を三つの点から考えることにしたい。ひとつはそれをマレの時間と空間の中で、言ってみれば「土地の記憶」の中で考える視点である。次は邸館の誕生を、その母体が建設された時代にまで遡って、沿革とともに跡づける作業である。最後に、ルイ一四世死後の摂政時代からパリで花開くロココ美術の揺籃の場とし

て、この邸館を飾る絵画や装飾を検討することにしよう。

1　土地の記憶─マレの歴史

セーヌ河は東から西に、パリを横断するように流れている。町は河によって大きく三つに分かれ、古来、行政の本部がある島部はシテ、右岸はヴィル、左岸はユニヴェルシテと呼び慣わされてきた。一七〇二年にパリはそれまでの一六から二〇の区に分けられたが（もちろん現在の二〇の区とは異なっている）、旧来の呼び名が忘れられることはなかったようである。[☆1]ところで考古学の調査によって、セーヌ河は新石器時代には、現在のリヨン駅あたりから北上して、ベルヴィルやモンマルトルの丘の下を通って、アルマ橋あたりで本流に合流する、北の支流の存在が明らかになった。[☆2]中世初期にはセーヌ河は現在の姿になったが、支流の跡は湿地沼地として残った。干拓事業はこの地域を利用するうえで欠かすことができず、ルイ一二世からこの湿地を与えられたサント＝オポルチュム参事会教会によって、九世紀末から始められた。この湿地は地域の住民共有の牧草地、牧場として利用され、そこからセーヌ河にいたる地域は耕作地に、その外側の北部の丘陵には葡萄畑が広がっていた。今日の都市の景観にはほど遠い田園地帯だったのである。時代とともに牧草地は野菜の耕作地に生まれ変わっていったが、水気の多い土地が幸いしたのである。マレ（marais）というフランス語名詞には、沼地、湿地という意味のほかに、パリのこの地域でおこなわれた耕作と、野菜栽培に適した土地という意味もあった。現在のヴォージュ広場一帯を指す固有名詞として、それが用いられるようになったのは、アンリ四世がこの地に関心をもって、開発事業を企てた一七世紀初めまで待たなくてはならない。

ところで、パリが王国の単なる都市のひとつから、首都にふさわしい態様を整えたのは、フィリップ・オーギュスト王の治世（一一八〇〜一二二三年）の時代であった。拡張を続けるパリに瞠目したオーギュスト王は、以前の国王に比べてはるかに多くのときをこの地で過ごし、シテを行政の本拠として、左岸を学問、右岸を経済の中心にしようとした。イギリスに対する防衛拠点である、ルーヴル宮殿の原型となる城塞を築いたのも、王であった。

右岸の発展の起点となったのは、物資の流通の拠点であった、現在のパリ市庁があるグレーヴ広場で、発展を担ったセーヌ河の水運業者には多くの特権が与えられた。早くも一一四一年に、ルイ七世は新しい船着き場を設けるためにこの広場を彼らに与えている。その少しまえには、河岸から北に少し離れたシャンポーに新しい市を開く許可を与えて、ここに現在のレアールの原型が生まれた。[☆3] 商業活動は河岸の北で活発に営まれる。

こうしてパリは王国にふさわしい近世の都市へと変貌を遂げていくわけだが、マレ地区についてはその過程を考えるうえで二つの要素が重要である。第一は異民族の侵入とその対策であり、第二はキリスト教の布教である。

九世紀になってカール大帝の死後、ノルマン人、つまりヴァイキングの西フランクへの侵攻が激しくなった。パリは八五六年には焼尽と化す。これに対して右岸のグレーヴ地域とサン＝ジェルヴェ教会教区の住民は、自分たちの家族と財産を守るために最初の防御壁を九世紀末には建設し、それは一二世紀まで存在した。ところが拡張を続ける都市は、これに替わる新しい市壁を必要とする。実現したのは、イギリスへの防衛力強化に意欲的にとりくんだ国王フィリップ・オーギュストだった（図3）。経済活動の活発な展開とともに、右岸は発展を続けるが、それに一段と弾みをつけたのはシャルル五世がまだ王太子のころ、一三六〇年代に、グレーヴ広場から河をさかのぼったフィリップ・オーギュストの市壁の外側に、サンス大司教や従兄弟のエタンプ公爵などから屋敷や地所を購入して、サン＝ポル館を建設したことである。[☆4] 当時、国王のパリの居所はシテ島の王宮であったが、シャルルはパリの中心から離れた、政治的喧噪からの避難所としてサン＝ポル館を設けたのである。彼に倣って、有力な貴族たちもこの地域に屋敷を構えるようになった。たとえば大法官ピエール・ドルジュモンは、数奇な変遷をたどる「トゥールネル宮殿」の原型になる、小塔《トゥールネル》を備えた邸館を、サン＝ポル館のさらに東に建設した（一三八八年頃）。これはドルジュモンの歿後、シャルル六世の兄弟ルイ・ドルレアン公爵などの手を経て、フランソワ一世の所有となって、のちには悲劇の舞台になる。ドルジュモンはほんの一人の例であって、シャルル六世の大元帥オリヴィエ・クリソンは、彼より少し早く一三七〇年代初めに土地を購入して、邸館の建造を始めた。これがスービーズ館の母体になる。[☆5]

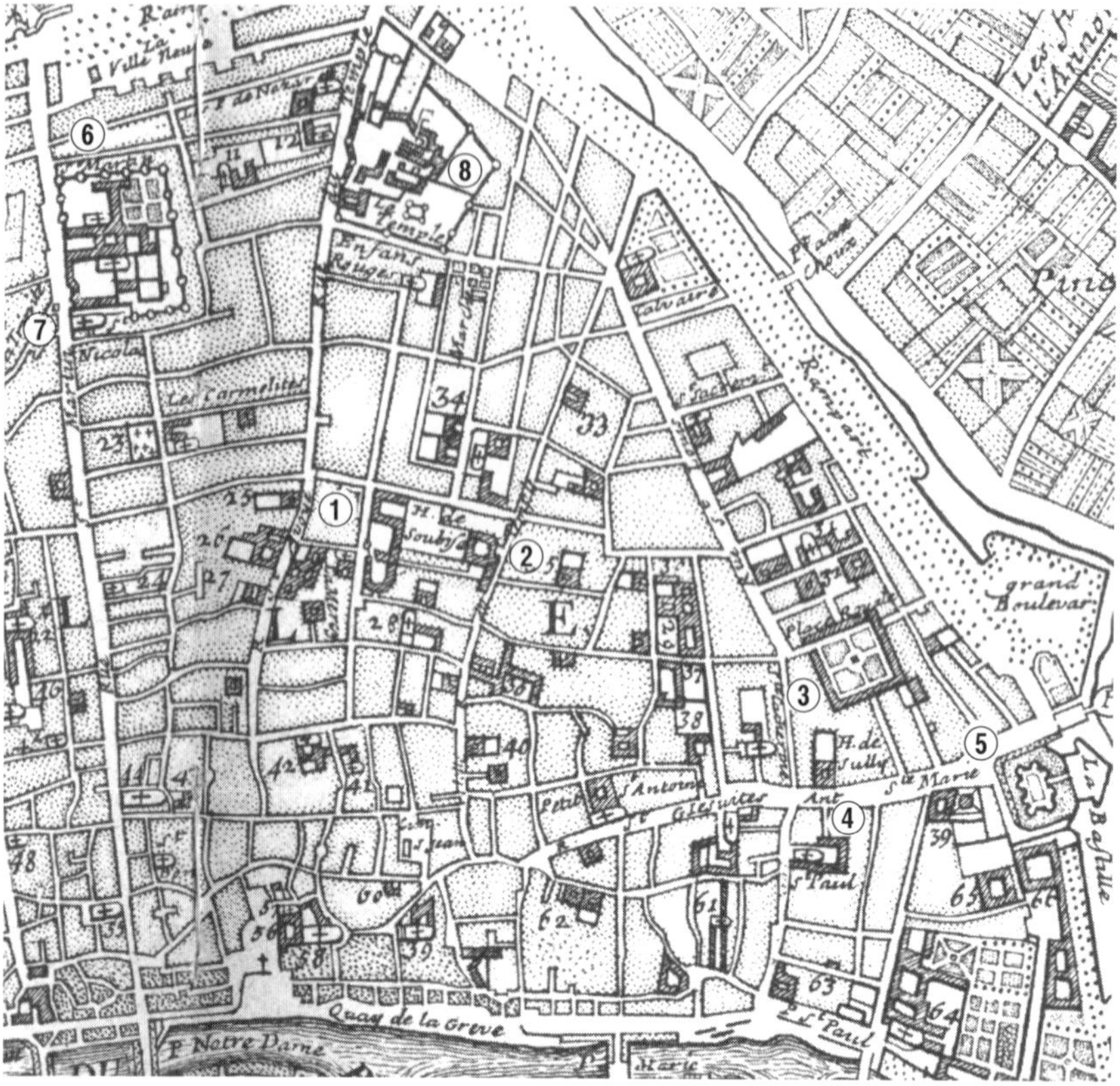

図1――一八世紀半ばのマレ地区（G・プリス『パリ案内』一七五二年版より）
①スービーズ館
②ロアン＝スービーズ館
③国王広場
④サン＝ポル＝サン＝ルイ聖堂
⑤バスチーユ
⑥サン＝マルタン・デ・シャン聖堂
⑦サン＝ニコラ・デ・シャン聖堂
⑧テンプル地区

図2――スービーズ館（中庭より）

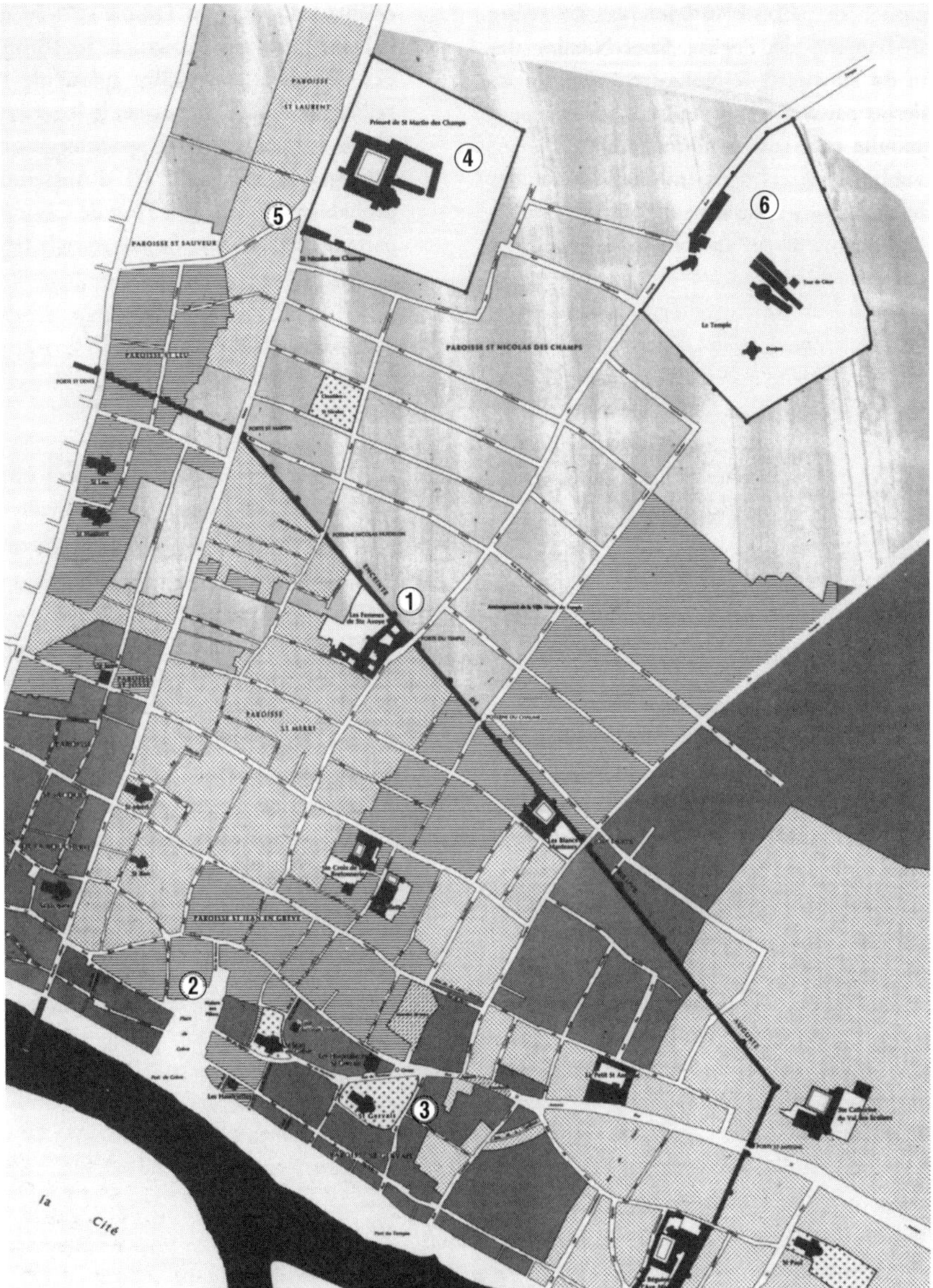

図3——マレ地区（一一八〇年から一三六四年）

①　フィリップ・オーギュストの市壁（**—太線**）

②　クレーヴ広場

③　サン＝ジェルヴェ聖堂

④　サン＝マルタン・デ・シャン聖堂

⑤　サン＝ニコラ・デ・シャン聖堂

⑥　テンプル騎士団

こうしたマレ地区の発展はフィリップ・オーギュストの市壁の外側にさらに新しい市壁を必要とした。イギリスとの百年戦争の渦中にあったこともあって、シャルル五世はバスチーユの城塞の建造とともにこの課題にとりくみ、新しい市壁を建造した。その結果、新旧の市壁の間、東と北に向かって右岸の開発は進んでいくことになった。新しい市壁にサン・タントワーヌ通りやサン・ドニ通りなど市中の大通りがいきついたところには市門が設けられて、国王の入市式の折など、その場かぎりの装飾で飾られて儀式で一役を買ったが、ルイ一四世の祝婚のときには、サン・タントワーヌ門がその壮麗な役割を果たすことになる。

異民族の侵入に備えて二人の王が建造した市壁は、パリの発展と拡張の証言であることは見たとおりだが、なにも国王一族や有力貴族だけがマレ地区の開発を引き受けたわけではなかった。キリスト教の布教に熱心にとりくんだ多くの修道会も、その大役を果たしたのである。フランスでのキリスト教の布教は、フランク王クローヴィスが異教崇拝を放棄して改宗したことが重要な転機となったことはよく知られている。五一一年にシテ島で死んだクローヴィスは、ジュヌヴィエーヴ山（今のパンテオン周辺）に建造したサン＝ピエール＝サン＝ポル聖堂に埋葬された。しかしグレーヴ広場には、すでに四世紀にはバジリカ式聖堂が設けられており、セーヌ河が物資ばかりの通路でなかったことを推測させる。六三五年頃にはその東方に同じくバジリカ式のサン＝ポル・デ・シャン聖堂が建設されており、精力的な布教が始まった。土地の開墾や農作業も彼らの重要な役務となった。ヴァイキングの侵入によって、ノルマンディー地方からパリに逃れたサント・オポルチュヌ修道会の人々は、ルイ二世からセーヌ河北支流の跡の湿地を与えられて開墾をおこなった。彼らは現在のレアールの南に聖堂（はじめはノートル＝ダム・ド・ボワと呼ばれた）を建て、ルイ七世の代には領主権を与えられている。

マレ地区へのこうしたキリスト教の浸透は、一六世紀半ばすぎの宗教的内戦の折にはこの一帯をカトリックの牙城とするにいたって、その領袖であったギーズ公はクリソン館の幾代目かの所有者となった。☆6 さらに、一七世紀末葉に後継者の絶えたギーズ家に替わって由緒ある邸館を手に入れた人物こそ、スービーズ大公だったのである。

マレへのキリスト教の伝搬とその開発を考えるうえで、欠かすことのできない二つの存在について触れておかなくてはならない。サン＝マルタン・デ・シャン修道院とテンプル騎士団である。いずれもフィリップ・オーギュストの市壁の外側にあって、一一世紀から一三世紀の間、マレ地区を北から開発する大きな推進力となった。

サン＝マルタン・デ・シャン修道院は、マレ地区に一一世紀以前から存在していたが、ヴァイキングによって破壊されたために、アンリ一世はそれに替わる修道院を都市の中心を離れた湿地の内側に一〇六〇年に建てて、修道士たちを収容した。これはベネディクト会の修道院となって、この修道会はシテ島の修道院やパリを離れてボース平野やサンリスに向かう街道沿いの土地など、経済価値のある教会や村落を手に入れている。マレのサン＝マルタン・デ・シャン修道院を中心にしたこの一画は人口の増加が著しく、一二世紀末には敷地内にサン＝ニコラ・デ・シャン聖堂の前身となる礼拝堂が献堂されている。この修道院の周辺の土地は住民たちが耕作し、マレの繁栄のひとつの起点となった。多くの聖堂が時間とともに姿を消していく中にあって、一七世紀においてもこれらの聖堂が地域の人々の信仰の支えとなっていたことは、傑出した二人の画家が今日もそれぞれの代表作と目されている宗教画を残していることが示している。足掛け一五年になるイタリア滞在を終えて帰国したシモン・ヴーエが最初に手がけた大祭壇画は、サン＝ニコラ・デ・シャン聖堂の《聖母被昇天》（図４）だった。[☆7] 彫刻家ジャック・サラザンが制作した四人の天使を配した壮麗な建築的枠組みの中に描かれたこの絵画は、曲線が生みだすしなやかで明快なリズムと劇的な構成をもち、第二次フォンテーヌブロー派が支配していたパリの美術界に、どれほど清新に映ったことだろう。ヴーエは、一七世紀半ばに王立絵画彫刻アカデミーの設立に参加する若い美術家たちの教育者となり、王宮や聖堂の装飾など八面六臂の活動を続け、パリの古典主義美術の形成の、一種の触媒となる活動をした。

サン＝マルタン・デ・シャン修道院聖堂には、世紀が変わった一七〇六年、ジャン・ジュヴネの四点の大作、《シモンの家のキリスト》、《神殿から商人を追い払うキリスト》、《ラザロの蘇生》、《奇跡の漁り》が身廊に設置された。[☆8] キリストの奇跡に関係するこれらの作品は、いずれも縦が四メートル、横が七メートル近くもある。注文は一六九七

図4——シモン・ヴーエ
《聖母被昇天》一六二九年
パリ　サン＝ニコラ・デ・シャン聖堂

図5——ジャン・ジュヴネ
《シモンの家のキリスト》
一七〇四年のサロン出品作
リヨン　市立美術館

図6——マロ
《一七世紀のテンプル聖堂》
版画

年に出され、画家が制作を始めたが設置されるまでに時間がかかったのは、このベネディクト会修道院の経済的事情にあったようである。ジャン・レストゥーの《中風患者の治癒》やフランソワ・ルモワーヌとシャルル＝ジョゼフ・ナトワールの《盲人の治癒》の設置によって、この聖堂の装飾が完成するのにさらに四半世紀あまりの時間がかかったのも、同じ理由からであった。こうした画家たちはいずれも一八世紀フランスが生んだ最も優れた才能であることに注目したい。当時のこの修道会の実態を、これほど明らかに示す事実はないと思う。ジャン・ジュヴネに戻れば、私の考えでは、彼はシャルル・ル・ブラン亡きあとの最大の宗教画家である。色彩論争で色彩派が台頭する中で、ジュヴネ自身もその派に与しながら、構図的にはルーベンスとル・ブランの間をいくような、動勢を保持しつつ、明確さ、安定感を特徴とする作品を残した。[☆9]上記四点のうち、《シモンの家のキリスト》（図5）には、その特徴がよく見られる。誇張された遠近法による構成と短縮法による人物造形、天使の軽快な飛翔感などが演劇的な効果を生んでいるとすれば、画面に平行に置かれた食卓と円柱の垂直線による構図が安定感を生みだしている。明るく軽やかな色彩はルーベンスの濃厚で粘りつくようなものとは異なって、ブーシェやナトワールを予告する。彼らがこの聖堂の南、遠からぬ場所にあるスービーズ館で腕を競いあうのを、のちに見ることになろう。

サン＝マルタン・デ・シャン修道院の東にあって、この地域の開発にいっそう大きく貢献したのはテンプル騎士団であった。十字軍の折に聖地巡礼の保護と聖墓防衛を目的に設立されて、一一二八年には教皇ホノリウス二世によって騎士修道会として公認されてから発展は顕著となって、西欧各地に拠点が設けられた。パリでは王権と深く結びつき、一一四六年にはグレーヴ広場に邸館が設けられて、船着場が与えられて穀倉がつくられた。騎士団は今日のマレ地区の大部分にあたる地所の所有者になった一方で、その北方にも早くから進出して聖堂を献堂し、国王の宝物庫として「カエサルの塔」を、さらに騎士団の主塔を建てた（図6）。後世のことだが、主塔にはフランス革命時に、国王の家族が一時捕らえられることになる。彼らは領地内の裁判権を獲得し、住民たちはタイユ税を免じられた。かくして彼らは、フィリップ・オーギュストの市壁の北に位置する、いまだ住民も少ない地域の開発に精力的にとりくむ。

国王から与えられた特権を目当てにした人々が集まるようになって、地代が上昇したことから土地所有者の収入の増加を生んだ。シャルル五世の国務評定官ニコラ・ブラックもこの地域に多くの土地と邸館を所有していたが、彼からオリヴィエ・クリソンが土地を購入したことでスービーズ館の歴史は始まった。

一六世紀になるとマレは、左岸のフォーブール・サン゠ジェルマンとともに首都の繁栄の二つの拠点になった。広い場所で庭のある家に住むことができるということが、裕福な人々を引きつけたのであった。サン゠ジェルヴェ教区には、モンモランシー家やギーズ家などの大貴族や王族の側近、法律家やさらに国家の役人たちが多く住むようになって、繁栄はアンリ三世の時代に頂点を迎える。その名簿にはイタリア人の外交官や法律家も加えることができ、たとえば、ミシェル・ド・ロピタルを継いで大法官になったルネ・ド・ビラーグはミラノ出身で、一五七五年にムードン枢機卿の邸館を手に入れている。

あるいは、百年戦争後の好景気の中で一五三三年に建設が始まったグレーヴ広場に面したパリの新市庁舎の図面は、イタリア出身のドメニコ・ド・コルトーナの手になる。[☆10] 完成をアンリ四世の登場まで待たなくてはならなかったのは、激しい宗教上の対立のせいである。サン゠ジェルヴェ教区は新教に対する旧教の拠点であり、イエズス会士たちはサン゠タントワーヌ通りに住んでいた。彼らは今日のリセ・シャルルマーニュの場所に会所を設け（一五八〇年）、ルイ一三世はその近くに土地を授けて、サン゠ルイ聖堂（今日のサン゠ポル゠サン゠ルイ聖堂）が献堂され、リシュリューが最初のミサをおこない、対抗宗教改革のシンボルになった。この聖堂はまたパリで最もバロック的な建造物であった。

このようにマレの歴史には多くの国王がかかわってきたが、中でもフランソワ一世はこの地区の開発にとりわけ大きな役割を演じ、新しい都市計画の端緒を開いた。王は、受け継いだ広大な地所と中世の建造物でほとんど放置されているものの多くを売り、分譲する決定をしたのである（一五四三年）。そののち、広大な地所を抱えていたトゥールネル館は、アンリ二世が馬上槍試合で落命したことから、王妃カトリーヌ・ド・メディシスが忌んだために、分譲する開封勅書が出された。かつてパリの中心から離れて静かなことから王族はこの館を設けたのであったが、今度はそのことが交通の不便なことと重なって、この分譲を失敗に終わらせた。しかしアンリ四世は、この場所に大きな広場を創設しようと考え、財務卿シュリーとともにこの敷地を国王広場（今のヴォージュ広場）として再生することに成功した。新しい都市開発の幕開けであった。彼らははじめ、絹織物やミラノの金銀細工など、外国製製品の導入を考えて、広場北側のトゥールネル館の残った建物を工場にして、商業と生産の広場を建設しようとした[☆11]。しかしこの地の住居としての人気に目をつけて、それらはドフィヌ広場に移し、広場に面した四周に共通のファサードをもつ建造物を設けて分譲したのである。広場の完成はアンリ四世歿後の一六一二年に騎馬パレードによって祝われた（図7）。この広場は、サン＝タントワーヌ通りにかわって、人々がおちあい、散策を愉しむ流行の場所となり、コルネイユの『嘘つき男』（一六四三年）にも登場する。貴族たちはよい土地を選んで家を建て、イエズス会以外にもフランシスコ会やカプチン会など、多くの修道会が活発な活動を続けつつ、分譲によって利益を得ようとした。

女性小説家として一世を風靡したマドレーヌ・ド・スキュデリーや、セヴィニェ夫人、ポール・スカロンがこの地に住むなど、一六世紀にはいまだ文化的とはいえなかったマレは、大きく相貌を変えていった。この地がブルゴーニュ座やコルネイユの演劇を演じたマレ座の存在によって、少なくとも一七世紀前半までは演劇活動でも中心であったことを忘れてはなるまい。

ルイ一四世の結婚後、一六六二年に催された騎馬パレードでは、狭すぎるという理由から会場はチュイルリー宮の庭に移され、国王広場では四人組分隊の舞踏がおこなわれただけであった。ヴェルサイユのような壮麗なものが求められ、好まれ始めたのである。流行はマレから、その西のサン＝トノレ地区に移り、そこにはリシュリューの邸館パレ・カルディナルがあり、枢機卿の歿後は国王に譲られてパレ・ロワイヤルとなる。しかし忘れ去られたわけではなく、むしろ由緒あるこの地域を好む人々もけっして少なくはなかった。スービーズ大公もその一人だったのである。

図7——《一六一二年の騎馬パレード》　パリ　カルナヴァレ美術館

図8——ボナール《スービーズ大公フランソワ・ド・ロアン》

2　クリソン館からスービーズ館へ

フランソワ・ド・ロアン（図8）のために、一六六七年にスービーズの地所が大公領として設けられたとき、スービーズ家の歴史が始まる。父のエルキュール・ド・ロアンはモンバゾン公爵で、大貴族の称号ペール・ド・フランスを与えられていた。ロアン家は、多くの貴族が家系の神話をつくりだした例にもれず、ブルターニュの伝説の王コナン・メリアデクの末裔だと主張した。[☆12] ブルターニュの王はトロイアの直系とも言われた。実際のところは、ポロエト子爵ウードン一世の三男アラン・ド・ポロエトが、一一二〇年に兄のジョフロワ一世からロアンの領地を得て以後、彼の子孫が代々ロアン子爵を名乗ったのであって、このアランがロアン家の始祖になった。はるかのちにその分家であるスービーズ家の一代目となったフランソワ・ド・ロアンがマレ地区の一角に構えたのが、スービーズ館であった。すでに触れたように、この邸館の歴史は一四世紀末葉に始まる。簡単にふりかえっておきたい。

フランス大元帥オリヴィエ・ド・クリソンは、その業績に対して国王から受けた多額の報奨金で、この地域に多くの家屋や土地を所有する国王評定官ニコラ・ブラックから地所を買った。建設は一三七一年に始まり一〇年ほどで完成して、大元帥はパリに滞在する折にはここに住んで、家具と工芸品の素晴らしいコレクションを築いた。アルシーヴ通り（旧ショーム通り）に面した塔を付した門が、今日クリソン館のたたずまいを偲ばせる唯一の部分で、中世の私邸の珍しい遺構としても知られている。クリソン館の実体は正確にはわからない。古地図から推測できるかぎりでは、この門からショーム通りに北に沿った棟と、中庭と庭園の間に主たる塔が建っていたようである。ところで、オリヴィエ・ド・クリソンの二番目の妻はロアン子爵アラン七世の娘マルゲリテだった。スービーズ館との奇縁を思わずにはいられない。

クリソンは男の相続人のないままに一四〇七年に死ぬと、娘が相続して、その夫のパンティエーヴル伯爵が所有した。そののちイングランドのヘンリー六世がフランス王となったとき、摂政を務めたベドフォード公の住居となるなど、所有者は転々として、一五五三年にギーズ公フランソワ・ド・ロレーヌの妻、アンヌ・デステが購入した。そののちギーズ公から兄弟のロレーヌ枢機卿にいったん贈与されて、あらためて枢機卿の甥のアンリ・ド・ギーズに譲渡されて以降は、ギーズ家の年長の男子が代々相続した。ギーズ館はクリソン館に隣接した地所を加えて、スービーズ館の原型を準備したといってよい（図9）。ギーズ館の礼拝室の装飾をフォンテーヌブロー宮で活動したプリマティッチョとニッコロ・デッラバーテが一五五六年に始めたことは、スービーズ館の装飾を時代の俊英たちが装飾することの先駆けとなった。一九世紀初頭まで見ることができたという礼拝室の装飾は、今は痕跡もない。[☆13] ロレーヌ家の分家であるギーズ家は、三代目のアンリが旧教派の領袖であり、館はその牙城となった。「バラフレ（切り傷）」の異名を与えられたアンリは、度重なる戦勝によって民衆の絶大な支持を得ていたが、ブロワ城で暗殺され、その結果ブルボン朝の誕生へと時代は大きく旋回していく。

世紀が変わってまもなく、ギーズ家は積極的改築に着手した。[☆14] シャルル・ル・ブランの父ニコラは、庭の泉水をつくっている。そののち、アンリ・ド・ギーズ二世の死後、姉妹マリーが相続して、クリソン館の塔付きの門とプリマティッチョの構想した装飾のある礼拝室、邸館北の棟の「グランド・ギャラリー」を残したままで刷新するという大改築が始まった。一六六六年にはル・ノートルが庭園の作業に着手する。一六九七年の平面図（図10）を見ると、旧クリソン館の正門から続く中庭と広大な庭園の間に母屋があり、その奥まった場所にギャラリーが設けられ、そこから直角にショーム通りに沿って棟が伸び、それがキャトルフィス通りにいきあたると、さらに直角に折れて棟が伸びている。正門の右手には広い調馬場があり、厩舎などのある長大な建物が庭園の南を縁取るように続いている。ところで一六四四年のギーズ館の財産目録には、「ギーズ館の真珠」と呼ばれたブリュッセル製の一二点のタピスリー連作「マクシミリアンの狩猟」が記録されている。さらに一六八八年の目録には、豪華なタピスリー、家具調度のほかにも、ギーズ家ゆかりの人物たちの肖像画とともに、ラファエッロの《聖母子》を筆頭に、プッサンやピエトロ・ダ・コルトーナ、ピエール・ミニャールなどの作品が記載されている。[☆15] ギーズ令嬢マリーがプリマティッチョに払った敬意と考えあわせると、これらの古今の大家の作品を初めとする蒐集品の実体を今日の研究は充分に明らかにしていな

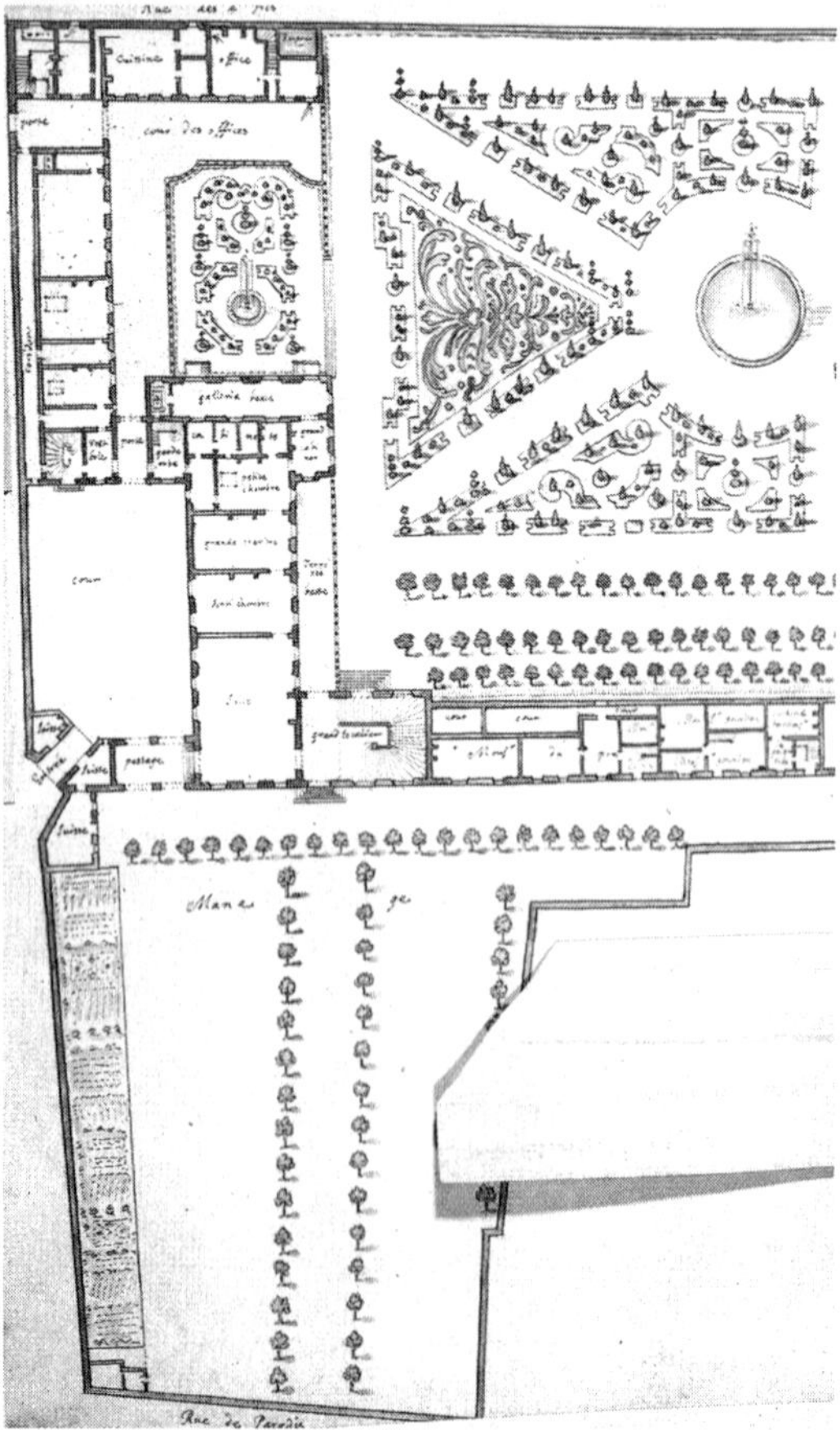

図9――ギーズ館　ケネルの地図　一六〇九年

図10――ギーズ館　一六九七年の平面図

図11——ドラメール〈スービーズ館の平面図〉一七一四年

図12——スービーズ館二階平面図（ブロンデル『フランス建築』一七五二〜五六年より）

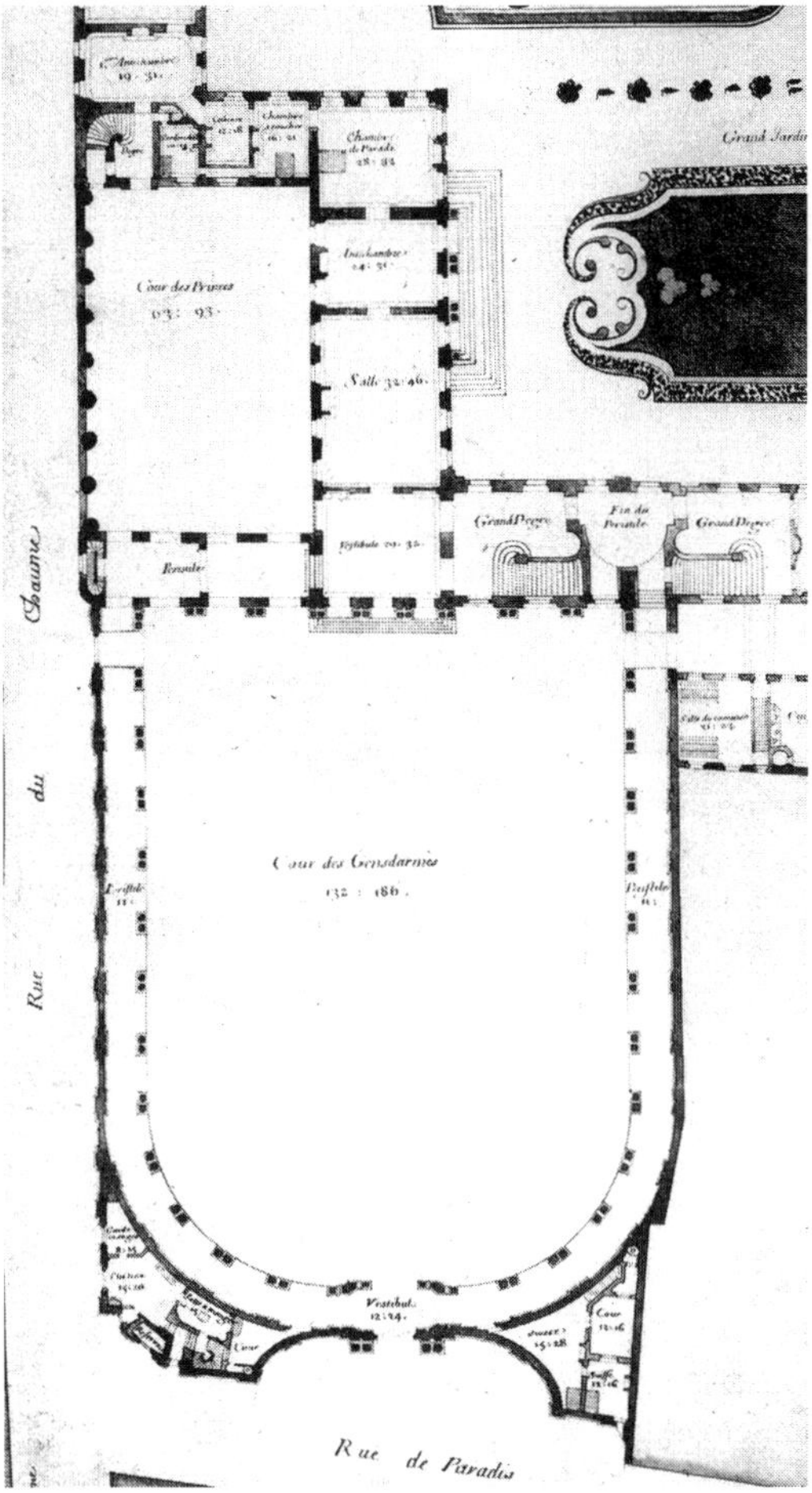

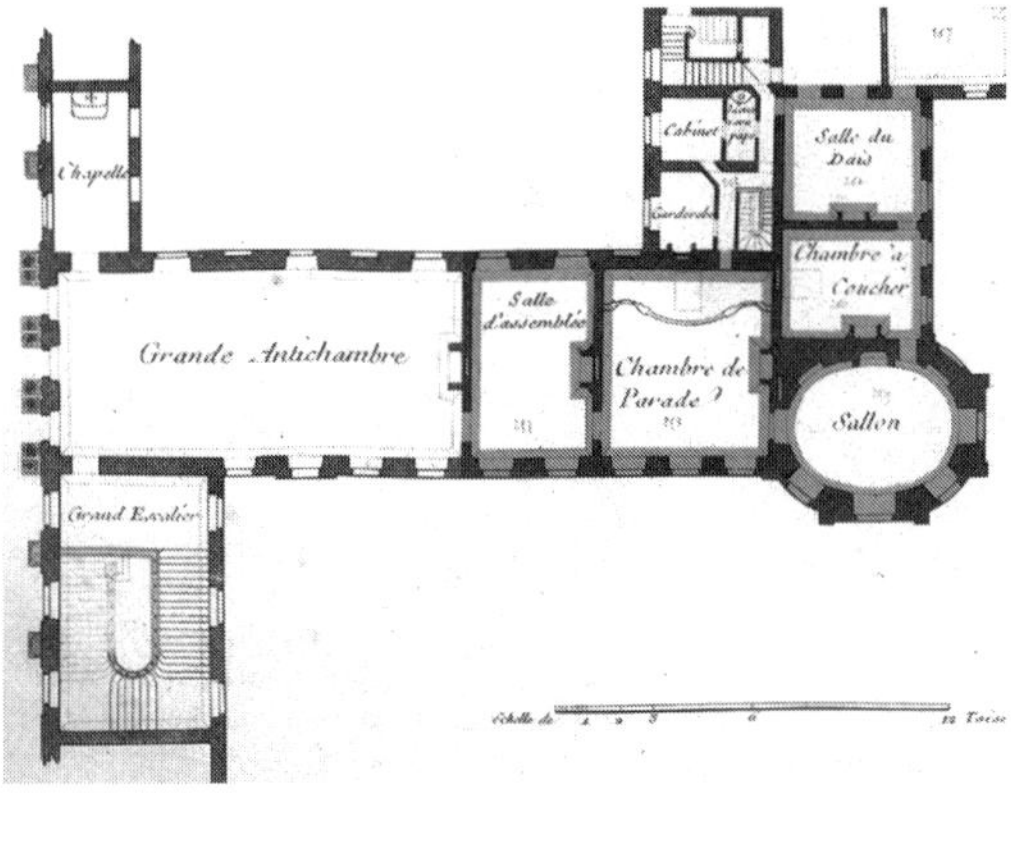

いとはいえ、大貴族の面目と片付けることのできない美術への関心を明かしているのではないだろうか。

ところでマリー・ド・ギーズが一六八八年に死ぬと、ギーズ家の直系は途絶えた。家具類は競売にかけられる一方、邸館の半分には使用人たちが生きている間は住むことが認められ、残りの半分にはポルトガルのフランス駐在大使が借りて住んだ。

スービーズ館の歴史が始まるのは、ギーズ令嬢の相続人からスービーズ大公フランソワ・ド・ロアンが邸館を購入する手続きをとってからで、法的な問題が落着したのは三年ほど経過した一七〇三年だった。大公は、由緒ある屋敷を庭園とともに大改造する計画を、建築家ピエール・アレクシス・ドラメール（一六七五～一七四五年）に委ねた。☆16 大公の次男のストラスブール司教殿下（プランス・エヴェック）でロアン枢機卿アルマン・ガストンに庇護されたドラメールは、たしかに若くはあったが、一般に言われているように経験も才能もなかったわけではない。ヴェルサイユの改築にも手腕を示した建築家ジュール・アルドゥアン＝マンサールの下で、ルイ大王（現ヴァンドーム）広場のルイ一四世の騎馬像の制作に参加し、シャナ＝ポンパドゥール館など幾人もの貴族の屋敷の建設をすでに手がけているのである。

ドラメールは中世の遺構である塔のある正門にかえて、パラディ通りに正面玄関となる新しい門を設けて一七〇五年に完成させ、調馬場を列柱廊が囲む中庭に変えた（図11）。正門にはロアン家の紋章の盾を支える二頭のライオンの両側に、力と賢明を表わすヘラクレスとミネルウァの像が置かれた。これらは革命期にとりこわされてしまった。二層からなる均整のとれた本館のファサードは、訪れる人々を重厚さというより壮麗な軽快さで迎えたことだろう。これは中庭のゆったりとした広がりとともに、二本の対の柱で構成される列柱廊の律動感との相乗効果といってよい。このファサードは、ロベール・ル・ロランによる「四季」の寓意像など、一一の彫刻で飾られた。ドラメールはタンプル地区に通じるショーム通りに向かって開いたギーズ館の表玄関を、直角に右の方向にずらすことによって、スービーズ館を軽やかさ、華やかさを愛好した一八世紀にふさわしい外観を生みだすことに成功したのである。

外観を調えたドラメールは、このファサードの奥に玄関ホールを設けて、そこから奥に向かって続く部屋の中央に戸口を開けて、通行できるようにしようとした。しかしこのプランは、スービーズ大公の長男で相続人のロアン大公エルキュール・メリアデクが嫌って、ドラメールは一七〇九年に役務を解かれた。ドラメールは気難しく鷹揚にはほど遠かったようで、スービーズ館の建設現場ではすべての作業を監督下に置こうとした。表門の彫刻についても、王立絵画彫刻アカデミー院長を務めたアントワーヌ・コワズヴォの原案（モデル）に口を挟んだことで反感を買っている。フランソワ・ド・ロアンの妻アンヌ・シャボ・ド・ロアンとエルキュールはジュール・アルドゥアン＝マンサールを贔屓にし、コワズヴォはマンサールのお気に入りだった。王室建造物局総監でもあった建築家は、スービーズ館の増改築を自ら手がけたかったようで、ロアン家内部の利害もからんでドラメールの解任になったのである。エルキュールの弟のロアン枢機卿アルマン・ガストンは、先に見たとおりドラメールの理解者で、スービーズ館の地所続きのヴィエイユ＝デュ＝タンプル通りに面した一角に彼が建設するストラスブール＝ロアン館では、ドラメールは自由にふるまえたにちがいない。

一七一二年に死んだスービーズ大公フランソワ・ド・ロアンを継いだエルキュール・メリアデクは、父が一七〇九年に声をかけたジェルマン・ボフラン（一六六七〜一七五四年）に、内部の工事を任せることになる。ナント生まれのボフランはパリでジラルドンに彫刻を学び、次いでアルドゥアン＝マンサールの下で働いたあとに独立した。メーヌ公などの貴族の邸館のほか、オランダやヴュルツブルクなど異国でも活躍し、実に多くの建築事業にかかわっている。ボフランがスービーズ館で手腕を振るうのは、一七三五年になってからのことで、それまでの二〇年あまりは空白のまま、実体はよくわかっていない。とはいえ、エルキュール・メリアデクは、一七一四年にお気に入りの建築家にセーヌ河沿いのサン＝トゥアンに、別荘（メゾン・ド・カンパーニュ）の建設を依頼している。いずれにしても一七三五年から五年越しで彼がとりくんだスービーズ館の室内装飾は、一八世紀のロココ美術の精華として彼の名を歴史にとどめる大事業となった。この装飾が、妻を亡くしたロアン大公エルキュール・メリアデクの、一七三二年に再婚した四〇歳以上も年の離れた若い妻マリー・ソフィー・ド・クルションのために企てられたことは、その性格を考えるうえで忘れるわけにはいかない。

3　スービーズ館、ロココ美術の精華

ドラメールが外観を刷新し、ボフランが完成したスービーズ館は、くりかえすがロココ美術の先駆であり精華である。精華たる所以は、私は三つあると思う。ひとつは「大公妃の楕円形のサロン」の壁面を飾る、シャルル゠ジョゼフ・ナトワールの連作絵画であり、もうひとつはフランソワ・ブーシェの描いた「パストラール」であり、さらに各部屋にはりめぐらされたロカイユ装飾である。最初の二つを中心に考えていこう。

ボフランは、本館のファサード奥から始まる続き部屋《アパルトマン》の構成を、各部屋をつなぐ出入口を、ドラメールの中央に置く配置から、右側にずらしている（図12）。廊下のない部屋の構成はフランスでは多く見られるもので、これはヴェルサイユ宮殿のグラン・アパルトマン「諸惑星の間」とも共通している。玄関広間から大階段を上がって二階は、大公妃のための部屋が並び、「控の大広間」、「会議の間」、「儀式の間」と進んだ突きあたりが、「大公妃の楕円形のサロン」で、下には同じ構造で「大公の楕円形のサロン」が置かれた。ボフランが構想した絵画と彫刻、鏡とストゥッコ装飾がはりめぐらされた「大公妃のサロン」は、繊細と華麗、豪奢と軽快によって、この邸館の装飾の白眉になっている。「サロンは華麗さが尽きることのない場所、豊かさが惜しみなく披露される場所でなくてはならない。……大理石、ブロンズ、金鍍金、彫刻、絵画といったものが、そのために用いられる[☆17]」と、建築家のル・カミュ・ド・メジエールは一七八〇年に書いたが、この記述はまるでスービーズ館のサロンを念頭に置いているかの感がある。それはまさしく、この時代の理想的なサロンだった。

この邸館を飾る絵画は、先にあげたナトワール、ブーシェのほかに、カルル・ヴァン・ロー、ピエール・シャルル・トレモリエール、ジャン・レストゥーの五人が描き、わずか年上のレストゥーを除いて、一七〇〇年から一〇年ほど

の間に生まれてロココ絵画の精髄を創出した、いわゆる「一七〇〇年代の画家」としばしば呼ばれる画家たちであった。一七三九年に四〇歳を迎えることなく死んだトレモリエールを除いて、四人の画家たちは王室建造物局総監ル・ノルマン・ド・トゥルヌエムが一七四七年に開いた、時代を代表する一一人の歴史画家によるコンクールに参加している。[☆18] エルキュール・メリアデクとボフランの趣味と見識を物語るひとつの事例である。

彼らの作品の多くには蠱惑的な神話の女神が登場し、彼女たちのすらりとした肢体は前世紀に好まれた豊満な女神たちと鮮やかな対照をなしている。コリン・ベイリーが中心となって開かれた『神々の愛――ヴァトーからダヴィッドまでの神話画』展は、画家の個性とともに時代の趣味の変遷を明らかにする興味深い企画だった。[☆19] スービーズ館でも、トレモリエールの《ヘラクレスとヘベ》やヴァン・ローの《ウェヌスの化粧》、レストゥーの《ネプトゥヌスとアンフィトリテ》など、放恣な姿の女神たちが視線を強くとらえる。その頂点にあるのがナトワールの「プシュケの物語」連作なのだが、そのまえに一階の大公の居室群から、子どもたちの「団欒の間」の戸口上部を飾る四点の絵画に触れておきたい。それらはヴァン・ローの《カストルとポリュックスの友情》、トレモリエールの《テオプラストスの人さまざま、もしくは誠実さ》（図13）、ブーシェの《アモルを教えるアポロン》、そしてレストゥーの《秘密と賢明》（図14）である。

今日、一見したところなんの脈絡もなく選ばれたように見えるこれらの作品をつなぐ意味の糸を見つけるのは容易ではない。しかしトレモリエールの画中に描かれた書物には「テオプラストスの書物」と大書されていることに注意を促して、クリスチーヌ・グージは興味深いことを述べている。[☆20] まず古代ギリシアの哲学者の現代版ともいえるラ・ブリュイエールの『人さまざま』は、一六八八年の刊行から四〇年あまりの間に二〇版近くを重ねたという事実であり、さらにマドレーヌ・ド・スキュデリーが、好評を博した『クレリー』（一六五四～六〇年）で描きだした「恋愛地図」で、恋愛とは異なる友愛を称揚したことである。これらのことと依頼主が若い妻を迎えた大公であることを考えあわせると、四点の絵画は「古代および現代の『人さまざま』が推奨するふるまいに従って、永遠の友愛にいたる道」

トレモリエール
図13――《誠実さ》一七三七年
パリ　スービーズ館

レストゥー
図14――《秘密と賢明》一七三七年
パリ　スービーズ館

ナトワール
図15――《アモルによって神々のもとに連れていかれるプシュケ》一七三七〜三九年頃
図16――《羊飼いとプシュケ》一七三七〜三九年頃
パリ　スービーズ館

の絵解きだというのである。たとえばラ・ブリュイエールが、秘密が暴露されるのは、それを打ち明けた人の過ちだと述べたように、レストゥーの作品は、気持を秘めることの賢明さが讃えられている。卓抜な見解だが、さらに設置された場所を考慮すれば、子どもたちへの教えとも解されなくはないだろう。感覚的な歓びを讃える意匠をまとわせながら、装飾に深い含蓄を込めるというルネサンス美術の伝統が、そこに脈々と生き続けているのを、私たちは知る。「大公妃のサロン」のナトワールの連作は、一人の画家の手になることもあって、いっそう一貫した構想に基づいてそれが実現されているのである。

プシュケの物語は二世紀のローマの文学者、アプレイウスの『黄金のろば』の中で、老婆が語る愛神アモル（クピドン）と美しい乙女プシュケの波乱に富んだ物語である。プシュケの美しさに嫉妬したウェヌスと、プシュケに恋したウェヌスの息子の物語は、二人の結婚によって大団円となる。ラ・フォンテーヌは古代ローマの物語を翻案して『プシュケとクピドンの恋』として一六六九年に刊行した。

ルネサンス期には、魂（プシュケ）が願望（アモル）と結ばれることを望んで、そこから悦楽（実際アプレイウスでは、結婚した二人から生まれた娘として登場する）が生まれるという哲学的解釈とともに、この恋物語は多くの図像を生んだ。☆21 たとえば、ラファエッロはローマのヴィッラ・ファルネジーナを、ジュリオ・ロマーノはマントヴァのパラッツォ・デル・テを、この物語で飾った。ラファエッロがフランソワ一世の注文によって下絵を描いたという伝承のあるブリュッセル製の二六帳のタピスリー連作もある。伝承は今日否定されているが、この連作は大きな成功を収めて、一七世紀にはパリの工房が原作をコピーしたと思われるものが六〇点以上も知られており、ルイ一四世はそれらをフォンテーヌブロー宮やヴェルサイユ宮で、種々の儀式のさいに用いている。さらにアゴスティーノ・ヴェネツィアーノと「骰子の画家」が、ミカエル・コクシーの原画に基づいて制作した三二点の版画連作も忘れるわけにはいかない。というのもフランソワ一世とアンリ二世の大元帥だったアンヌ・ド・モンモランシーのエクアン城のギャラリーは、これらの版画をもとにフォンテーヌブロー派のガラス職人が翻案したグリザイユのステンドグラスで、飾られていたからである。それらは現在、シャンティイのコンデ美術館にある。

一八世紀になってもプシュケの物語は、多くの美術作品を生みだした。ラ・フォンテーヌの著作の影響も大きいにちがいないが、その内容がロココ美術を生みだした時代の感性、感覚の歓びを追い続けた人々の嗜好に適ったからであろう。美の化身としてプシュケは美しい裸身を描く口実になり、夢想の世界と自由に戯れる愉しみを知った人々には、幸福な結末で終わる恋物語ほど歓迎すべきものはなかったにちがいない。哲学的真理とか道徳的教訓の表明からは、遠い図像が生みだされることになった。ナトワールの連作はその最も魅力的なひとつである。[☆22]彼はサロンの戸口上部を飾るために八つの場面を選んだが、数多くの準備素描が明らかにするように、その選択に緻密で周到な配慮を感じないではいられない。まずそれらを物語の進行順にあげていくと、《ゼフュロスに運ばれるプシュケ》、《アモルの神殿に迎えられるプシュケ》、《姉たちに財宝を見せるプシュケ》、《眠る夫を見つめるプシュケ》、《ニンフたちに河から救われるプシュケ》、《羊飼いとプシュケ》、《ウェヌスの前で恐ろしさのあまり気を失うプシュケ》、《アモルによって神々のもとに連れていかれるプシュケ》となる。画家は古代作家の物語をラ・フォンテーヌを参照しながら、それでもうまくいかないときは自由に翻案した。若く美しい妻を迎えるにふさわしい内容が描きだされたのは当然であった。図像のプログラムの最終的な決定には、クリスチアン・テラールが推測するように、ロアン大公エルキュール・メリアデクの意向が強く反映されたことはまちがいない。[☆23]

プシュケの物語の山場は三つある。第一は、自分の姿を絶対に見てはいけないという約束を破ったために、アモルが去っていく場面。第二は、アモルの愛をとりもどすために、ウェヌスの意地悪で残酷な苦行を克服していくエピソード。第三は神々に迎えられての祝婚である。ナトワールは、ランプで恋人の姿を見てその美しさに陶然とするプシュケは描いたが、彼女のもとをアモルが去る場面はない。あるいはウェヌスの前で気を失う場面では、アプレイウスにもラ・フォンテーヌにも言及のないことだが、母の許しを一緒に請うかのように、アモルが登場してプシュケを支える。こうした変更のわけは言うまでもない。物語の掉尾の場面（図15）では、プシュケを神々のもとに運ぶのは、アプレイウスではメルクリウスだが、ラ・フォンテーヌではアモルになっている。ナトワールが前世紀の寓話作家に従ったことで、大公をアモルに重ね、新妻をプシュケに準えて、二人の愛を讃えるというこの装飾の真の主題がいっそう明らかになる。それを見ると、上辺の長い不規則な台形の形状の中央で、プシュケはアモルに抱えられてオリュンポスの神々のもとへ連れていかれようとしている。左には彼らを見守るウェヌスがいて、その頭上にユピテルとユノたち神々が小さく姿を見せる。真珠色の肌で頬をピンク色に染めた、ほっそりと愛くるしいこのプシュケのような女性像は、多かれ少なかれ一七〇〇年代の画家たちに共通するものだが、ナトワールは常に節度をもった、冷ややかともいえる人物像を描く。この歓びに輝く恋人たちには、ヴァトーのいかにも自然な表情の描写は見られない。それはナトワールの強い個性であり、ロココ盛期の画家たちに多少なりとも見られる共通の特徴といってよいかもしれない。もうひとつ加えておきたいのは、この場面を支配する軽やかな運動感である。バロックの天井画に見られる、目も眩むような強烈な飛翔感はここにはない。軽快さ、軽やかで優しい動きを彼らは好み求めたのであった。

物語の順番で六番目にあたる《羊飼いたちとプシュケ》(図16)は、アプレイウスは多くは語らず、ルネサンスの画家たちもあまり興味を示さず、ラ・フォンテーヌに基づいて描かれた。私には時代の趣味を考えるうえで、格別に興味深い。アモルに捨てられたプシュケが、木々が茂る山羊や羊などのいる田園で、賢い羊飼いと二人の娘に迎えられている。豊かに緑が茂る自然を舞台にした男女の細やかな愛の描写は、ヴァトーが「雅宴画」に典型を刻んだ。ナトワールはその伝統に棹さしながら、古典古代からヨーロッパ文学の基層に脈々と流れる「牧歌《パストラール》」をとりいれた図像に仕上げた。しかしこの自然は、優れて装飾的な表現によって、フィクションの世界であることを強く印象づけないではおかない。それは八点の絵画すべてにいえることで、この虚構性、遊戯性は広くロココ美術の特徴であって、その最も魅力的な表現はフランソワ・ブーシェによって実現されたと、私は考えている。

ブーシェは王立絵画彫刻アカデミー院長、国王主席画家として栄華をきわめて生涯を終えた。画家としての力量は、

ブーシェ
図17――《雅な羊飼い》一七三八年
図18――《満足する羊飼い》一七三八年
パリ　スービーズ館

同世代では群を抜いている。その彼を考えるうえで、あまり注目されてはいないが、二つの重要な点を最初に指摘しておきたい。ひとつは彼が二〇代のころにジャン・ジュリエンヌが刊行したヴァトーの素描作品の版画集で、その半数近い五五点のエッチングを制作したことである[☆24]（一七二六年）。これによって「雅宴画」の画家の人物や風景の表現に親しみ、その骨格を学んだ。もうひとつはボーヴェ、次いでゴブランの王立製作所のために、タピスリーの下絵を提供したことである。それは時代の求めるテーマを彼に教え、装飾美術を身にもって経験する機会になった。[☆25]

スービーズ館にはブーシェは七点の戸口上部絵を描いた。神話の場面と風景画、それにとりわけ注目に値する二点のパストラールである。この二点はもとは一階の大公の「会議の間」に置かれたが、現在は二階の大公妃の「儀式の間」にある。かつて大公の「会議の間」には、ブーシェの原画に基づいた三点のタピスリー「イタリアの村祭」が掛けられていて、戸口上部絵はそれに平仄の合ったもので、それらは大公の、時代の田園趣味を明らかにする。美術史上二点の絵画がとくに重要であるとされているのは、「羊飼いの男女の恋愛を描いた理想化された情景」である「パストラール」という絵画の一ジャンルを創始したものであるからである。[☆26]ブーシェは、多才な思想家かつ文学者であり、『牧歌詩集』（一六八八年）を出版したフォントネルにちなんで、「画家のフォントネル」と呼ばれた。二点の作品は、《雅な羊飼い》（図17）と《満足する羊飼い》（図18）である。《雅な羊飼い》は朽ち毀れた建築物のあるひなびた田園で、若い男が女に花輪を差しだしている。藁の帽子と牧羊杖が彼らが羊飼いであることを示してはいるが、華やかな化粧や衣裳や靴などはそれを裏切る。さらによく見ると、男の右脚は女のスカートの下にあって、抱き寄せようとする男に女が抗っているように見えなくもない。いずれにしても密やかな愛の場面であることは、彼らをこっそりと覗き見している少年が強調している。さらに対作品である《満足する羊飼い》では、羊飼いの青年が鳥籠を女に手渡し、娘はその籠から鳥をとりだしている。ヴァトーのあと、「雅宴画の画家」としてアカデミー会員になったニコラ・ランクレは鳥籠を画中にたびたび描き、「恋人の意のままになる男（女）」などのメタファーとして用いたが、この作品では胸をはだけた娘の描写と考えあわせると、彼女の純潔の喪失を暗示していると考えられよう。[☆27]この対作品は一種の

「愛のなりゆき」を図像化したもので、シテール島のかわりに羊飼いの住む田園が舞台になっていることに、ヴァトーの衣鉢を継ぎながら斬新なジャンルを創出したブーシェの創意がある。

一方、同じ部屋に飾られたボーヴェの三点のタピスリー「イタリアの村祭」は、繊細優雅な作風で人気を博し、牧歌劇も書いたシャルル・シモン・ファヴァール（一七一〇～九二年）の『ブゾンの祭』（一七三五年初演）から着想したことが指摘されている。[☆28] 戸口上部絵もまた、特定の芝居に結びつけられなくとも、衣裳や背景など強く舞台を思わせる。演劇を好み絵画表現にとりいれたヴァトー同様、ブーシェもまた演劇性、遊戯性という彼の作品の本質をそこから汲みだしたのである。当時のこうした趣味は、たとえばマリヴォーの『偽の侍女』（一七二四年初演）などの変装や人物の入れ替わりに見られる。

パストラールは雅宴画の変奏である。都会の人々が愉しみを補完する場所としての自然、田園というルネ・デモリスがヴァトーについて述べたことは、ブーシェについても当てはまる。[☆29] ルソーの自然観にはまだ遠い。ブーシェは理想的、空想的田園を描いても、ナトワールに比べるとはるかに深い叙情を表現した。それは、彼が四〇年代から晩年まで描き続けるパストラールや風景画でいっそう明らかになる。的確な素描と鮮やかで軽やかな色彩がつくりだす諧調が、それを生みだすのである。ともすれば単調で均質な印象をもたらすナトワールとの画家としての資質の相違が、そこにある。

自然に潜む増殖する力を軽妙で優美な描線に変える才能は、ブーシェを想像力豊かな、卓抜な装飾図案家にした。大公妃のサロンの天井の青い地を覆い尽くす金色のストゥッコの、植物のモチーフをとりいれた、湾曲し反復するしなやかな曲線（図19）。カルトゥーシュと呼ばれる、ナトワールの絵画の縁取り。白い壁面を飾る、プットーと貝と植物を基にした金色のストゥッコ文様。これらは一七三六年頃にブーシェの原画に基づいて出版された、《ロカイユ》（図20）と題されたエッチングに見られる装飾図案に共通する。さまざまな貝殻や植物や建築などを自由に組みあわせた、非相称で湾曲し反復する線が生みだす幻想的ともいえる装飾図案は、直線と対称を重んじた前世紀の装飾とは

図19――「大公妃のサロン」　パリ　スービーズ館

図20――ブーシェ原画／クロード・デュフロ調版
《ロカイユ》一七三六年頃
パリ　ルーヴル美術館

鋭い対照をなしている。《ロカイユ》と呼ばれるこの装飾は、ロココの語源になったともいわれ、一八世紀半ば過ぎまで数々の室内装飾を彩り、多くの工芸品や家具調度を飾った。☆30 スービーズ館はこの装飾の揺籃の地であると同時に、すでにロココの装飾の頂点を築きあげたとさえ思う。

*

スービーズ館の前身であったギーズ館は、宗教的内戦が猖獗を極めたとき、カトリックの牙城であった。それから二世紀もたたぬ一八世紀中葉、スービーズ館は世俗の愛を謳歌する華麗な空間へと様変わりする。中世に起源をもつこの邸館は、現実の変転の中で、所有者の野心や理想をのせて存続を続けた。それは王宮の歴史からはうかがい知れぬ、私人の精神や感性の変遷を映しだす壮麗な鏡といってよいだろう。それが今日、国立古文書館の本拠となっていることに、歴史のミューズの計らいを思わずにはいられない。

（大野芳材）

第7章　ルーヴシエンヌのパヴィリオン

はじめに

一七七一年九月二日、パリ西郊ヴェルサイユの北にある町ルーヴシエンヌに新しく建てられた小さなパヴィリオン[☆1]の食堂で、国王ルイ一五世を招いた華やかな落成式の祝宴が催された。この夜会では、音楽会、花火、芝居の上演もおこなわれ、とりわけ芝居は大成功でパリの劇場で上演されないのが惜しまれるほどであったという。ジャン＝ミシェル・モロー（通称モロー弟）が残した水彩デッサンは、そのときの雰囲気を今に伝える貴重な資料のひとつである（図1）。中央に大きな食卓飾りを載せた方形のテーブルの、画面に向かって左側に見えるルイ一五世（一七一〇～七四年、在位一七一五～七四年）はこのとき六一歳、白いデコルテのドレスを着て王の傍らに座っているのが、このパヴィリオンの女主人のデュ・バリー夫人（一七四三～九三年）である。テーブルについている人々が座っている椅子は、よく見れば直線の脚部をもつルイ一六世様式である。その周りには多くの人がひしめき、階上席にも扇をもつ女性たちの姿が認められる。デュ・バリー夫人はお針子の非嫡出子として生まれ、その美貌を武器に中傷にまみれながらも一七六九年四月、国王の寵姫まで登りつめた。彼女は新しいパヴィリオンの建築を当時ひっぱりだこであった建築家クロード＝ニコラ・ルドゥーに依頼した。ルドゥーの監督のもと、多くの画家や彫刻家、家具職人などが参加して完成したこのパヴィリオンの一室は、美術史上名高いエピソードを生んだ。「キュル＝ド＝フール（cul-de-four［半ドーム

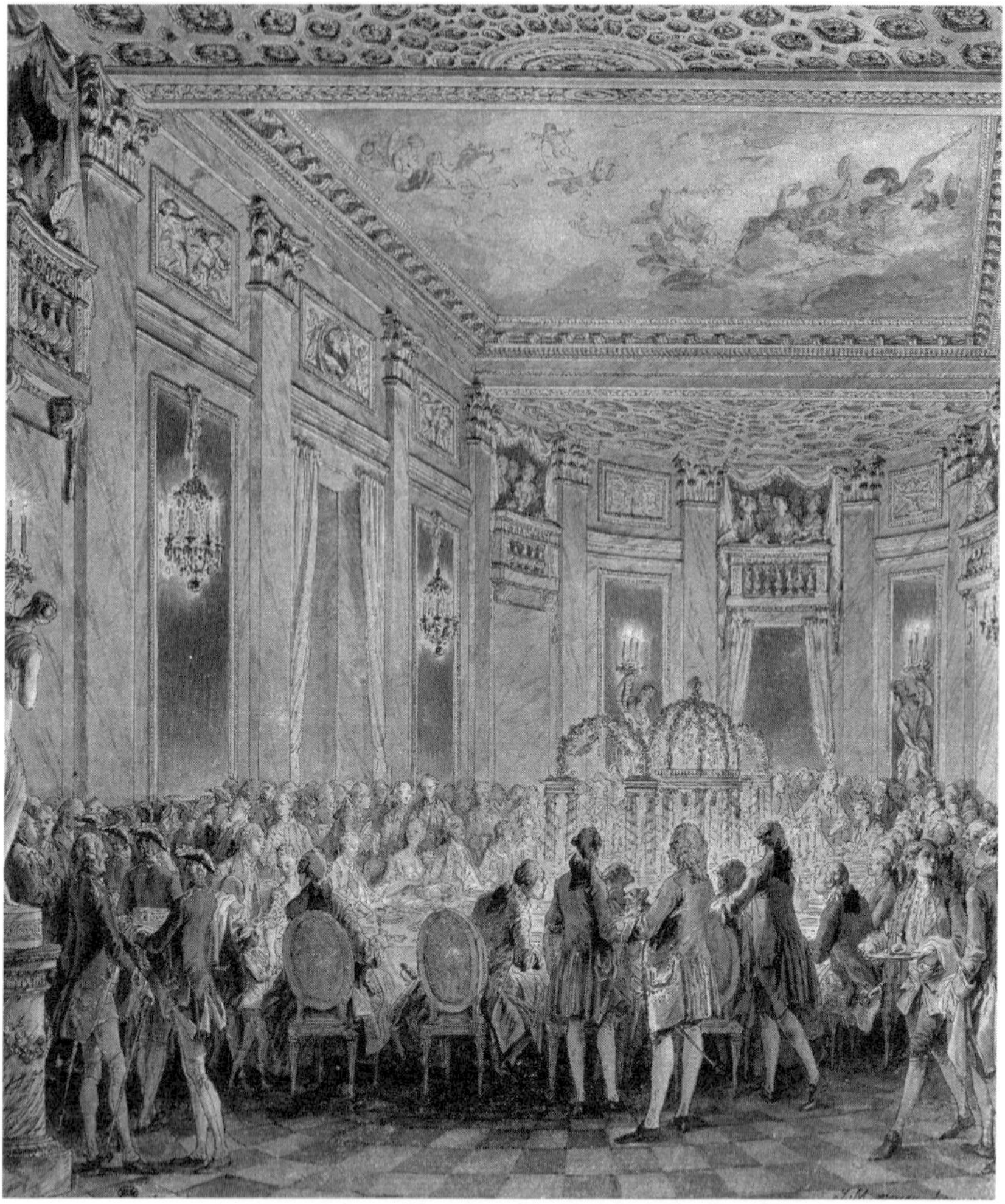

フランス近世美術叢書Ⅰ　装飾と建築――フォンテーヌブローからルーヴシエンヌへ

図1———ジャン＝ミシェル・モロー（通称モロー弟）
《一七七二年九月二日、ルーヴシエンヌのパヴィリオンの落成祝賀会》一七七一年
パリ　ルーヴル美術館

図2———ジャン＝バチスト・グルーズ
《デュ・バリー夫人の肖像》一七七一年
個人蔵

図3———フランソワ＝ユベール・ドルーエ
《ミューズとしてのデュ・バリー夫人の肖像》一七七二年
ヴェルサイユ　イヴリーヌとヴァル＝ドワーズ商工会議所

の意〕）のサロン」と呼ばれる部屋のためにフラゴナールが制作した連作が夫人によって返却され、改めてヴィアンに注文した装飾画が設置されることになったのである。フラゴナールの代表作に数えられ、今日ニューヨークのフリック・コレクションの至宝となっているこれら四点の作品は、なぜ受けとりを拒否されたのだろうか。この問題は多くの研究者の興味を惹いてきた。すぐに外されてしまったフラゴナールの四点の絵はどういう順に並んでいたのか、そして拒否された理由は何か。多くの先行研究をふりかえりながら現状を明らかにし、ルイ一五世最後の寵姫のパヴィリオンの装飾の性格を考えてみよう。

1　デュ・バリー夫人

まずはじめに、館の主であるデュ・バリー夫人の人物像を追ってみよう。デュ・バリー夫人の肖像画は、グルーズ、フランソワ＝ユベール・ドルーエ、ヴィジェ・ルブラン、ゴーチエ・ダゴティらが、場所も衣裳もポーズもさまざまに描いている。夫人のお気に入りの画家であったグルーズは、髪をおろし宝飾品もはずして部屋着で寛いでいる姿で夫人を描いている（図2）。銀色がかったブロンドの豊かな髪と青い瞳をもっていたと伝えられる夫人を髣髴とさせる肖像画である。やはりお気に入りの画家の一人であったドルーエは何度か肖像画を描いているが、そのうちの一点はあらたまった形式の全身像でデュ・バリー夫人を芸術のミューズに見立てたものである（図3）。左に円柱のある室内で白いドレスに赤い布をゆったりとまとって座る夫人は、右手を花輪の掛けられた竪琴に添え、下ろした左手でもうひとつの花輪をもっている。右下には革の装丁の書物、絵筆とパレット、子どもの胸像、図面が見える。これらの小道具は、音楽、文学、絵画、彫刻、建築を象徴している。ドルーエはこの肖像画のレプリカをいくつか描いたが、実際のデュ・バリー夫人は芸術のミューズだったのだろうか。ルーヴシエンヌのパヴィリオンの建築とその内装に彼女の意向や趣味が反映しているのだろうか。ここではまず、デュ・バリー夫人の生い立ちを簡潔にふりかえり、人物像を明らかにしよう。

デュ・バリー夫人、本名ジャンヌ・ベキュは、一七四三年、アンヌ・ベキュとヴォーベルニエという名の修道士との間に非嫡出子として生まれた。母親に経済的援助をする人がいたため、彼女は修道院で基礎的な教育を受けることができた。その後、美容師として働いたり、裕福な未亡人の侍女を勤めたりしたが、一七六〇年代初め、パリのヌーヴ゠デ゠プチ゠シャン通りにあったラ・トワレットという高級小間物店に売り子として雇われ、ここで「道楽者」という渾名をもつジャン・デュ・バリー伯爵と知りあったと言われている。この店は画家アデライード・ラビーユ゠ギアールの父親が経営していたもので、売り子をしていたジャンヌの美しさを聞いてすでに何人かの画家がモデルにしたがったというエピソードが、ある貴族の日記に記されている。[☆2] そしてデュ・バリー伯爵の愛人となったジャンヌ・ベキュは、一七六八年に国王の側近ルベルを介して手配された密会で国王と出会い、国王は彼女を大いに気に入ったという。そのころルイ一五世は一七六四年四月一五日にポンパドゥール夫人を、一七六五年一二月二〇日に王太子を、そして一七六八年の七月二四日に王妃マリー・レザンスカを亡くすという、立て続けの悲劇に見舞われていた。[☆3] そんなとき出会った若く魅惑的なジャンヌ・ベキュは国王にひとときでも老いを忘れさせ、生きる意欲を与える存在となった。公的な寵姫の地位を得るためには既婚でなければならないという慣例の条件を満たすために、一七六八年九月に急遽デュ・バリー伯爵の弟ギヨームと名目的な結婚をしたジャンヌ・ベキュは、デュ・バリー伯爵夫人としてヴェルサイユ宮殿入りを果たした。ヴェルサイユ宮殿で公式の寵姫としてのお披露目は、一七六九年四月二二日のことであった。彼女の美しさは人々の敵意を和らげるほどであったという。

ジャンヌ・ポワソン、のちのポンパドゥール夫人は平民の出であったが、保護者のル・ノルマン・ド・トゥルヌエムの配慮でいきとどいた教育を受け、トゥルヌエムの甥と結婚した。トゥルヌエムと実弟マリニー侯爵は続いて王室建造物局総監の地位に就いた人物であり、ポンパドゥール夫人は芸術庇護者としてめざましい活動をした。[☆4] それに対し、娼婦と揶揄されたほど低い出自のジャンヌ・ベキュがヴェルサイユに入って、寵姫としてやっていくことができたのはなぜだろうか。彼女がその愛人となったジャン・デュ・バリー伯爵は、放蕩者として名を馳せてはいたが、リシュリユー公爵と親しく、また絵画の収集家でもあり、彼のパリの館には文学者や芸術家が出入りしていた。したがって一〇代半ばすぎの若いベキュが芸術への興味を覚えたのはデュ・バリー伯爵邸であったと推定される。[☆5]ルイ一五世を虜にした若さと官能的な魅力に満ちたデュ・バリー夫人は、宮廷にふさわしい優雅な物腰と言葉遣いをやすやすと身につけたといわれる。彼女は政治には関心がなく、教養豊かな寵姫としてふるまうよりもむしろ率直さや善良さといった性質をそのまま見せていたが、宮廷人としてやはり芸術庇護に関心を寄せていった。ポンパドゥール夫人は、セーヴル製作所の支援を初めとする多くの芸術振興に尽力する一方で、自らデッサンや版画を制作し、宮廷内でのオペラや芝居にも出演した。それに対し、デュ・バリー夫人は自分自身で芸術活動をするのではなく、もっぱら美術品収集とパトロンとして活動したようである。

デュ・バリー夫人がヴェルサイユ宮殿に住み始めたのは、寵姫として宮廷に公認されるより数カ月早い一七六八年一二月のことで、このときから室内を飾る贅沢な調度品を有名なシモン゠フィリップ・ポワリエの店などから購入し始めた。[☆6]家具製造人ルイ・ドラノワ、彫刻家ジョゼフ゠ニコラ・ギシャール、金鍍金師ジャン゠バチスト・カニーら当代一流の職人たちの手になるすばらしい装飾品に囲まれた生活の中で、急速に審美眼を磨いていったことが想像される。デュ・バリー夫人が最もお金をかけたのは宝飾品であり、次が服飾費であった。それらに支払った金額は、美術品と建築費をはるかに上回る額であった。[☆7]普請マニアであったポンパドゥール夫人に比べれば、デュ・バリー夫人が改装や建設をおこなった数はさほど多くはない。寵姫としてヴェルサイユ宮殿三階の国王の「プチ・アパルトマン」の一部が、フォンテーヌブロー宮殿では「フランソワ一世のギャラリー」の下に位置する国王の「プチ・アパルトマン」のすぐそばの場所が与えられた。当然のことながら、どちらもポンパドゥール夫人や王太子妃マリー・ジョゼフなどが以前に使っていた部屋である。ヴェルサイユ宮の住いは一七七〇年に、フォンテーヌブロー宮の住いは一七六九年から一七七一年にかけて国王首席建築家ガブリエルによって改装され、多くの部屋で家具の入れ替えがおこなわれた。[☆8]またルイ一五世との親密な時間を過ごしたプチ・トリアノンは元来、ポンパドゥール夫人のために国王がガブリエルに建てさせた離宮である。ポンパドゥール夫人が亡くなった年には建物のみしか完成せず、内部装飾はデュ・バリー夫人のために続行され、一七六八年に完成した。となれば、国王と過ごすための空間として一から建築させたルーヴシエンヌのパヴィリオンに、デュ・バリー夫人が注いだ熱意のほどが想像できる。

2 ルドゥーによる新パヴィリオンの建設

ルーヴシエンヌという土地

ルーヴシエンヌの最大の魅力は、セーヌ川を見下ろすすばらしい眺めにある。近くにセーヌ川から水を引くためのマルリーの水車があったため、一七〇〇年にルーヴシエンヌに水車を管理する技師アルノルド・ド・ヴィルが住む小さな石造りの屋敷が建てられた。その後、この屋敷は城に改装され、ルイ一四世の子孫に受継がれた。一八世紀半ばに使用権をもっていたパンティエーヴル公爵は息子のランバル公爵をここで亡くすと、この領地をルイ一五世に返上した。そこで、国王は一七六九年七月二四日、ルーヴシエンヌの領地を自由に使う権利を新たな寵姫に与え、上に述べたヴェルサイユ宮殿内の「プチ・アパルトマン」にある彼女の住まいとルーヴシエンヌ城の両方の改築を王室建造物局に依頼した。ルーヴシエンヌ城の部屋の配置替えと増築は、すでに高齢であった国王首席建築家のアンジュ＝ジャック・ガブリエル（一六九八〜一七八二年）にかわって息子のアンジュ＝アントワーヌ・ガブリエルが監督にあたり、一七六八年一〇月から一七七一年五月までに温室のある新しい庭園が造られた。この仕事に携わったのは、王室建造物局で仕事をしていたメンバーであり、その多くはヴェルサイユのプチ・トリアノンの造営（一七六二〜六四年）で名をあげたばかりだった。

ルーヴシエンヌ城の増改築は、優れた職人たちによって当時の趣味でおこなわれたものではあるが、フランス国王の公式の寵姫に登りつめたばかりのデュ・バリー夫人にとって、どうやら十分でなかったようだ。ポンパドゥール夫人のベルヴュ城に比べれば、設計技師のパヴィリオンから出発したルーヴシエンヌ城は、壮麗な邸宅とはほど遠い質素なものだったといわれる。そこでデュ・バリー夫人は新しいパヴィリオンの建築を決心した。それは新たな寵姫としてのメセナ活動でもあり、自身の趣味の良さを示す機会でもあった。そこで夫人は王室建造物局とはつながりのない、まだ若い建築家に声をかけた。シャルル・ド・ヴァイー（一七三〇～九八年）とルドゥーである。ド・ヴァイーの設計案は採用されなかったが、彼はその後も夫人の庇護を受けることになる。エマニュエル・ド・クロイの日記によれば、デュ・バリー夫人にルドゥーを紹介したのは、デュ・バリー夫人と親しく、かつルドゥーとかかわりのあったミルポワ元帥夫人、ヴァランチノワ公爵夫人、モンモランシー大公夫人のグループであったという。さらにギマール嬢の愛人であったスービーズ大公もルドゥーをデュ・バリー夫人に紹介したと考えられている。[☆9]

クロード＝ニコラ・ルドゥー

今日、ルドゥーは、アルケ＝スナンの製塩工場とパリの市門の建造によって広く知られているが、フランス革命前の一〇年間に数多くの邸館を建てた人気の建築家でもあった。クロード＝ニコラ・ルドゥーは一七三六年にマルヌ県のドルマンで生まれた（図4）。奨学生としてパリのボーヴェ寄宿学校に進んだあと、素描の勉強をし、建築をJ・F・ブロンデルとL・F・トルアールのもとで学ぶ。一七六四年にパリの河川・森林親方衆付の建築家に任命され、司祭館、教会、給水場、水飼い場、橋などの建設に従事した。ルーヴシエンヌの仕事に携わるまえの一七六八年にはモンマルトル通りのユゼス邸を着工し、一七六九年にはショセ＝ダンタン通りのモンモランシー邸の計画案を作成し、翌年完成させている。

ルドゥーが新パヴィリオンの設計を依頼されたのは、一七七〇年の秋と考えられており、その計画案は一二月に承認された。フランス国立図書館に残る文書には現場にいつ誰がやってきたかが記されており、そこから仕事の進捗具合を推察することができる。[☆10]一七七〇年一二月一五日に組積工事請負人のルフェーヴルが、一七七一年三月二八日に指物師親方のカルビエが、四月初めに大工のドロールが、六月二一日にブロンズ鋳造師のグティエールが、といった具合である。ほかの主要な職人は、金具製造業者のドゥーミエ、大理石職人アダム、木彫師のボワストンとフイエとメチヴィエ、扉口上部装飾にあたったフォルティなどである。彼らはみなルドゥーが描いたデザインに基づいて仕事をしたが、家具制作のルイ・ドラノワだけは自分でデザインをした。[☆11] グティエールは一級のブロンズ鋳造師であり、ほかの職人たちもルドゥーがすでにユゼス邸やモンモランシー邸で仕事を共にしてその腕前を信頼していた人たちである。仕事は現場とパリのアトリエの双方で、他の仕事よりも優先的に急ピッチで進められた。[☆12] 新パヴィリオンの落成式は国王によって一七七一年九月二日の夜会と決定されたため、一刻の猶予も許されなかったのである。落成式当日、夜会が開かれた食堂は一見したところすべてが調えられているように見えたが、実際には仮の模造品で代用さ

図4——マルタン・ドローリング《クロード＝ニコラ・ルドゥーの肖像》一七九〇年頃　パリ　カルナヴァレ美術館

れている部分があった。ヴァセーとパジューとモノによる燭台は、大理石の完成品ではなく、石膏で型取りした模作が置かれていたし、刳型枠を飾るグティエールのブロンズ装飾も後日の設置となった。

パヴィリオンの外観と内部

このパヴィリオンは半地下の地下室に作業のためのスペースを備えているが、外観は真四角の地上一階建てである。中央入口は張りだしたポーチとなっていて、独立した四本のイオニア式円柱が並ぶ。ポーチの奥には左右に彫像が置かれているニッチがあり、正面上部のフリーズにはフェリクス・ルコントによるレリーフが飾られている（図5）。この入口は、同時期にルドゥーが設計したギマール嬢のパリの邸宅のエントランスと共通点が認められる（図6）。真四角の厳格な輪郭線にフリーズとイオニア式円柱のようなディテールは、ガブリエルのプチ・トリアノン（図7）とともに、新しい古典主義を告げるものである。

それでは一八四七年にダニエル・ラメの序文付で出版された『C・N・ルドゥーの建築』に収録されているパヴィリオン地上階の平面図（図8）を参照しながら、部屋の配置を確認していこう。[☆13] まず気づくことは、左右対称を基本としていることである。半円形のポーチを入ると広い食堂がある。食堂の平面は方形の左右に半円がついた形をしている。入口と直結しているこのスペースは玄関ホールとしても使われた。[☆14] この食堂にはモローの水彩画に見るように上方に階上席が設置されており、そこで楽隊が宴会のさいに音楽を奏することができた。食堂の左には食器室（buffet）があり、右は衣裳部屋（garderobe）とキャビネ（cabinet）の二部屋に続いている。食堂を抜けると、庭を望む大きな方形の「国王のサロン」に出る。この部屋が第一のサロンとされており、左側の楕円形の部屋が第二のサロン、右が第三のサロンである。この第三のサロンは長方形の一方の側が丸く弧を描いているので「キュル＝ド＝フール（cul-de-four）のサロン」と呼ばれ、ゲームを楽しむ部屋であった。「国王のサロン」はセーヌ川に面して三つの開口部（床までの窓）があり、それに対応して外側に四本のイオニア式の円柱が並んでいる（図9・10）。建物正面から見て、左側は食器室と第二のサロンにあるそれぞれひとつの開口部から、また右側はキャビネと第三のサロンにあるそれぞれひとつの開口部から外に通じていて、五段の階段を下りるとテラスに出る。寝室（chambre）がないために宿泊はできず、もっぱら王を迎える真の娯楽用であったパヴィリオンは、プチ・トリアノンのミニチュア版とも言える建物であるが、ルドゥーはこの建築によって一躍宮廷内で注目を引く建築家になった。[☆15]

このパヴィリオンは、部屋ごとに付け柱、大理石のパネルやボワズリーを施した木製パネル、鏡のパネル、浮彫りのフリーズ、暖炉や彫刻作品などを用いて趣向をこらした内装が施された。たとえば食堂の場合、落成式を描いた素描（図1）がその場を忠実に写したとするならば、壁は灰色の人造大理石の付け柱で飾られ、付け柱の間には鏡が嵌めこまれている。その鏡の上辺には飾り燭台がリボンで吊るされ、鏡の上方にはプットーや武具飾りやデュ・バリー夫人の紋章を浮彫りにしたレリーフが並んでいたことになる。

それでは、絵画は室内装飾においてどの程度使われたのだろうか。天井画が描かれたのは、食堂と「楕円形のサロン」と第三のサロンである。食堂の天井画はブーシェが、「楕円形のサロン」はブリアールが、第三のサロンはピエール・レストゥーが描いたとされる。[☆16] タブローが室内装飾に使われたのは「国王のサロン」である。一七六五年にショワジー城のために制作されたものの、使用されなかった三点の歴史画、すなわちヴィアンの《施しを与えるマルクス・アウレリウス帝》（図11）とノエル・アレの《トラヤヌス帝の正義》、そしてカルル・ヴァン・ローの《ヤヌスの神殿を閉じるアウグストゥス帝》の三点に、新たにヴィアンに注文した《恵みをもたらすトラヤヌス帝》を加えた四点の連作が飾られていた。しかし、翌一七七二年にすぐにヴェルネの連作《一日の四つの時》のうちの二点にとりかえられた。同年の一〇月にはゴブラン織り工場に四点のタピスリーが発注され、完成された三点が一七七五年に設置されたらしいが、「国王のサロン」のタピスリーについては諸説があり、はっきりしない。楕円形をした第二のサロンの壁面が付け柱と鏡による装飾だったのに対し、第三のサロン、すなわち「キュル゠ド゠フールのサロン」の壁面は大きな絵画を用いる装飾の計画が立てられた。縦が三メートル以上、横が二メートル以上の大画面を四点、壁に設置するとい

図5——クロード＝ニコラ・ルドゥー《ルーヴシエンヌのパヴィリオン　庭園側立面図》

図6——ウィリアム・チェンバース《ギマール嬢のパリの邸宅》ルドゥーの設計で一七七〇年から七二年に建設　王立英国建築協会

図7——アンジュ＝ジャック・ガブリエル《プチ・トリアノン》南正面　一七六二〜六七年頃　ヴェルサイユ

図8――クロード＝ニコラ・ルドゥー《ルーヴシエンヌのパヴィリオンの一階平面図》
図9――クロード＝ニコラ・ルドゥー《ルーヴシエンヌのパヴィリオン　セーヌ川側立面図》
図10――ウィリアム・チェンバース《ルーヴシエンヌのパヴィリオン》
一七七〇年のルドゥーの設計で一七七一年に建築　王立英国建築協会

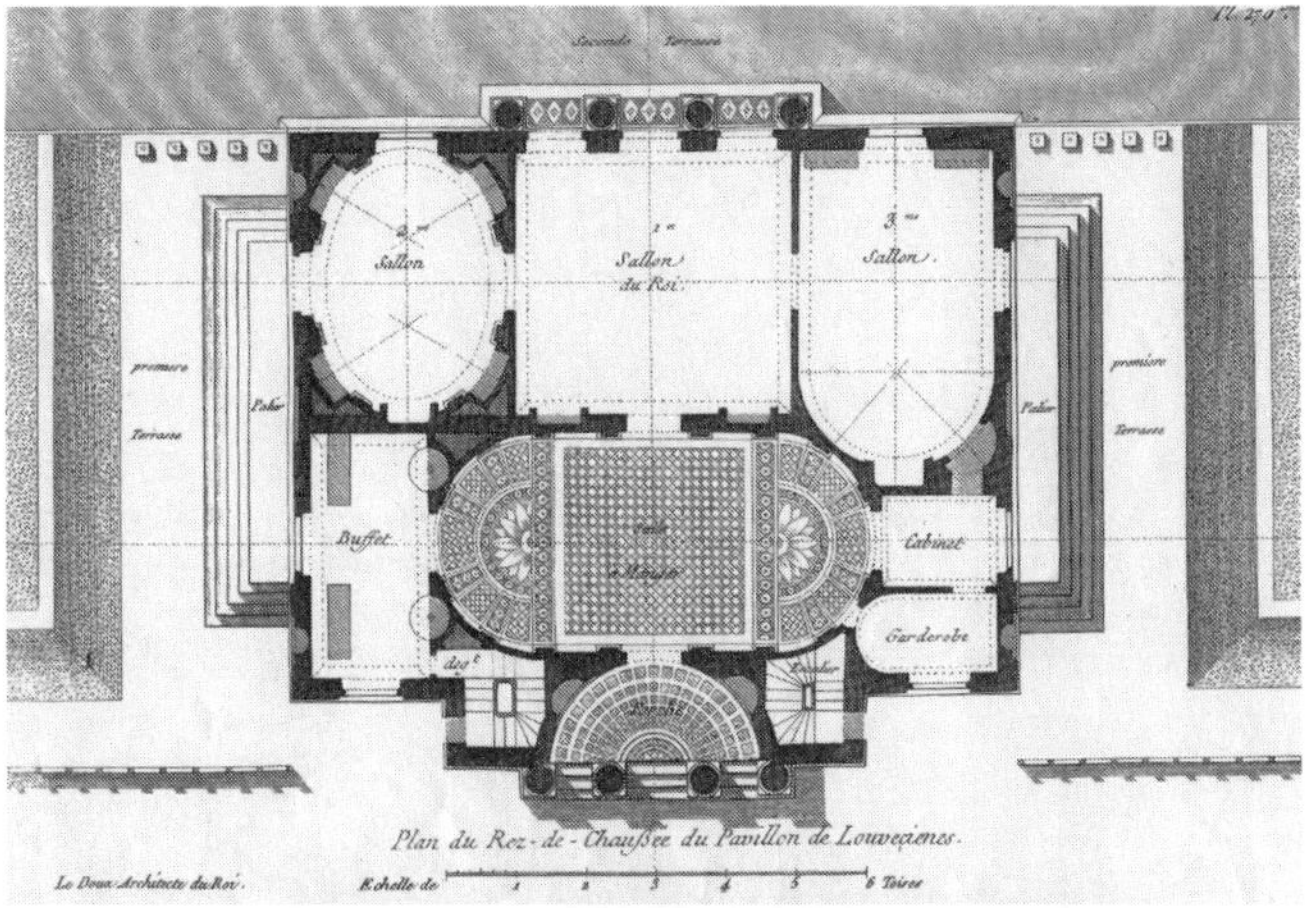

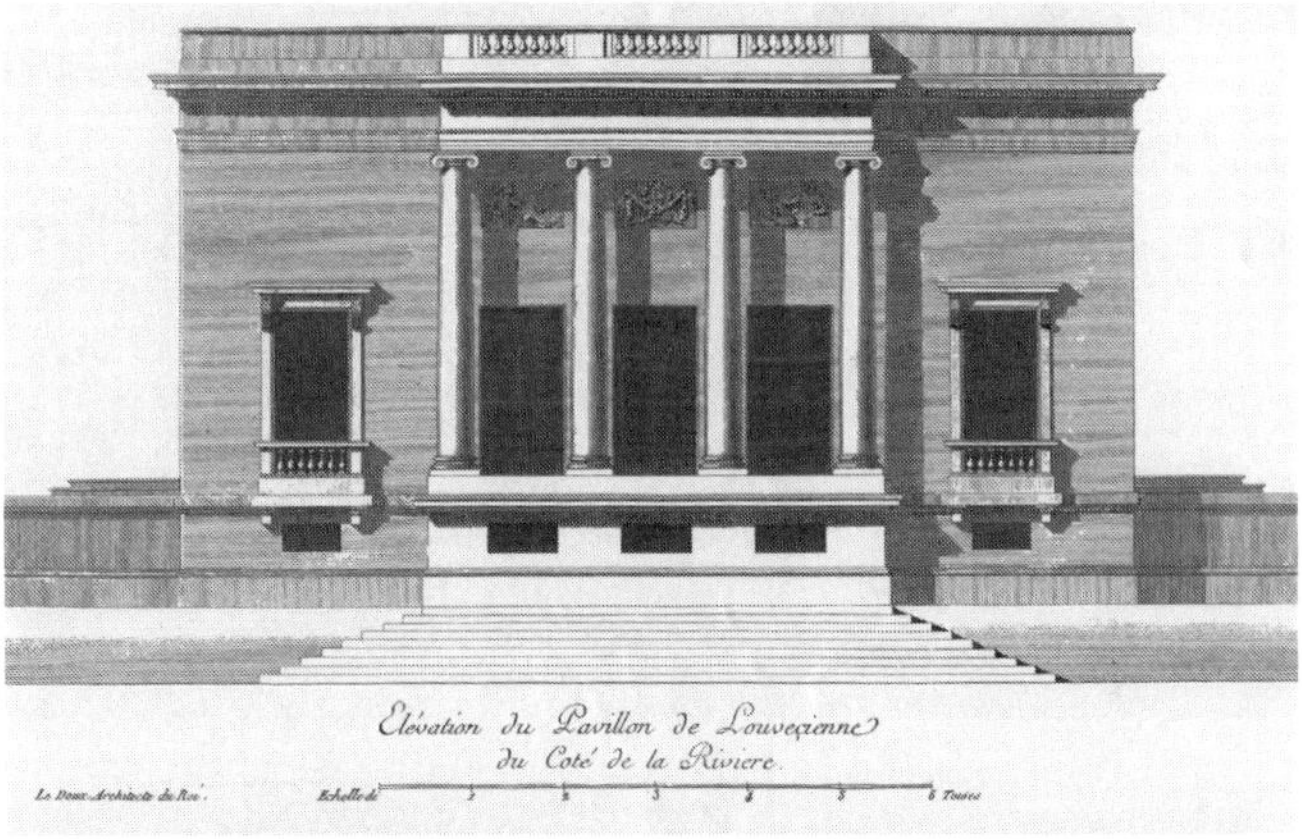

図11――ジョゼフ＝マリー・ヴィアン
《人々に食糧と薬剤を配給させる
マルクス＝アウレリウス帝》一七六五年
アミアン　ピカルディー美術館

う類を見ない装飾である。次にその経過を見ていこう。

「キュル＝ド＝フールのサロン」の室内装飾

デュ・バリー夫人がフラゴナールに四点のパネルの注文を出したのはおそらく一七七一年の初めと考えられている。[17]言うまでもなく、パヴィリオンはまだ建設が始まったばかりであった。一七七一年上半期のうちのどこかの時点で、フラゴナールは、指物師カルビエがルドゥーの指示に従って制作した連作のための枠を受けとった。また、画家はデュ・バリー夫人から一七七一年後半に一二〇〇リーヴルの支払いを二度受けているが、その控え目の金額からしてこれは連作のための四点の準備デッサンに対する報酬だったと考えられている。そうだとすれば、建築全体を監督していたルドゥーと注文主のデュ・バリー夫人は、準備スケッチを見て了承したうえでフラゴナールに実際の制作にとりかからせたことになる。フラゴナールは一七七一年のサロンに作品を送らなかったが、サロン評はそのことをとりあげ、彼が偉大なジャンルを放棄して愛好家のための仕事ばかりしていると批判した。画家は、先に王室建造物局から注文を受けていたベルヴュ城とヴェルサイユ宮殿の装飾の仕事が遅れているのは、ルーヴシエンヌの仕事で忙しいからだと弁明している。フラゴナールは結局のところ、それらを完成させることはなかった。[18]

フラゴナールの連作は五月一日のルーヴシエンヌ城の財産目録に掲載されており、そのときまでに壁に設置されていたことになる。[19]レストゥーが五月に完成させた雲の浮かぶ空が広がる天井画は、フラゴナールのパネルの緑濃い樹々を引き立てただろう。七月二〇日の『メモワール・スクレ』には、「わが国の美術愛好家はルーヴシエンヌにあるデュ・バリー伯爵夫人のパヴィリオンに押しかけているが、誰もが入れるわけではない。この悦楽の聖所に入れるのは特別に贔屓にされている人たちのみである」とあり、さらにフラゴナールの四点の大きな絵画は「まだ仕上っていない」(ne sont pas encore finis)と記されている。[20]この未完成という言葉はどう解釈すべきなのか、美術史家を惑わせてきた。フラゴナールが実際に作品をその場に設置して全体の効果を見たうえで最終的な仕上げをしようとしたの

図12——フランソワ＝ユベール・ドルーエ《タンバリンを鳴らす少年》一七七二年　個人蔵

図13——ピエール・グティエール（ルドゥーのデザインに基づく）《キュル＝ド＝フールのサロンための暖炉》大理石　鍍金ブロンズ　一七七〇～七一年　個人蔵

図14——ルイ＝クロード・ヴァセー
《海岸に座ってウェヌスの凱旋車の鳩を集めるアモル》　大理石　一七五五年
パリ　ルーヴル美術館

図15——ルイ＝クロード・ヴァセー
《喜劇のミューズ》　大理石　一七六五年
パリ　ルーヴル美術館

図16——ジャン＝オノレ・フラゴナール
《棄てられて》　一七九〇年
ニューヨーク　フリック・コレクション

か、あるいは伸びやかで流れるような筆致が未完成と受けとられたのか、と推察されている。そして、八月にドルーエが描いた四点の扉上部絵が納入された。楽器や果物や花を手にした子どもを描いたもので、現在は所在不明だが、キュザンは個人蔵の《タンバリンを打つ少年》（図12）がその中の一点ではないかと考えている。他の三点は《トライアングルを奏するベッツ嬢》、《薔薇をもつラロック嬢》、《葡萄をもって逃げる少年》である。こうして「キュル゠ド゠フールのサロン」の絵画装飾は調えられた。装飾品としてはグティエールによるマントルピース（図13）が設置され、ルイ゠クロード・ヴァセー（一七一六～七二年）による彫刻《海岸に座ってウェヌスの凱旋車の鳩を集めるアモル》（以後《アモル》と表記［図14］）と《喜劇のミューズ》（図15）が飾られた。この二点の大理石彫刻は新たに注文したのではなく、装飾のために購入されたものである。[☆21] こうしていったん完成を見たサロンであったが、なぜかフラゴナールの作品はまもなく壁から外され、作者のもとに返却されてしまった。パヴィリオンの壁はフラゴナールの絵が外されたあと、そのままであったわけではない。改めてジョゼフ゠マリー・ヴィアンに注文が出されたのである。フラゴナールはこの大きなカンヴァスをパリのアトリエに置いていたが、一七九〇年に生地グラースに帰るさいにこれをもっていき、新たに制作した《棄てられて》（図16）などいくつかのパネルを付け加え、従兄弟のアレクサンドル・モーベールの館の装飾とした。それからおよそ一〇〇年後にジョン・ピアポント・モーガンが購入して作品はロンドンに渡ったが、一九一四年にはフリック・コレクションの所有となってニューヨークに運ばれ、今日にいたる。[☆22]

3　フラゴナールの連作「恋のなりゆき」

作品の順序と設置場所

今日、「恋のなりゆき」のタイトルで知られるこの連作は、一八世紀においては上に引いた『メモワール・スクレ』の中で《羊飼いたちの恋》（*l'amour des bergers*）と呼ばれ、また当時の財産目録では《恋の四つの時期》（*quatre âges de l'amour*）と書かれていた。「恋のなりゆき」というタイトルは、ヴィアンの連作に対する一八世紀当時の名称を縮めたもので、

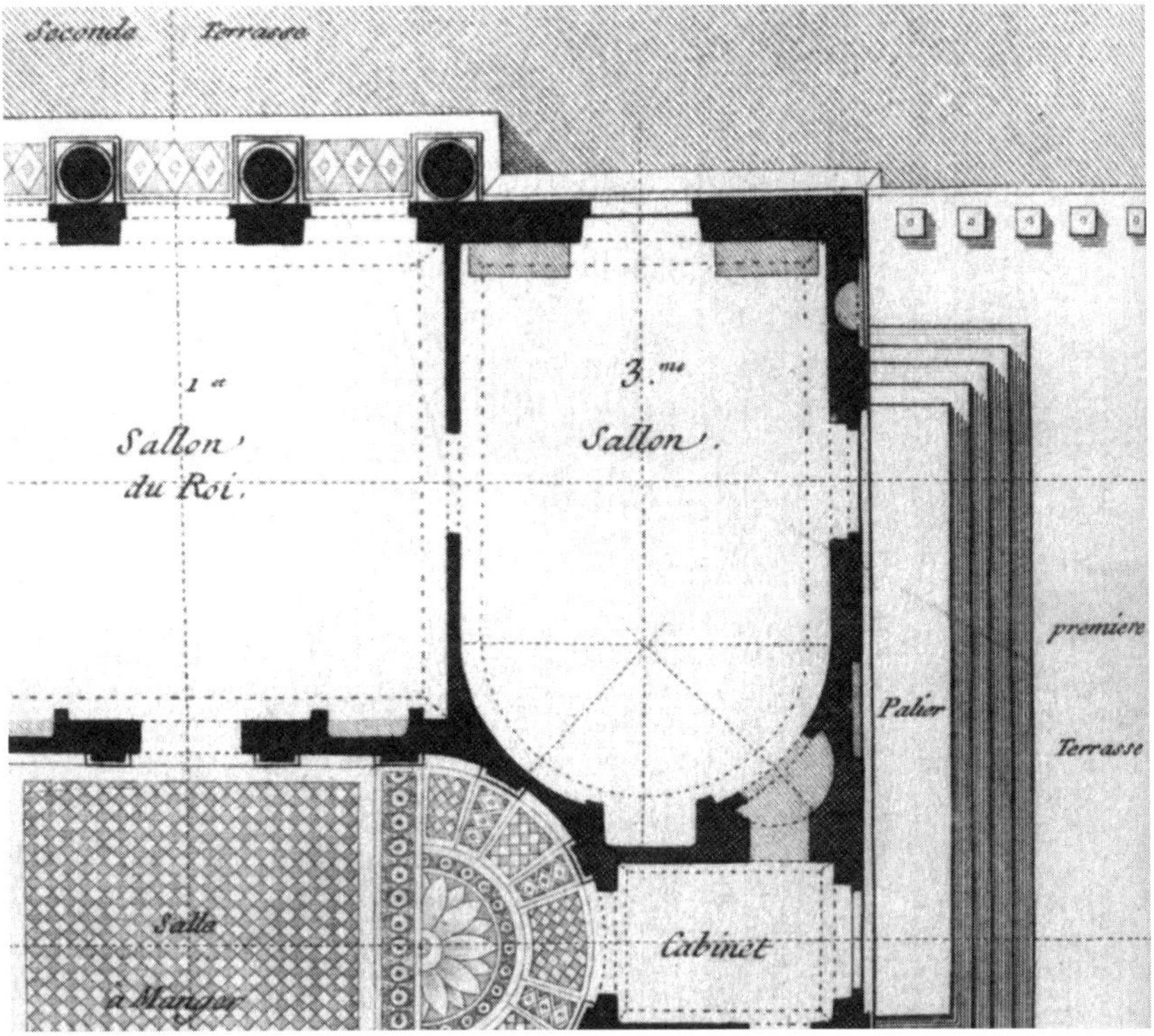

図17——ルーヴシエンヌのパヴィリオンの平面図の一部　第三のサロン

一九世紀からフラゴナールの連作に対してもこの名が使われてきた。フラゴナールのこの連作については、これまで数多くの論考が発表されており、論点は大きく分けて二つ考えられる。ひとつはこの連作のテーマはなんなのか、この四作品は当初サロンの壁にどのような順序で飾られていたのか、という問題である。それは連作の意味内容の問題である。もうひとつは、今日、フラゴナールの代表作にしてロココの最後を飾る大作とされるこの作品をなぜデュ・バリー夫人は拒否し、かわりにヴィアンを選択したのか、という問題である。もちろんこの二つの問題は関連をもっているわけだが、まずは作品の順序と設置場所の問題からとりあげていこうと思う。フラゴナールの連作は完成時の題名は伝えられていない。各作品については基本的にフリック・コレクションでのタイトル、すなわち《追跡》、《逢引き》、《戴冠される恋人》、《恋文》を使用する。

第三のサロンは、すでに述べたように正方形の一辺に半円形がついた形状をしている（図17）。セーヌ川に面した壁の中央に開口部があり、その向かい側には暖炉が設置されている。暖炉に向かって曲面を描く長い両側面の一方には「国王のサロン」からの入口があり、もう一方の側は庭園に面している。四点のパネルはこの二つの長辺に開口部を挟んで左右に設置された。四点がなんらかの物語を叙述的に描写したものであると想定するならば、それはどういう順番になるのか。この問題の解明に重要な手がかりを与えたのはカイユーとザウアレンダーである。カイユーは絵画を壁面に設置するために指物師が製作した枠についての記録を調査し、四つの枠のうちの二つが他の二つに比べ横を少し長めに、かつカーヴを描くようにつくったと書かれていること、そして指物師の覚書に記されたその寸法は四点の作品のサイズにほぼ一致することを発表した。[☆23] ザウアレンダーは、この指摘に基づき、四点の絵画のうち、やや横幅のある二点、つまり《逢引き》と《戴冠される恋人》が壁面のうちカーヴを描く部分に設置されたことは確実であると判断した。また「想い出」と呼ばれることもある《恋文》の図像解釈をはじめて本格的に研究して、ここにポンパドゥール夫人によって称揚された「恋愛よりも高次の友情」すなわち「恋と友情」の寓意を読みとり、これが連作の結末であると考えた。こうして設置場所は、国王のサロンから入ってまず目に入る正面、すなわち庭園に面した壁の左寄りに《追跡》（317.8cm × 215.6cm［図18］）、庭園への出入口の右側に《逢引き》（317.5cm × 243.8cm［図19］）、壁に沿って一八〇度回って《戴冠される恋人》（317.8cm × 243.2cm［図20］）、そして開口部を過ぎて《恋文》（317.2cm × 216.8cm［図21］）が最後を締めくくる。《追跡》から《逢引き》、《戴冠される恋人》、《恋文》まで、時計回りに眺めるという配置である。[☆24]ザウアレンダーが提案したこの順序は、現在では広く認められている。

ポズナーは一九七二年に、設置場所についてはザウアレンダーと同一であるが、この連作が「恋と友情」で終わることには異を唱え、《逢引き》（ポズナーは《不意打ち》という題名を採用）から始まって反時計回りに進み、《追跡》、《恋文》、そして《戴冠される恋人》で終わるという読みを提案した。[☆25]ひとつの物語の展開を読みとろうとするこうした試みに対し、ロラン＝ミシェルとシェリフは、一方向に定められた物語を想定すること自体にむりがあると考えた。ロラン＝ミシェルは、順序にこだわらずに恋愛の紆余曲折を示しているのではないかと考え、アモル、ウェヌス、手紙といったモチーフと樹木のつくりだす構図に注目して、庭園側には《追跡》と《戴冠される恋人》が、「国王のサロン」側には《逢引き》と《恋文》があったという説を提出した。[☆26]シェリフは、この連作は一続きの物語を表現したものではなく、見る人が自由に作品を組みあわせて鑑賞したのではないかと考えているが、配置に関してはザウアレンダー説を採用している。[☆27]キュザンは、連作を筋の通った物語として読むのはむずかしいとしたロラン＝ミシェルの意見に賛同しつつも、「恋の四つの時期」という記述を考慮すべきだと主張し、これら四点に恋愛の移り変わり、すなわち恐れ、期待、忠誠、夢想が表現されているとしている。[☆28]

ザウアレンダーが提案した順番で、モチーフの配置による構図を見るならば、《追跡》では男性の左から右への動き、《逢引き》では右から左への動きで、この二点が呼応しあう。実際のところ、この二点の間には床までの窓があり、そこから庭園が望めたはずである。《追跡》の女性は庭へと逃げていき、一方、《逢引き》の女性は庭から逢引きの場所にやってきたばかりで、庭園でなにを見たか聞いたかはわからないが、そちらの方を振り返っているのだろう。向かい側の二点では《戴冠された恋人》が女性の視線が右方向へ向けられ、《恋文》において右端の高い彫像が画面

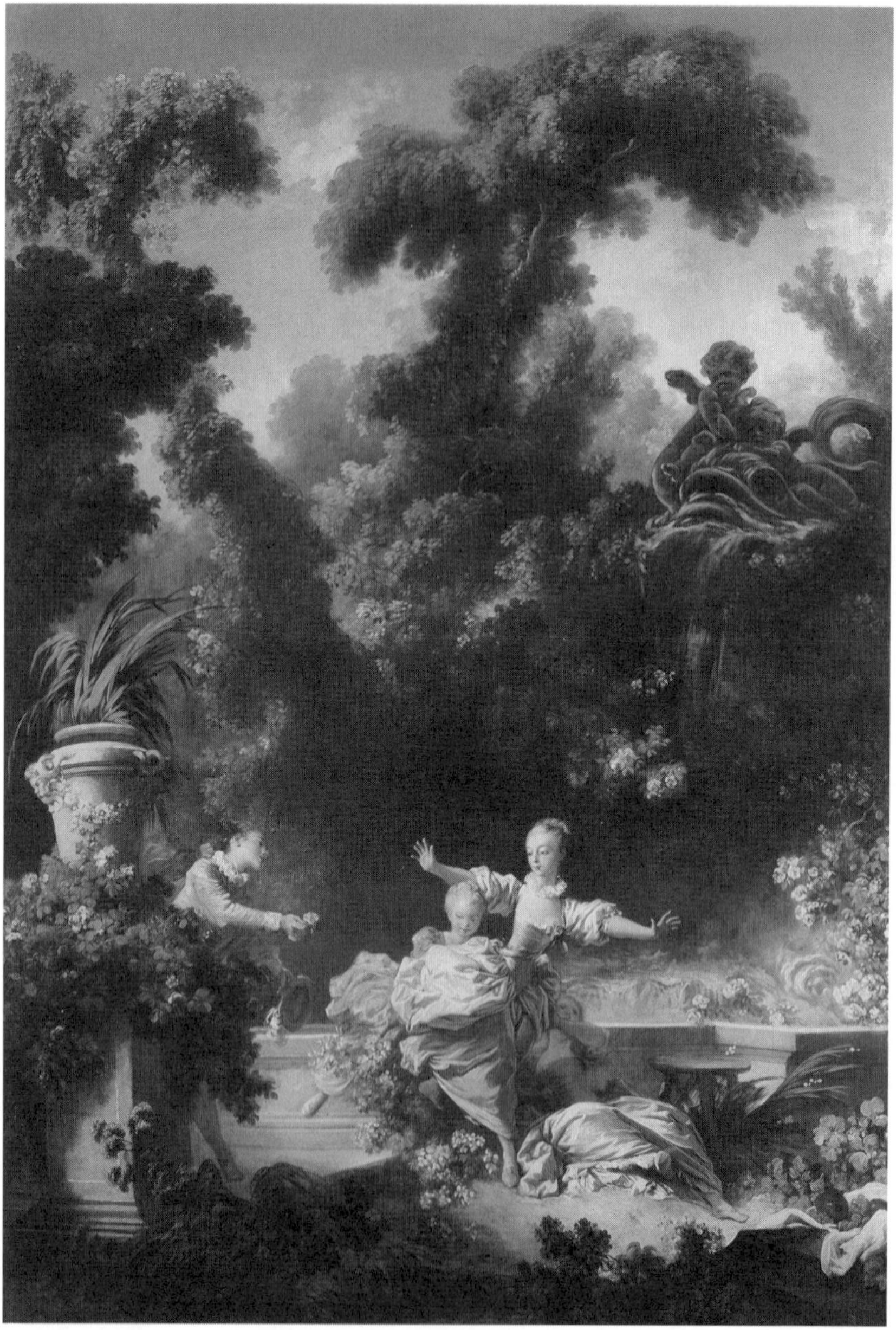

フランス近世美術叢書I　装飾と建築――フォンテーヌブローからルーヴシエンヌへ

ジャン＝オノレ・フラゴナール
図18——《追跡》油彩　カンヴァス　317.8×215.5cm　一七七一～七二年
図19——《逢引き》 油彩　カンヴァス　317.5×243.2cm　一七七一～七二年
ニューヨーク　フリック・コレクション

ジャン＝オノレ・フラゴナール
図20――《戴冠される恋人》 油彩　カンヴァス　317.8×243.2cm　一七七一～七二年
図21――《恋文》 油彩　カンヴァス　317.1×216.8cm　一七七一～七二年
ニューヨーク　フリック・コレクション

の抑えとなって一連の流れの終結を知らせてくれる。

描かれた場面とその象徴的意味

それでは各場面の情景を上記の順序にしたがって見ていこう。この連作の舞台は、いずれも公園のような緑地であり、大きな枝を伸ばす木々、開花した花々、果物といった自然の要素と、柱や基台、ウェヌスやクピドなど彫像、楽器と楽譜、日傘など人工物とが混在している。登場人物はみな艶やかな生地を使った貴族風の優美な装いである。

まず《追跡》では、左側の壷の載った四角柱の脇から姿を見せる若い男性が、左手に帽子をもち、右手で愛の証である花を差しだしている。中央で若い女性が、この花に視線を向けているようだが、受けとろうとはせず大きく手を広げてステップを踏むように逃げていく。すぐ背後に年下の少女が付き添い、もう一人の女性は上体を石塀に寄りかけるようにして地面に倒れている（図22）。右上に見える海豚にしがみつくクピドたちの彫像は待ちきれない恋を表わす。付添いの少女たちの身振りとクピドたちの姿勢の間には相似が認められる。流れ落ちる水を隔てる低い石塀の手前には一脚のスツールがあり、右下の柱礎の上には白布が敷かれ色鮮やかな果実が見える。

次の《逢引き》は四角い基台の上のウェヌスとクピドの彫像が構図を支配している。クピドの欲しがる矢筒を与えまいとしてウェヌスは身をよじっているが、この像はベルリンにあるヴァトーの《シテール島の巡礼》に描かれたウェヌス像を想起させる。赤い上着の若い男性は、梯子をかけてこの場に登ってきて、今、塀を乗り越えようとするところであるが、その視線は女性を超えた先を見つめているようだ。髪と胸元に花を飾った若い女性はふりかえって、男性と同様、画面の左方向に目をやっている。そうだとすれば、ここは女性が男性と突然の出現に驚き、自分たちが誰かに見られていないか周囲を見回しているというよりも、画面には描かれていない左方向に何かを見たか聞いたかしてふりかえったところと考える方がよさそうである。

これら二点には準備スケッチが残っている。比較するとまず縦横の比率が異なることにすぐ気づかされる。フラゴナールはスケッチを描いたとき、まだパネルの正確な寸法を知らなかったのかもしれない。《追跡》をそのスケッチ（図23）と比較すると、主人公の女性に付き添う娘たちが最初は三人だったこと、女性の髪飾りに変更があったことがわかる。《逢引き》では、スケッチ（図24）と完成作とでさらに大きな変更が加えられた。スケッチでは右下に梯子を上がってくる男性の頭だけ見えていたのが、完成作ではさらに高い位置で膝までを見せている（図25）。鮮やかな赤の上着を着た青年の容貌はほかの画面に比べ、はっきりと個性的に描かれている。女性も髪型と髪飾りが変更され、パジューによる名高い《デュ・バリー夫人の胸像》（図26）と同じデュ・バリー風シニョンになっている。[☆29] この二人はルイ一五世（図27）とデュ・バリー夫人を表わしているのだろうか。一七七二年の『メモワール・スクレ』にある「フラゴナール氏の四点の大きな絵は羊飼いたちの恋を描いたもので、この屋敷の女主人の恋愛のアレゴリーのように見える」という言葉は、この《逢引き》を見ての批評だろうか。

反対側の壁に移ると、《戴冠される恋人》は深い赤の色が印象的で、色とりどりの花が画面を華やかに彩る。女性は花輪を通した右腕で花冠を男性の頭上にかざすが、顔は右下の画家の方に向けられている。女性の下方に座す男性は女性を下から見つめている。ここでは女性が主導権を握っているようだ。右下で若い恋人たちをデッサンしようしている画家は、膝に画板を載せたままじっと二人を見つめる。傍らには楽譜とタンバリン、その下にはリュートが置かれている。木箱に植えられたオレンジの木には実がなり、左下には銀梅花、そして薔薇と芍薬が花の盛りで、いずれも結婚を象徴する植物である。左上では仕事を終えたプットーが眠りについているが、その格好は男性の姿勢と相似している。この画面は、ザウアレンダーの論文が出るまで多くの研究者によって連作の結末と考えられていた。

そして《恋文》では、中央の低い台座の上に女性が腰掛けており、その女性に男性が親密に寄り添う。台座の下では忠実の象徴である犬が正面を見据えている。女性の傍らには二人がこれまで交わした手紙が積まれ、女性はそのうちの一通を手にして文面を読み返している。ここでは女性が男性にもたれかかるのではなく、男性の方が女性の頬に額を寄せて女性を見つめている（図28）。右端の高い台座の上では、衣をまとったウェヌスが右手で心臓をしっかり

図22——ジャン＝オノレ・フラゴナール《追跡》部分

図23——《追跡》のためのスケッチ　油彩　カンヴァス　一七七一年頃
ジャン＝オノレ・フラゴナール
アンジェ美術館

ジャン=オノレ・フラゴナール
図24――《逢引き》のためのスケッチ　油彩　カンヴァス　一七七一年頃
アンジェ美術館
図25――ジャン=オノレ・フラゴナール《逢引き》の部分

図26――オーギュスタン・パジュー
《デュ・バリー夫人の胸像》大理石　一七七二～七三年
パリ　ルーヴル美術館

図27――モーリス・カンタン・ドラトゥール
《ルイ一五世の肖像》一七四八年のサロン出品作と推定
パリ　ルーヴル美術館

図28――ジャン＝オノレ・フラゴナール《恋文》部分

ともち、下で手を挙げて心臓を欲しがるクピドに応じようとはしない。心臓を手にもつ素足の女性は友情の寓意像とされる。台座には、女性のドレスに似たピンク色の日傘が引っかかるようにしてとまっている。背景の木々は上空と中央の空が抜けている部分のほかは比較的一様に葉が茂っており、左側にはほとんど小道具はなく、四点の中で一番落ち着いた雰囲気を感じさせる。上述のように、ザウアレンダーはこの《恋文》は「友情」を表現していると解読したが、ポズナーはポンパドゥール夫人のために生みだされた友情の図像はデュ・バリー夫人の「悦楽の聖所」にはふさわしくないと、ザウアレンダーに反論した。しかしベイリーによれば、結婚愛は完全なる友情を通して最も堅固なものとなるという思想は、一八世紀半ばから百科全書やルソーの『新エロイーズ』や、モラリストの著作に表明されており、ルーヴシエンヌの連作の最後を飾っても不思議ではないという。☆30

以上見てきたことから、この四点は庭園側の二点と「国王のサロン」の側の二点が、それぞれ強く結びついているのはまちがいないと思われる。前者はとても若い男女で、深い緑の中での波乱含みの密かな逢引きである。ふりかえって目に入る二点は、やや大人びた男女で、この二人に幸せな結果が訪れたことを教えてくれる。たしかに四組の男女は年齢も髪の色も服装が同一ではないが、ちょうどヴァトーの《シテール島の巡礼》に登場する三組の男女のように、外見はちがっていても一組の男女の恋愛における異なった段階が表現されており、庭園側の二点が恋のエピソードの前半、「国王のサロン」側が後半という順序は認められると言ってよいだろう。

4　返却とヴィアンへの注文

返却された傑作

フラゴナールは夫人から注文を受けて準備スケッチを用意し、一七七一年の秋には完成作にとりかかったと考えられる。翌年の初夏まで、ほかの仕事はほとんどせずにこの大作に専念したと言ってよい。早描きで知られるフラゴナールであるが、これほどの大画面を四点仕上げるのは一大仕事であったにちがいない。

最初に、一七七一年の時点でデュ・バリー夫人がフラゴナールを選んだ理由を考えてみよう。デュ・バリー夫人にフラゴナールを推薦したのは誰なのか。これについてはしばしばドルーエやルドゥーの名が挙げられてきた。ドルーエは、夫人が旧城の食堂の扉口上部を飾るためにフラゴナールの作品を購入したときの仲介者であったし、ルドゥーはギマール嬢の邸宅の装飾にフラゴナールを登用していたからである。一方、ローザンベールは夫人の義兄でフラゴナールを好んだ美術愛好家のジャン・デュ・バリーが重要な役割を果たしたのではないかと提案している。☆31 フラゴナールは一八世紀のアカデミーの画家として順調なキャリアを積んだ画家である。二〇歳の若さでローマ賞を受賞し、一七五六年から五年間ローマに留学し、帰国後の一七六五年に《コレシュスとカリロエ》（図29）によって全員一致でアカデミー準会員に推薦された。この年の七月に国王首席画家のカルル・ヴァン・ローが亡くなり、ヴァン・ローより二つ年上のブーシェがその地位を引き継いだが、《コレシュスとカリロエ》によってサロンで成功を収めたフラゴナールは、大様式を用いることのできる将来有望な画家として期待を集め、宮廷からの注文も受けた。しかし、次の一七六七年のサロンでは厳しい批判を受け、《ぶらんこ》（図30）に代表されるような愛好家ための私的な仕事に向かうようになっていく。一七七〇年六月に購入され、ルーヴシエンヌの旧城の食堂の扉口上部を飾った《三美神》（図31）、《世界を照らすアモル》（図32）、《ウェヌスとアモル》、《夜》は、柔らかい色調でブーシェの影響を残した画風である。これらはすでに描きあがっていたカンヴァスを現場に合わせて拡大し素早く調整したものだが、夫人はその仕事ぶりに満足したのだろう。新パヴィリオンの設計にこれまで宮廷の仕事をしていないルドゥーを登用したデュ・バリー夫人が、室内装飾の大画面をフラゴナールに任せてみる気になったのも不思議ではない。

仕上った作品は、フェート・ギャラントとパストラールを消化吸収した雅びな情景で、その生気あふれる風景描写といい、スペイン風衣装の登場人物といい、四〇歳をすぎたばかりではあったが、フラゴナールの絵画の集大成ともいえるものであった。フラゴナールに霊感を与えた絵画としては、ルーベンスの《愛の園》、ヴァトーのフェート・ギャラント、ブーシェのパストラール、とくに一七六〇年代初めにサンシー元帥のために描いた繁茂する植物と彫

図29――ジャン＝オノレ・フラゴナール《コレシュスとカリロエ》一七六五年　パリ　ルーヴル美術館

図30――ジャン＝オノレ・フラゴナール《ぶらんこ》一七六七年　ロンドン　ウォーレス・コレクション

ジャン＝オノレ・フラゴナール
図31――《三美神》一七七〇年以前
グラース　フラゴナール美術館

ジャン＝オノレ・フラゴナール
図32――《世界を照らすアモル》一七七〇年以前
トゥーロン美術館

刻のある明るい風景の中に男女を配した装飾画などが挙げられている。[☆32] しかしながら、周知のように、この連作はおそらく一七七三年の夏までに作者に返却されてしまったのである。[☆33]

それでは、なぜ返却されたのだろうか。この連作はこれほど大規模なものでありながら、いずれのパネルもサロン（官展）に出品されることなくルーヴシエンヌに設置されたためか、同時代の批評が非常に少ない。ローザンベールは、ルーヴシエンヌの装飾パネルがアカデミーの美学からみてどのように判断されたかを考えるのに、一七七三年のサロンを評した過激なパンフレット『絵画についての対話』に改めて注目した。アントワーヌ・ルヌーが書いたとされるこの匿名の批評は、ルーヴシエンヌの連作に関してごく一部だけがしばしば引用されてきたものだが、三人の人物が一七七三年のサロンやパリの美術状況について語りあう形式をとっている。[☆34] フラゴナールがサロンに出品せず、また王室からの注文作品を仕上げないのは、デュ・バリー夫人のための作品が原因だという。話をリードする目利きの画商が「あなたはルーヴシエンヌで見てきましたね。最上のものを。ぶつけられ、転がされ、よく泡立てられた、そう、そう、真のタルトゥイリだ」と言うと、それは誰のことかと尋ねられて、「私が話しているのは神聖なるフラゴナールのことだ。わが国の一流画家たちの意見では最も注目すべき芸術家だそうだ」と答える。このパンフレットは、フランス絵画の現状が彫刻に比べ嘆かわしい状態にあるという認識を基調としており、そうした状況にあって期待されていたフラゴナールの新たな大作が古典主義から程遠いものであったことへの批判が表明されている。

ヴィアンの連作

ヴィアンが注文を受けたのは一七七二年の暮か、一七七三年の年初であるとされる。ということは、短期間のうちにフラゴナールの連作を壁から外すことが決まったわけである。ヴィアンは、一六〇〇〇リーヴルでこの仕事を引き受け、制作にとりかかった。[☆35] 主題についてのとりきめはあったのだろうか。デザリエ・ダルジャンヴィルはパリ近郊のガイドブックの中でルーヴシエンヌをとりあげ、「歴史や寓話のよく知られた主題は、ヴィアン氏に禁じられたので、彼はこれら四つの寓意的な主題を発案することを余儀なくされた。そしてそれらを高貴なものにするためにギリシア様式で扱った」と伝えている。[☆36] ヴィアンは、実際フラゴナールの作品から自由に発想を得たようで、一組の男女を主人公とする連作を制作した。先に仕上った二点は、一七七三年のサロンに出品されたが、このうちの一点はサロン開会日にはまにあわず、九月半ばに運びこまれた。残りの二点うち、一点は一七七三年の一〇月から一二月にかけて制作され、一七七四年六月にパヴィリオンに掛けられ、最後の一点は完成後もヴィアンの手元に置かれ、一七七五年三月にようやく設置された。[☆37]

制作された順にしたがって主要人物を中心に作品を見ていこう。最初は《決して恋をしないと誓いあう二人の若いギリシアの女性》（図33［一七七三年のサロンに出品］）である。画面左には「時」の翁が眠っていて、その上ではアモルが右手に弓をもち左手で祭壇の火を松明に灯している。右では花綱を手にした二人の女性が互いに見つめあう。背後に一組の男女が見える。第二の《眠っているアモルに出会う若い女性たち》（図34［一七七三年のサロンに、九月に出品］）では、右下に屈んでいる女性の前にアモルが眠っており、彼女は中央に立つ女性から花綱を受けとる。ほかに四人の女性がいて遠方に古代風の建物が見える。第三の《愛する女性に戴冠する恋人》（図35［一七七三年一〇月～一二月に制作］）では、中央に立つ男性が右の女性の頭に花冠をかぶせるところである。二人は見つめあい、左下に座っている女性が主人公の女性に花輪を渡そうとしている。背景右に抱きあう男女が見える。第四の《結婚の祭壇の前で結ばれる二人の恋人たち》（図36［一七七四年］）は、円形の神殿の前に祭壇があり、跪く男性が恭しく女性の手をとって永遠の愛を誓う。アモルたちが祝福し、左側にはウェヌスの持物である鳩に花綱をつけて放とうとしている人物がいる。この連作では、若い女性同士が友情を誓いあうが、成熟するにつれ異性との愛に目覚め、結婚にいたるという道徳的な愛が表現されていると言えよう。

一七七三年のサロン評では、主題は魅力的だが、扱い方が冷たく仰々しい、若いギリシア女性の頭が小さすぎるといった批判が出された。[☆38] 場面設定と衣装は明らかに古代風であり、人物は彫像のようで、構図は静的である。とくに《結

図33――ジョゼフ＝マリー・ヴィアン
《決して恋をしないと誓いあう二人の若いギリシアの女性たち》一七七二年頃
シャンベリー　サヴォワ県庁舎

図34――ジョゼフ＝マリー・ヴィアン《眠っているアモルに出会う二人の若いギリシアの女性たち》
一七七三年頃　パリ　ルーヴル美術館

図35――ジョゼフ＝マリー・ヴィアン《愛する人に戴冠する恋人》一七七三年
パリ　ルーヴル美術館

図36――ジョゼフ＝マリー・ヴィアン《結婚の祭壇の前で結ばれる二人の恋人たち》一七七四年
シャンベリー　サヴォワ県庁舎

婚の祭壇》では人物がレリーフのように表現されている。この連作は当時、「若い女性たちの心の中での恋のなりゆき」という名で知られていた。[☆39] そして、革命後の一七九三年三月六日に作成されたデュ・バリー夫人所有の財産目録には、新パヴィリオンの「右側のサロン」に、「物語主題を表わした四点の大型タブロー」(4 grands tableaux représentant des sujets d'hitoire)という記述がある。[☆40] したがってヴィアンの連作は、明確な文学的ソースに基づいてはいないものの、一続きの物語表現として受けとられていたことがわかる。

ギリシア趣味

ヴィアンの作品のタイトルには「ギリシアの女性」という言葉が出てくるが、ヴィアンは一七六〇年代から古代風のスタイルをとりいれた甘美な画風で大成功を収めていた。ギリシア趣味(à la grecque, goût grec)という言葉は実際のところ、なにを指して使われたのだろうか。ルイ一六世様式の生成を研究したエリクセンは、一八世紀に使われた「ギリシア趣味の」あるいは「ギリシア風の」(dans le goût grec あるいは à la grecque)という言い回しは、どのような文脈で誰が使っているかによってその意味はさまざまであり、広義での「古典的」という意味で使われているにすぎない場合も多いことに注意を促している。なにしろ、コーヒーやヘア・ローションの広告にまで使われたほどこの表現は濫用されたという。エリクセンによれば、たしかなことは一七六〇年代初めの家具とそのほかの装飾美術に見られる特別な流行について言及するときに使用されたということである。[☆41] フランスでつくられた最も早い新古典主義の家具とされるのは、裕福な金融家の出身で美術収集家として名高いラ・リヴ・ド・ジュリのためにつくられた書物机と書類棚と置時計からなる一揃いである(図37)。これは、画家で建築家のルイ゠ジョゼフ・ル・ロランのデザインに基づいて、一七五七年頃にある高級家具師が黒檀で化粧張りした小楢材でつくり、金属部分はフィリップ・カフィエリがつくったものである。直線を基本とした力強く量感のある構造になっていて、しなやかな曲線をふんだんに使ったロココ様式とは際立った対照をなしており、波型渦巻き模様、雷文模様、幾何学的な花綱で装飾されている。花綱はずっしりと太く、まさに綱のようである。金属部分をみれば、机の端にはネメアのライオンの首と皮をモチーフにした装飾が、円柱型の脚の先にはライオンの足がついている。ラ・リヴ・ド・ジュリはこの家具を自宅の「フランドルのキャビネ」に置いていたが、この部屋もギリシア趣味で装飾されていたという。ラ・リヴ・ド・ジュリ自身はこの家具について「古代様式、つまり現在ひどく濫用されている言葉を使うなら、ギリシア趣味でつくられている」と述べている。[☆42] この人物は、同時代のフランス絵画をいち早く収集した愛好家として知られるが、一七五〇年代半ばからパリで影響力の強い美術愛好家で考古学者のケリュス伯爵と親しくしていた。この二人は有名なジョフラン夫人のサロンの常連でもあった。ケリュス伯爵がル・ロランを熱心に支援していたことが、ラ・リヴ・ド・ジュリの家具を生みだすことになったのではないかとエリクセンは推察している。

それに対し、絵画における「ギリシア風」は、ずっと軽やかでロココの人物に古代風の衣装をまとわせたといったものである。ヴィアンが『エルコラーノの絵画』(ナポリ、一七六二年)に掲載されたC・ノッリの版画を利用して描き、一七六三年のサロンに出品した《アモルを売る女》(図38)はよく知られているが、すでにそれ以前から動きの少ない構図と古代風の髪型と衣装をとりいれていた。一七六一年のサロン出品作《ブロンズの壷を花輪で飾る若いギリシアの女性》(図39)では、付け柱のある落ちついた室内で、若い女性が布をかけたテーブルの上の壷を花輪で飾ろうとしている。女性は古代風の長い衣を身にまとい、椅子とテーブルは重厚な造りである。一七六〇年からローマに出発する一七七五年まで、ヴィアンはこうした「ギリシア風」の主題で有名となり、英雄的ではない古代ギリシアのイメージをジョフラン夫人やラ・リヴ・ド・ジュリなど裕福な美術愛好家のために描いた。それは一八世紀前半の神話画に比べ、明らかに表現の仕方は異なるものの、いまだ古代回帰への過渡期に位置するものである。

5　ルドゥーと/あるいはデュ・バリー夫人の決断

室内装飾の適合性

図37――ルイ＝ジョゼフ・ル・ロラン設計
《書き物机、書類収納棚、時計》
アンジュ＝ローラン・ド・ラ・リヴ・ド・ジュリのために
一七五六～五七年頃製作
ブロンズ台はフィリップ・カフィエリ
シャンティイ　コンデ美術館

図38――ジョゼフ＝マリー・ヴィアン
《アモルを売る女》一七六三年
フォンテーヌブロー宮殿

図39――ジョゼフ＝マリー・ヴィアン
《ブロンズの壷を花輪で飾る若いギリシアの女性》一七六〇年
パリ　個人蔵

今日、同じ場所で見ることのできないフラゴナールとヴィアンそれぞれの連作であるが、どちらを評価するかと問われれば、フラゴナールを選ぶ人がまちがいなく多いだろう。モチーフに共通する点はあるものの、フラゴナールの鮮やかな色彩および流れるような筆致とヴィアンの抑制された色彩および堅固な輪郭線とはまさに対照的である。デュ・バリー夫人がフラゴナール作品を返却した理由は、連作の主人公たちがルイ一五世とデュ・バリー夫人に似ていてスキャンダルになるのを恐れたというものから、デュ・バリー夫人にとっては芸術的価値よりも流行の最先端にいることの方が大事であったなど、さまざまな仮説が提出されてきた。そうした中で妥当な見解とされているのは、ビーベルが論じたようにルドゥーの新古典主義建築とフラゴナールの絵画があわなかったというものである。キュザンも《逢引き》に描かれた強く身をねじるウェヌスを例に挙げて、そのポーズはロココの精神に満ちているのでルドゥーによる室内にふさわしくなかったと説明している。[☆43] しかし、フラゴナールの連作の不採用は、本当にデュ・バリー夫人が一人で決めたことなのだろうか。上述したように、ルドゥーは内装のデザインもおこない、椅子をつくったドラノワ以外はみなルドゥーの監督下にあった。そうだとすれば、フラゴナールの装飾画を却下したのはルドゥーとデュ・バリー夫人の一致した意見だったと考えるべきだと思われる。それでは、なぜ返却されたのだろうか。

シェリフは、フラゴナールの連作の発想源のひとつの可能性として、室内装飾の適合性について論じた当時の論文を挙げている。[☆44] その論文の著者デュペロンは、公的アパルトマンと私的アパルトマンそれぞれの装飾の仕方は異なり、想像力に富んだ仕方が許される私的空間では逸楽の魅力が味わえるようにすべきだと言う。プチ・アパルトマンは愛がふさわしい場所であり、具体的に銀梅花、薔薇、緑の草地、鮮やかな色に輝く田園などで部屋を飾ることを提案している。この種の部屋では、自然の純真な魅力と心地よい無秩序さを描いたタブローがあれば、快い光景と快適な庭園が目の前に広がるだろうと言っている。[☆45] たしかにフラゴナールの稲妻のような樹木の描き方や躍動するような人物は、デュペロンの記述と一致するように見える。そうだとすれば、フラゴナールは「キュル゠ド゠フールのサロン」を私的な空間とみなし、連作にとりくんだと考えられるだろう。しかしながら、結果はルドゥーとデュ・バリー夫人の目にはゆきすぎたものと映り、その作品をとりはずすことになった。夫人の絵画の趣味を分析したサユットは、所有していた絵画を調べてそのコレクションの特徴を考察し、芸術庇護におけるデュ・バリー夫人の位置を明らかにしようとした。そして夫人の芸術愛好の特徴のひとつとして、公的な趣味と私的な趣味という二重の性格が見られることを指摘した。それは、新パヴィリオン自体の性格と重なりあう。国王をもてなすための悦楽の聖所としての雅びな性格と同時に、国王の居場所にふさわしい性格も有していなくてはならないということである。上に述べたように、パヴィリオンの落成式の時点で、最も公的な場所である「国王のサロン」に、一七六五年にショワジー城のために発注された歴史画が飾られたのは、そうした意図からであるとサユットは解釈している。[☆46] ブードワールであった第二サロンが一番親密な空間であるのに対し、「キュル＝ド＝フールのサロン」はゲームを楽しむ部屋ではあるが、デュ・バリー夫人とルドゥーは、ここにもある程度の公的性格を求めたのではないだろうか。

室内装飾再現の可能性

室内装飾を考察するさいに問題となるのは、当時の状況を知ることがむずかしいことである。実際、このパヴィリオンでも「国王のサロン」を飾る絵画とタピスリーが短期間のうちにとりかえられた。パヴィリオン全体、あるいは一部屋ごとの装飾プログラムが予めどの程度決められていたのかを判断することは困難とはいえ、文書の記述を参考にしてみることはできるだろう。一七九三年の財産目録に「キュル＝ド＝フールのサロン」は以下のように記録されている[☆47]（ラメの図に合わせて一部表記を変更している）。

金鍍金をした銅の飾りのついた鉄製の暖炉。国王のサロンに通じる扉の二枚の開き戸は一〇枚の四角いガラスが嵌められている。衣装部屋とキャビネに通じる四枚の開き扉に四枚のガラスが嵌められている。物語主題を描いた大きなタブロー四点。暖炉の上に二枚からなる鏡。窓の両側にやはり二枚からなる鏡。凸形の白大理石で金鍍金された脚のついたテーブルが二脚。二点の大理石像、ひとつは喜劇をもうひとつはアモルを表わしている。白地の布を張った椅子二〇脚と衝立。カーテン四箇所と仕切り幕二箇所はすべて白地の布。四点の枝付燭台があり、そのうちの二つは青銅色で、残りの二つは花籠を支える三美神を表わしている。青のビロードを張ったゲーム用のテーブル。オルガン・ストップを中に納めた寄木細工のテーブル。

サロンの壁はフイエとメチヴィエがルドゥーのデザインに基づいて精妙な彫刻を施した羽目板で飾られていたが、そこに鏡が嵌められていたことがわかる。暖炉は大理石と金鍍金したブロンズで装飾されていたが、作者のピエール・グティエールはその腕前によりこのパヴィリオンでドアノブなどすべてのブロンズ製品を任されていた。セーヌ川に面した壁際に台座にヴァセーの彫刻《アモル》（図14）と《喜劇のミューズ》（図15）が設置されていた。ヴァセーは、一七五五年のサロンに《アモル》の石膏雛形を、一七五七年のサロンに大理石像を出品したが、一七五七年のサロンのリヴレによればそれはラ・リヴ・ド・ジュリの所蔵品であった。この《アモル》は、一七七〇年三月五日のラ・リヴ・ド・ジュリの売立てに出品され、作者のヴァセーが買い戻した。その二年後にデュ・バリー夫人によってパヴィリオンのために購入され、《喜劇のミューズ》とともに「キュル゠ド゠フールのサロン」に飾られたのである。[☆48] 椅子については、ドラノワが彫刻家ギシャールと金鍍金師カニーの協力を得てルーヴシエンヌ城のために制作したものが確認されているが、この部屋に置かれたのもそれと同様のものだったと推察できる。楕円を描く背もたれがつき、やや先細りの脚がついたデザインである。[☆49] 数多く並ぶ椅子の背の楕円は、このサロンの湾曲した壁の部分を小さくくりかえすかのような印象を与えただろう。目録の記述の中で注目されるのは、鏡の使用である。セーヌ川に面した窓の両側の壁に鏡が嵌められていたのであれば、そこにはヴァセーの彫刻の背面とともに、直角をなす壁に設置されていた《追跡》と《恋文》も映ることになる。上述のルヌーの『絵画についての対話』はこれまでしばしば引用されてきたが、ベイリーはルヌーが書いた皮肉まじりの批判を鏡のある室内という場を考慮に入れて読み直している。[☆50] たしかにフラゴナールの絵が鏡に映ると、樹々の葉が見せる複雑な動きと強い濃淡、樹木のうねるようなシルエットを浮かびあがらせる空の青、とくに《追跡》の中の人物が示す軽やかだが大きなジェスチャーが増幅されて目が眩むような印象を生みだしたことだろう。それは白い大理石彫刻の古代趣味とは相容れないものだったのではないだろうか。室内装飾はなによりも全体の統一感を重んじることから判断すると、壁の羽目板、暖炉、ルイ一六世様式の椅子やテーブルなど古典的なモチーフと直線を基調とする室内に、装飾パネルとその鏡像は調和しなかったのかもしれない。とはいえ、デュ・バリー夫人とルドゥーがフラゴナールの準備スケッチを見たうえでパネルを制作させたことを考えると、疑問が残らないわけではない。できあがって設置された作品の色彩の目も覚めるような鮮やかさが、ルドゥーとデュ・バリー夫人の予想を超えていたのだろうか。たしかに、衣服や花や果物に使われた赤、黄色、ピンク、クリームなど鮮やかな色彩が動きの多い画面をさらに活気づけている。とくに渦巻くような樹木の描き方は、置き換えられたヴィアンの作品の背景描写と大きな相違を見せる。

デュ・バリー夫人の美術コレクションや芸術の好みに関する研究によって明らかになったのは、希少価値のある高価な家具調度品に多額のお金を投じたこと、彫刻に対してはっきりした好みをもっていたこと、好きな画家はヴィアン、ドルーエ、グルーズ、ヴェルネだったことなどである[☆51]。ロココから新古典主義への過渡期にあって、デュ・バリー夫人は甘美でやや感傷的な人物画や平明な風景画を好んだと言えよう。夫人はこのサロンのためにすでにドルーエに扉上装飾画を描かせていた。大型の装飾画を再び発注することになったときにヴィアンを選んだのはなんら驚くことではない。名声の高い歴史画家のヴィアンはすでに見たようにギリシア風の女性が花輪や鳩を手にする優美な場面を描き、サロンに出品していた。ジョフラン夫人のためにはこうした主題で四点の連作も制作していた。サイズこそルーヴシエンヌの作品に比べればずっと小さいが、こうした人物を大画面の中で風景や古代建築の前に配置すれば、愛をテーマにしながらも、格式の高い空間にふさわしい落ち着いた画面ができてくることは十分予想がついたと思われる。「恋のなりゆき」の連作のあとのことであるが、デュ・バリー夫人はヴィアンの《アモルを売る女》と《隷属状態を逃れるアモル》（図40）をルーヴシエンヌ城の寝室に飾っていた。《アモルを売る女》を所有していた目利きのブリサック公爵が、ヴィアンに新たに描かせた《隷属状態を逃れるアモル》と対作品にしてデュ・バリー夫人に贈ったのである。この二点は革命時までルーヴシエンヌの城にある夫人の寝室を飾っていた。☆52

おわりに

一七七四年五月、天然痘に罹り、死を悟ったルイ一五世は、デュ・バリー夫人にヴェルサイユ宮殿から立ち去るように命じた。「キュル＝ド＝フールのサロン」にヴィアンの作品がまだすべてそろうまえである。実は、デュ・バリー夫人はフォンテーヌブロー宮殿にささやかなパヴィリオンをつくらせていた。宮廷は秋のフォンテーヌブロー滞在を恒例としていたが、一七七一年、夫人はディアナの庭に突きだす形で礼拝堂のそばに一部屋を増築することを国王に頼み、この仕事は同年一〇月アンジュ＝ジャック・ガブリエルに命じられた。隅切りをした長方形のサロンは翌年の秋に完成した。一階建てでテラスにおおわれたこの小さなサロンはパヴィリオンと呼ばれ、「フランソワ一世のギャラリー」の翼と一本の通路でつながっていた。天井をオノレ・ギベールによる彫刻が飾り、壁は鏡とジュール＝アントワーヌ・ルソーによって美しい彫刻が施された化粧板が嵌められ、コリント式の円柱がリズムをつけていた。暖炉は彫刻家ルイ＝シモン・ボワゾとブロンズ鋳造師グティエールの作である。花模様の刺繍をした布を張った椅子、ピトワンが納めた鹿と猪のモチーフの薪台と、まさに新古典主義の調度品の粋が一部屋に集められていたと伝えられる。しかし王の死はこの部屋にとって致命的であった。六月に、王女たちの願いどおり、装飾はとりはずされて建物は解体され、調度品はあちこちへと分散してしまった。わずか二年という束の間の存在であった。☆53

ヴェルサイユをあとにしたデュ・バリー夫人は修道院で二年間隠棲し、一七七六年からルーヴシエンヌのパヴィリオンに戻って静かに余生を送った。このパヴィリオンは夫人が手に入れた最上の芸術作品であったにちがいない。デュ・バリー夫人はヴィアンの連作に満足していたと思われるが、ルイ一五世亡きあとはその売却を考えるほど困窮し

図40――ジョゼフ＝マリー・ヴィアン《隷属状態を逃れるアモル》一七八九年
トゥールーズ　オーギュスタン美術館

ていたようだ。あいにく日付の入っていない売却品リストには、設置場所は誤っているが、ヴィアンの四点の大きなタブローも挙がっている。しかし、幸いにもヴィアンの作品は売却されることなく、革命期までサロンを飾っていたが[☆54]、デュ・バリー夫人は一七九三年の一二月、亡命貴族と通じているとしてギロチンで処刑されてしまう。激動の革命期を過ぎた一八一四年、室内の荒廃ぶりをヴィジェ・ルブランが嘆いている。かつて見たあの美しいパヴィリオンをもう一度訪れようとルーヴシエンヌに急いだ彼女が目にしたのは、デュ・バリー夫人の時代のものすべてが失われ、すっかりもぬけの殻となった惨状だった[☆55]。パヴィリオンは現存するとはいえ、解体され場所もずらして移転され、ほぼ全面的に建て直されている。現在、ある私的財団の所有物となっていて一般公開はされていない[☆56]。（矢野陽子）

註

第1章　フランソワ一世とサラマンダー

☆1――螺旋階段の天井にはフランソワ一世のサラマンダーに加えて、王妃クロード・ド・フランスを象徴する頭文字Cと白貂、母后ルイーズ・ド・サヴォワの羽を重ねて矢に射抜かれた白鳥も施されている。

☆2――優雅な宮廷生活を営み、多くの女性たちと浮名を流したことでも知られるフランソワ一世が、この部屋のステンドグラスに「女は皆心変わりするもの、それを信じる者は愚か者」という言葉を刻ませたことはつとに知られる。

☆3――アリストテレス『動物誌』（*Historia animalium*）島崎三郎訳、岩波文庫、上、一九章、五五二b。

☆4――P・アンセル・ロビン『中世動物譚』関本榮一、松田栄一訳、博品社、一九九三年、一五八ページ。

☆5――*Hori Apollinis Niliaci Hieroglyphica*, Bononiae, Apud Hieronymum Platonidem, 1517. Translated and introduced by George Boas, *The Hieroglyphics of Horapollo*, Princeton University Press, 1993, p. 84.

☆6――Theophrastus, *De igne*, 60, the Netherlands, 1971, pp. 38-39.

☆7――Plinius, *Historia naturalis*, X, 86; XXIX, 23.「あらゆる有毒な生物のうちで、サラマンダーの悪行が最もひどい。……予見せぬ大勢の人々を一度に殺すことができるのだ。というのは、それがある木の中に入りこむと、その毒で果実をすっかり汚染し、トリカブトと同じように、それを食べた人々をその氷らせる性質で殺してしまう。いやそれだけではない。もしサラマンダーが触れた木とか石とかの上にパンが一片おかれるか、あるいはそれが井戸に落ちると、同じようにそのパンも水も毒を帯びる。一方、その唾液が身体のどこかの部分、あるいは足にかかっても、身体中の毛が抜けおちる」。

☆8――*The Etymologies of Isidore of Seville*, translated, with introduction and notes by Stephen A. Barney, W. J. Lewis, J. A. Beach, Oliver Berghof, Cambridge, 2011, XII, iv, 36.「サラマンダーは火に勝るゆえにこのように呼ばれる。有毒な生きものの中でもサラマンダーは最強である。ほかの生きものは一度に一人の人を殺すが、サラマンダーは一度に多くの人を殺すことができる。というのは、それが木に登れば、すべての果実に毒を注入し、その果実を食べたものは皆死ぬ。また井戸に落ちるならば、その毒の力で、その水を飲む人を誰であれ殺す。この動物は火に勝り、この動物だけが火を消すことができる。というのは、この動物だけは傷つくこともなく火の中で生きることができるからである」。

☆9――「フィシオログス」とは「自然学者（博物学者）」の意味で、著者は伝えられていない。

☆10――*Physiologus Bernensis*, Codex 318, fol. 17 v.

☆11――P・アンセル・ロビン、前掲書、一五八ページ。マルコ・ポーロの記録については第一巻三九節にある。この説を補強する典拠は、ローマの著述家カシオドルス（四八七年頃～五八三年頃）の『動物について』（*De Anima*）を参照。「サラマンダーは再び活気をとりもどし、燃えさかる火の中で蘇生する」（*De Anima*, 12）。

☆12――徳井淑子『涙と眼の文化史』、東信堂、二〇一二年、一二四ページ。

☆13――フランス語のドゥヴィーズは、イタリア語のインプレーサに相当するが、イタリアのインプレーサの成立にはフランスのドゥヴィーズがかかわっていると考えられている。一説には、インプレーサはフランス軍がイタリアに侵攻したとき（一四九四～九五年）にフランス兵士が武具につけていたドゥヴィーズと相互に交わったとされる。

☆14――フランスのキュイゾーに生まれリヨン近郊のボジューで流行病のために没したパラダンは、聖堂参事会員を務める文筆家である。刊行された書物は三冊知られており、『ガリア王と諸侯の家系同盟』（*Alliances genealogique des rois et princes de Gaule*）では、フランス王と諸侯についての紋章が扱われ、彼らの婚姻関係など歴史的な説明がなされている。

☆15――パラダンの『英雄的ドゥヴィーズ集』（Claude Paradin, *Devises Heroïques*, Lyon, 1551）の初版に収められていたのはモットーと図版だけである。説明が施されるのはそののちの版からである。

☆16――炎に包まれたサラマンダーは、フランソワ一世のドゥヴィーズであり、以前はその父であるアングレーム伯シャルル・ドルレアンのドゥヴィーズでもあった。証明する資料が存在しているわけではないが、シャルル・ドルレアンの父ジャン・ダングレームも使用していたようである。Anne-Marie Lecouq, *François 1er imaginaire*, Macula, 1987, p.38. パラダンはプリニウスを典拠としており、「サラマンダーはきわめて冷たく、火をも氷のごとくに消してしまう。また、火の中でも生きながらえるとも言われており、火を喰らうとも信じられている」と記述している（Paradin, *op. cit.*, p.16）。

☆17――Paradin, *op. cit.*, p. 16.

☆18――Claude Paradin, *Devises Heroïques*, Paris, 1622, p.15.
L'ours fier, l'Aigle legere, et le serpent tortu,
Salamandre, ont cedé à ton feu et vertu.

☆19――Paolo Giovio, *Dialogo dell'Imprese militali e amorose*, Bulzoni Editore, Roma, 1978, p. 50. 一五七四年のリヨン版に挿入された図

像において付されたモットーは「我は養い、滅ぼす」（"Nutrisco et extinguo"）である。

☆20——*Ibid*, p. 50, n 48.

☆21——伊藤博明『綺想の表象学——エンブレムへの招待』、ありな書房、二〇〇七年、一一八ページ。

☆22——Paradin, *op. cit.*, pp. 3-4. 伊藤博明『綺想の表象学——エンブレムへの招待』、ありな書房、二〇〇七年。

☆23——池上俊一『儀礼と象徴の中世』、岩波書店、二〇〇八年、三五〜三七ページ。

☆24——ロイ・ストロング『ルネサンスの祝祭』（上）、星和彦訳、平凡社、一九八七年、二一ページ。

☆25——*L'entreé de François premier Roy de France en la Cité de Lyon le 12 juellet 1515*, Lyon, 1899, pp. 14-15.

☆26——Maximus est regum mundi salamandrius heros, Angue qui curvo lilia juncta gerit.

☆27——Par droict royal je suys en ce fleuron
Pour y florir, moyen grace divine
Qui me maintient hault, bas et environ,
Car issu suys de la vraie racine
Des roys françoys portant le nom et signe.
Je me dys tel et le veulx maintenir,
Pour vérité nobless le confine
En me montrant son amour très bénigne,
Aussy tous temps la veux entretenir.
L'entreé de François premier Roy de France en la Cité de Lyon le 12 juellet 1515, Lyon, 1899, pp. 14-15.

☆28——フランソワ一世に続くアンリ二世の入市式に登場する「エッサイの木」でも、サラマンダーはその根幹にうずくまり、フランス王家の正統性を強調する。一五五〇年のアンリ二世のルーアン入市式では、下部に炎の中のサラマンダーが蹲り、頂部でアンリ二世のドゥヴィーズであるペガソスが誕生して空へと舞うスペクタクルが演じられ、サラマンダーを根幹に継承される王権の正統性と神威の称揚が大仕掛けな演出で演じられた。

☆29——Anne-Marie Lecoq, *La Salamandre royale dans les entrées de Francois Ier*, p. 98.

☆30——岩井瑞江「フォンテーヌブロー派、アルター・エゴの図像」、『フォンテーヌブロー派画集』、ピナコテーク・トレヴィル・シリーズ4、一九九五年、九三ページ。

☆31——Henri Zerner, *L'art de la Renaissance en France*, Flammarion, 1996, p. 72.

☆32――*Ibid.*, p. 81.
☆33――*Ibid.*, p. 80.
☆34――この場面はかつて「トロイの炎上」と父アンキセスを救出するアエネアスと考えられていた。*Ibid.*, p. 80.
☆35――*Ibid.*, p. 80. またゼルナーは、《カターニャの双子》に「王家の継承」という側面の強調を、《クレオビスとビトン》に「神意による慈悲」という側面を重ねあわせて読み解いている。
☆36――*Ibid.*, p. 80.
☆37――岩井瑞江、前掲書、九三ページ。
☆38――G・ヴァザーリ『続ルネサンス画人伝』平川祐弘他訳、白水社、一九九五年、一一九ページ。「この廊下の両端にある出入り口には、一枚ずつ計二枚のデッサン、彩色ともにロッソ自身の手になる油絵があって、これ以上完璧な作品はないと言ってもよい。その一枚にはバッカスとヴィナスが描かれており、達者な筆遣いと、的確な描写が目立つ。バッカスは、若い裸の青年で、ういういしく、甘く繊細で、肌に触れようとすればさわれるぐらいで、描かれてあるというよりは生きている。バッカスのまわりには、黄金製、銀製、ガラス製、あるいは美しいさまざまな大理石製に見える花の壺があり、珍しく見慣れない物があまりに多いので、この新工夫をちりばめた絵を目の当たりにした人たちは唖然となる。……ロッソが特に念を入れて、筆をふるったのは、キューピッドであった。十二歳の少年を念頭に描いたのに、作品ではもう少し成人して、十二歳の幼さにはない色気が出て、身体のすべての部分が美しくなっている。この二つの作品を見たフランス王は、いたくお気に召され、ロッソを寵愛することさらにはなはだしくなった」。
☆39――典拠はフランソワ一世も所蔵していたクラロスのニカンドロス（Nikandros）の『テリアカ』（*Theriaca*）である。
☆40――岩井瑞江、前掲書、九四ページ。
☆41――岩井瑞江「フランスのマニエリスム美術」『マニエリスム』、世界美術大全集・西洋編、第一五巻、小学館、一九九六年、三八三ページ。
☆42――アンドレア・アルチャーティ『エンブレム集』伊藤博明訳、ありな書房、二〇〇〇年、五〇ページ。
☆43――アルチャーティ、前掲書、一三三〜三四ページ。

第2章　フォンテーヌブロー宮殿の室内装飾

☆1――シャンボールもフォンテーヌブローも、フランス語ではchâteauと呼ばれる。したがって、一方を城、他方を宮殿と訳すことは一貫性に欠けるが、慣例に従い以下シャンボール城とフォンテーヌブロー宮殿と呼ぶこととする。

☆2——フォンテーヌブロー宮殿の前史については、以下に詳しい。Jean-Marie Pérouse de Montclos, *Fontainebleau*, trans. Judith Hayward, Scala Books, 1998, pp. 13-14.

☆3——Pérouse de Montclos, *op. cit.*, pp. 72-73.

☆4——Le Marquis Léon de Laborde (recueillis et mis en ordre), *Les comptes des bâtiments du rois (1528-1571)*, tome I, Paris, 1877. さらに近年の研究として、以下の研究書では『国王の建物の会計報告』以外の史料も含めて整理されている。Françoise Boudon et Jean Blécon avec la collaboration de Catherine Grodecki, *Le château de Fontainebleau de François Ier à Henri IV*, Picard, 1998.

☆5——Philibert Delorme あるいは de l'Orme である。『会計報告』でも Delorme と de Lorme の両方が用いられている。

☆6——Laborde, *op. cit.*, p. 45.

☆7——*Ibid.*, p. 82.

☆8——*Ibid.*, p. 211.

☆9——Pérouse de Montclos, *op. cit.*, p. 19.

☆10——*Ibid.*, p. 22.

☆11——Pérouse de Montclos, *op. cit.*, p. 23.

☆12——Pérouse de Montclos, *op. cit.*, p.14; Boudon, Blécon, Grodecki, *op. cit.*, pp. 20-21.

☆13——なお、北側中央のフレスコ画とハイ・レリーフは一九世紀に復元されたものである。

☆14——Pérouse de Montclos, *op. cit.*, p. 33.

☆15——Boudon, Blécon, Grodecki, *op. cit.*, p. 233.

☆16——*Ibid.*, p. 234.

☆17——Boudon, Blécon, Grodecki, *op. cit.*, p. 234.

☆18——Boudon, Blécon, Grodecki, *op. cit.*, p. 235.

☆19——Boudon, Blécon, Grodecki, *op. cit.*, p. 37.

☆20——Yves Carlier, *Histoire du château de Fontainebleau*, Éditions Gisserot, 2010, p. 41.

☆21——Pérouse de Montclos, *op. cit.*, pp. 76-77.

☆22——Pérouse de Montclos, *op. cit.*, p. 82; Boudon, Blécon, Grodecki, *op. cit.*, p. 58.

☆23——Pérouse de Montclos, *op. cit.*, p. 82.

第3章　ランベールの邸館

☆1——B. de Andia / N. Courtin (ed.), *L'île Saint-Louis*, Paris, 1997, pp.211-25. この小論でとりあげる「ミューズの間」の概要については次の文献を参照のこと。A Mérot, *Eustache Le Sueur (1616-1655)*, Paris, 1987, pp.270-77; A. Mérot, *Retraites mondaines. Aspects de la décoration intérieure à Paris, au XVIIe siècle*, Paris, 1990, pp.141-53; *Eustache Le Sueur* (exh.cat.), Musée du Grenoble, 2000, pp. 118-22.

☆2——*Le Cabinet de l'amour de l'Hôtel Lambert* (Les Dossiers du Département des peintures, 3), Paris, Musée du Louvre, cat. by J.-P. Babelon, G. de Lastic, P. Rosenberg, A. Schnapper, 1972, p. 8. 一七世紀の格天井の装飾については以下を参照。A. Gady, "Poutres et solives peintes. le plafond à la française'", *Revue de l'art*, 122. 1998, pp. 9-20.

☆3——一七世紀の個人の住居とその装飾の概要については以下を参照。ベルーズ・ド・モンクロ『芸術の都　パリ大図鑑』三宅理一監訳、西村書店、二〇一二年、二九〇〜三一〇ページ。

☆4——シモン・ヴーエのフランスへの帰国（一六二七年）以降の新しい天井装飾の展開については以下を参照。B. Brejon de Lavergnée, "De Simon Vouet à Charles Le Brun", *Revue de l'art*, 122. 1998, pp. 38-54.

☆5——ラ・ヴリリエールの邸館の装飾については以下を参照。S. Cotté, "Un exemple du 'gout italien', la galerie de l'hôtel de La Vrillière à Paris", *Seicento. le siècle de Caravage dans les collections françaises* (exh.cat.), Paris, Galeries Nationales d'Exposition du Grand Palais, 1988, pp. 39-46.

☆6——「アモルの間」の装飾については以下を参照。*Le Cabinet de l'amour de l'Hôtel Lambert;* Mérot, *Eustache Le Sueur*, pp. 260-70.

☆7——ル・ブランの「ヘラクレスのギャラリー」については以下を参照。J. Montagu, "The early ceiling decoration of Charles Le Brun", *The Burlington magazine*, 105.1963, pp.395-408; Claude Nivelon, *Vie de Charles le Brun et description détaillée de ses ouvrages*, Ed. critique et introd. par L. Pericolo, Genève, 2004, pp. 242-49. なお、ル・シュウールは「浴室の間」の装飾を「ミューズの間」の装飾と並行しておこなっている (M. 143)。

☆8——L. Dussieux et al.(ed.), *Mémoires inédits sur la vie et les ouvrages des membres de l'Académie Royale de Peinture et de Sculpture*, publiés d'après les manuscrits conservés à l'Ecole Impériale des Beaux-Arts, Paris, 2 vol., 1854, vol. 1, pp. 151-52. ル・シュウールのミューズたちは、一六五八年の文書に資料により、当初はグロテスク文様のある金地に描かれており、そののち拡大されて背景にパテルによる風景画が描かれたことがわかっている (Mérot, *Eustache Le Sueur*, p. 271)。この小論では議論に立ち入らないが、視覚的な着想源については以下を参照。G. Rouchès, *Eustache Le Sueur*, Paris, 1923, pp. 38-39.

☆9——*Les Peintures de Charles Le Brun et d'Eustache Le Sueur qui sont dans l'hôtel du Chastelet, cy devant la maison du President Lambert, dessinées par Bernard Picard et gravées*, Paris, 1740. この版画集については以下を参照。M. Favreau, "Les fastes du grand siècle au temps de Voltaire : le recueil gravé des décors peints de l'hôtel Lambert", *A l'origine du livre d'art*, ed. C. Hattori et al., Cinisello Balsamo, 2010, pp. 231-42.

☆10——A. N. Dezallier D'Argenville, *Voyage pittoresque de Paris ou Indication de tout ce qu'il y a de plus beau dans cette grande ville en peinture, sculpture, & architecture*, Paris, 1757, pp. 243-44.

☆11——Mérot, *Eustache Le Sueur*, pp. 270-72.

☆12——*Iconologie ov les principales choses qui peuvent tomber dans la pensée touchant les vices et les vertus sont représentées sous diuerses figures / grauées en cuiure par Iacqves de Bie et moralement explicquées par I. Bavdoin*, Paris, 1643.

☆13——N. R. Henderson, "Le Sueur's decorations for the Cabinet des Muses in the Hôtel Lambert", *The art bulletin*, 56. 1974, pp. 555-70, esp.p. 565-68. なおヴィテ（L.Vitet, *Eustache Le Sueur. Sa vie et ses œuvres*, Paris, 1849）は、図6の方をテルプシコレ、図7の方をカリオペであるとしている。

☆14——*Seicento. le siècle de Caravage dans les collections françaises* (exh.cat.), Paris, Galeries Nationales d'Exposition du Grand Palais, 1988, nos. 12-19.

☆15——アルコーヴについては以下を参照。H. Havard, *Dictionnaire de l'ameublement et de la décoration depuis le XIIIe siècle jusqu à nos jours*, 4vols., Paris,1890, vol. 1, pp. 45-52; J. P. Babelon, *Demeures parisiennes sous Henri IV et Louis XIII*, Paris, 1991, pp. 200-03.

☆16——Gédéon Tallemant des Réaux, *Historiettes* (Bibliothèque de la Pléiade), 2 vols., Paris, 1960-61, vol. 2, p. 655. Cf. Henderson, *op. cit.*, p. 556. 一七世紀のサロンについては以下を参照。川田靖子『一七世紀フランスのサロン――サロン文化を彩る七人の女主人公たち』、大修館書店、一九九〇年。

☆17——B. Brejon de Lavergnée, *Charles Poerson, 1609-1667*, Paris, 1997, no. 30.

☆18——Henderson, *op. cit.*, p. 561.

☆19——Cf. J. Thuillier,"Les derniéres années de François Perrier (1646-1649)", *Revue de l'art*, 99. 1993, pp. 9-28; A. Mérot, "L'art de la voussure", *Revue de l'art*, 122. 1998, pp. 27-37.

☆20——Henderson, *op. cit.*, p. 560.

☆21——G. Brice, *Nouvelle description de la Ville de Paris et de tout ce qu'elle contient de plus remarquable*, 2 vol., Paris, 1687, vol. 1, p. 237. 初版は一六八四年。ランベールの邸館の「ミューズの間」を当時のサロンと音楽をめぐる文脈に位置づけようとする論考に次のものがある。B. Donné, "'Le Secret des Muses': cercles amicaux et artistiques autour de Le Sueur", *Littérature et peinture au temps de Le Sueur* (actes du colloque organisé par le Musée de Grenoble et l'Université Stendhal à l'Auditorium du Musée de Grenoble les 12 et 13 mai 2000), Grenoble, 2003, pp. 107-23.

☆22――Henderson, *op. cit.*, p. 569.

☆23――Henderson, *op. cit.*, p. 564.

☆24――「ド・シャルモワ殿の請願書、国王（ルイ一四世）ならびに国務評定官諸卿へ」。N・エニック『芸術家の誕生――フランス古典主義時代の画家と社会』佐野泰雄訳、岩波書店、二〇一〇年、付属資料一六～一七ページ。王立絵画彫刻アカデミーの設立前後の状況については、拙稿「王立絵画彫刻アカデミー　それ制度と歴史」『西洋美術研究』2、一九九九年、五三～七一ページ、および栗田秀法他訳「原典資料紹介　マルタン・ド・シャルモワの嘆願書／ジャン＝バティスト・コルベールのプッサン宛書簡」『西洋美術研究』12、二〇〇六年、一四九～六三ページの筆者よる解題などを参照。

☆25――P. Rosenberg / J. Thuillier, *Laurent de La Hyre, 1606-1656: l'homme et l'œuvre*, Genève, 1988, pp. 292-302, nos. 255-63.

☆26――この時期の古典主義傾向については次の展覧図録を参照のこと。*Eloge de la clarté: un courant artistique au temps de Mazarin, 1640-1660* (exh.cat.), Musée Magnin de Dijon, 1998.

☆27――J. Thuillier, "Classicism' in French Paintings of the Seventeenth Century: from the Reality to the Concept", *Le Classicisme Francais. Masterpieces of French 17th century paintings* (exh. cat.), The National Gallery of Ireland, Dublin, 1985, pp. xiii-xxii, esp. p. xix.

☆28――J. Thuillier, "Académie et classicisme en France: les débuts de l'Académie royale de peinture et de sculpture (1648-1663)", *Il mito del classicismo nel Seicento*, Messina, 1964, pp. 181-209, esp. p. 197. なお、フランス一七世紀文学における"atticisme"については以下を参照。R. Zuber, "Atticisme et classicism", *Critique et création littéraire en France au XVIIe siècle* (Paris: Colloques Internationaux du C. N. R. S. n° 557), Paris, 1977, pp. 375-87.

☆29――*Poussin and nature : arcadian visions* (exh.cat.), Metropolitan Museum of Art, 2008, no. 47. プッサンの風景画については以下を参照。拙稿「西洋近世における自然と人間――プッサンにおける理想的風景画をめぐって」『JunCture　超域的日本文化研究』4、二〇一三年、三〇～四一ページ。

☆30――Otto Vanius, *Emblemata Horatiana*, Antwerp, 1607, p. 151. Cf. M. Fumaroli, *L'inspiration du poète de Poussin: essai sur l'allégorie du Parnasse* (Les Dossiers du Département des peintures, 36), Paris, 1989, p. 47. ウェニウスの『ホラティウスのエンブレム集』（一六〇七年）については以下を参照。伊藤博明『綺想の表象学――エンブレムへの招待』、ありな書房、二〇〇七年、三八九～四一〇ページ。

第4章　ヴェルサイユ宮殿の装飾

☆1——André Félibien, *Description sommaire du Chateau de Versailles*, Paris, 1674, pp. 11-12.

☆2——ヴェルサイユ宮殿の「鏡の間」は三年ほどかけて修復改修された。その結果は次の書物を参照。Pierre Arizzoli-Clémentel et al., *La galerie des glaces : histoire et restauration*, Dijon, 2007.

☆3——廣田昌義、秋山伸子共編、「ヴェルサイユ即興劇」『モリエール全集3』、臨川書店、二〇〇〇年所収。その解説とともに、一七世紀の演劇事情については、藤井康生『フランス・バロック演劇研究』、平凡社、一九九五年、中央大学人文科学研究所編『フランス十七世紀の劇作家たち』、二〇一一年、中央大学出版部、などを参照のこと。

☆4——André Félibien, *Tapisseries du Roy où sont représentez les Quatre Elémens et les Quatre Saisons*, Paris, 1670.

☆5——この祝祭の公式記録は、次の形で出版されたが著者名の記載はない。挿図はイスラエル・シルヴェストルが担当した。*Les plaisirs de l'isle enchanté...faites par le Roy à Versailles*, Paris, 1664. なお挿図なしの記録は次に収載されている。Molière (Georges Couton éd), *Œuvres complètes 1, Bibliothèque de la Pléiade*, Paris, 1971.

☆6——André Chastel, *L'Art français III, Ancien Régime*, Paris, 2000 (1ère éd. 1990), p. 17.

☆7——Charles Perrault, *Courses detestes et de bagues faittes par le Roy...en l'année 1662*, Paris, 1670.

☆8——引用は以下。André Chastel, *L'Art français III, Ancien Régime*, Paris, 2000 (1ère éd. 1990), p. 17.

☆9——廣田昌義、秋山伸子共編、「エリード姫」『モリエール全集4』、臨川書店、二〇〇〇年所収。

☆10——ロイ・ストロング『ルネサンスの祝祭』(上)、星和彦訳、平凡社、一九八七年、三一〜四〇ページ。

☆11——Jean-Marie Apostolidès, *Le roi-machine*, Paris, 1981.（ジャン＝マリー・アポストリデス『機械としての王』水林章訳、みすず書房、一九九六年）。

☆12——連作は一六六〇年に描かれた《アレクサンドロス大王に跪くペルシアの女王たち》（ヴェルサイユ宮殿美術館）に始まり、一〇年余を経て全五作が完成した。《ペルシアの女王たち》は、画家がルイ一四世から寵愛を受けるきっかけとなった作品である。残りの四作はすべてルーヴル美術館に収蔵されている。

☆13——Michel de Pure, *Idée des spectacles anciens et nouveaux*, Paris, 1668, p. 181.

☆14——Philippe Beaussant, *Les Plaisirs de Versailles*, Paris, 1996, p. 41.（フィリップ・ボサン『ヴェルサイユの詩学』藤井康生訳、平凡社、一九八六年、四一ページ）。

☆15——André Félibien, *Relation de la fête donnée à Versailles le 18 juillet 1668*, Paris, 1679. これは挿図とともに刊行された。次の書物を参照。Martin Mead éd., *Les Fêtes de Versailles*, Édition Dedale, Paris, 1994.

☆16――膨大な水の需要に応えて、さまざまな水利工事がなされた。セーヌ川の水を引く著名な機械仕掛けの取水設備の工事がマルリーで始まるのは一六八二年である。

☆17――André Félibien, *Les Divertissements de Versailles...en l'an 1674*, Paris, 1676.

☆18――Téthys と Thétis はしばしば混同して記述されるが、まったく別の存在でヴェルサイユのグロットは前者に捧げられた。前者テティス（より正しくはテテュス）は、ティタン親族の一人で海神オケアノスの妻となり、太陽の沈む西の果てに住んでいると考えられた。以下を参照。Jennifer Montagu, «Œuvre de Charles Le Brun», *Revue du Louvre*, no1, 1987, pp. 42-43.

☆19――祝祭に関する以下の引用は、すべてフェリビアンの以下の記述による。André Félibien, *Les Divertissements de Versailles...en l'an 1674*, Paris, 1676.

☆20――Vincent Moroteau, *Versailles. Le roi et son domaine*, Paris, 2000, p. 58.

☆21――Jean-Marie Apostolidès, *Le roi-machine*, Paris, 1981, p. 109.（ジャン＝マリー・アポストリデス『機械としての王』水林章訳、みすず書房、一九九六年、一〇九ページ以下）。

☆22――以下を参照。Catalogue de l'exposition, *Charles Le Brun, le décor de l'escalier des Ambassadeurs à Versailles*, Versailles, 1990-1991.

☆23――国王の事績を造形美術の主題とするのは、タピスリー連作〈国王の歴史〉が早い例であろう。なお国王の事績は、王立絵画彫刻アカデミーのローマ賞の初期の課題でもあった。

☆24――JacquesThuillier, «Charles Le Brun et l'escalier de Versailles». これは註☆22のカタログの巻頭論文で、引用はその二五ページから。

☆25――Geneviève Bresc-Bautier (sous la direction de), *La galerie d'Apollon au palais du Louvre*, Paris, 2004. これは「アポロンの間」の修復を記念して刊行された。

☆26――Gérard Sabatier, *Versailles ou la figure du roi*, Paris, 1999, p. 215.

☆27――プッサンの大回顧展のカタログを参照。Pierre Rosenberg, *Catalogue de l'exposition de Nicolas Poussin*, Paris et Londres, 1994-1995, cat. no.103 et 104.

☆28――Claude Nivelon, *Vie de Charles Le Brun*, ca 1700, B. N. F. ms. fçs12. 987, p. 309; éd. par L. Pericolo, Genève, 2004.

☆29――Stephane Loire, «Charles Le Brun à Rome: Les dessins d'après l'antique», *Gazette des Beaux-Arts*, septembre 2000, p. 84.

☆30――Pierre Rainssaint, *Explication des tableaux de la galerie de Versailles et de ses deux sallons*, Versailles, 1687.

☆31――Guillet de SaintGeorges (Montaiglon éd.), *Memoires inédits...*, 1853, 2vol., p. 38.

☆32――Piganiol de La Force, *Nouvelle Description des chasteaux et parcs de Versailles et de Marly*, Paris, 1717, 2vol., t. 1, p. 124.

☆33——Jacques Thuillier, «Le Brun et Rubens», *Bulletin des musées royaux des Beaux-Arts*, 1967, pp. 247-68.

第5章　ヴェルサイユ宮殿の建築・美術とブルボン王朝の記憶の継承

☆1——Catherine Massip, *Marc-Antoine Charpentier, Les Arts Florissants, H. 487, Idyle en Musique*, Les Arts Florissants / Dir. William Christie, harmonia mundi s.a., Mas de Vert, Arles, 1982, p. 6. 以下、本稿での邦訳はすべて筆者による。

☆2——ウィトルウィウス『ウィトルーウィウス建築書』森田慶一訳、東海大学出版会、一九七九年、三四～三八ページを参照。

☆3——André Félibien, *Description sommaire du Chasteau de Versailles*, Paris, 1674, pp. 11-12.

☆4——近年、建築界では、既存の建築をとりこわして、その跡地に新たな建築を新築する「スクラップ・アンド・ビルド」は持続可能な営みではなく、既存の建築を保存したうえで必要な改築を施して活用を図っていくという「建築再生」という営みが注目されている。わが国のみならず先進諸国を中心に少子化が進行しており、加えてITによる大規模需要（自動車、テレビ、コンパクト・デジタル・カメラなど）の喪失が予想され、世界は「中世化」を迎えるという見方もある中、建築需要の右肩上がりの高まりは考えにくいだろう。だが、二〇〇〇年以上にわたる建築の歴史をふりかえると、このような「建築再生」の営みは今に始まったことではないことがわかる。本稿では近世フランスを代表する建築の営みといえるヴェルサイユ宮殿の造営における「建築再生」に注目する。

☆5——ヴェルサイユ宮殿造営の通史については以下を参照。Pierre Verlet, *Le Château de Versailles*, Librairie Arthéme Fayard, Paris, 1961, 1685; Alfred Marie, *La naissance de Versailles, le château - les jardins*, 2 vols., Éditions Vincent, Fréal et Cie, Paris, 1968. Alfred et Jeanne Marie, *Versailles - son histoire,* Tome II, *Mansart à Versailles*, 2 vol., Éditions Jacques Fréal, Paris, 1972; Idem, *Versailles au temps de Louis XIV*, Imprimerie nationale, Paris, 1976; Idem, *Versailles au temps de Louis XV 1715-1745*, Imprimerie nationale, Paris, 1984.

☆6——ルイ一三世時代のヴェルサイユ宮殿については以下を参照。E.Coüard, *L'Intérieur et le mobilier du château royal de Versailles à la date de la Journée des Dupes (1630),* Mémoires et recueils composés à l'aide des documents conservés dans les archives du département de Seine-et-Oise - XII, Imprimerie Aubert, Versailles, 1906; Jean-Claude Le-Guillou, "Le Domaine de Louis XIII à Versailles, Genèse d'un jardin", *Versalia, Revue de la Société des Amis de Versailles*, Numéro spécial N°3, pp.86-111, 2000; Idem, "Les châteaux de Louis XIII à Versailles", *Versalia, Revue de la Société des Amis de Versailles*, N°7, pp.142-67.

☆7——「大使の階段」の造営については以下を参照。Fiske Kimball, "The Genesis of the Château neuf at Versailles, 1668-1671, II, The Grand escalier", *la Gazette des beaux-arts*, VIe période tome XL, pp.115-22, 1952. 9.

☆8——たとえば、代表作ヴォー＝ル＝ヴィコント城館については以下を参照。Jean-Marie Pérouse de Montclos, Georges Fessy

(Photographies de), Marc Fumaroli (Préface de), *Vaux le Vicomte*, Éditions Scala, Paris, 1997.

☆9――一七世紀前半のフランス建築については以下を参照。Anthony Brunt, *Art and Architecture in France 1500 to 1700*, Penguin Books, Melbourne - London - Baltimore, 1953 (*Art et Architecture en France 1500-1700*, traduit par Monique Chatenet, Revue par l'auteur, Éditions Macula, Paris, 1983, pp. 133-50); Jean-Marie Pérouse de Montclos, *Histoire de l'Architecture Française, De la Renaissance à la Révolution*, Éditions Mengès - Caisse Nationale des Monuments Historiques et des Sites, 1989, pp.195-214.

☆10――ここではル・ヴォーが自らのデザインを封印してルイ一三世当時の古いデザインに合わせたと読めるが、当時、このことに明確に言及されているわけではない。なお、次節で言及する庭園に面した新城館はクリーム色の切石のみで建造されている。これは新城館ファサードが正面から見られることはないゆえに異なるデザインでも問題がないと判断されたためだろう。つまり、ヴェルサイユ宮殿は正面と庭園側とで新旧二つの「顔」をもっていることになる。

☆11――この二つの野外祝典については、当時、公式記事が出された。後者については以下を参照。André Félibien, *Le grand diverttissement de Versailles*, 1668. これは以下に収録されている。Martin Meade (presentation par), *Les Fêtes de Versailles, chronique de 1668 et 1674*, Collection l'art écrit dirigée par Michel Jullien, Éditions Dédale, Maisonneuve et Laroce, 1994. また、ルイ一四世治世下の野外祝典については以下を参照。Marie-Christine Moine, *Les fêtes à la Cour du Roi Soleil 1653-1715*, Éditions Fernand Lanore, François Sorlot Éditeur, Paris, 1984; Sabine Du Crest, *Des fêtes à Versailles, Les divertissements de Louis XIV*, Éditions aux amateurs de livres, Éditions Klincksieck, Paris, 1990.

☆12――新城館造営については、ル・ギユーの一連の研究に詳しい。Jean-Claude Le Guillou, "Remarques sur le corps central du château de Versailles à partir du château de Louis XIII", *la Gazette des beaux-arts*, VIe période tome LXXXVII, pp.49-60, 1976. 2; Idem, "Aperçu sur un projet insolite (1668) pour le château de Versailles", *la Gazette des beaux-arts*, VIe période tome XCV, pp.49-58, 1980.2; Idem, "Le château-neuf ou enveloppe de Versailles. Conception et évolution du premier projet", *la Gazette des beaux-arts*, VIe période tome CII, pp.193-207, 1983. 12. これらの研究も含めてル・ギユーの新城館造営についての見解は以下にまとめられている。Idem, "Le château neuf de Versailles : conception et solution du projet [automne 1668 – été 1670]", *Versalia, Revue de la Société des Amis de Versailles*, N°8. また、この問題については、拙稿「ルイ一四世治下のヴェルサイユ宮殿第二次増築計画の着工案について」『日本建築学会計画系論文集』第五三〇号、二二九～二三三ページ、二〇〇〇年四月で論じたことがある。

☆13――"Passages extraits du manuscrit de la bibliothèque du Louvre intitulé: Notes et dessins de Claude Perrault, recueillis et annotés par Charles Perrault". この記述が記載されたオリジナルの史料は一八七一年のパリ・コミューヌの騒乱のさいに消失し

たが、それ以前に公刊された以下の資料に全文掲載されており、現在もそれを参照することができる。Pierre Clément, *Lettres, instructions et mémoires de Colbert, Tome V, Fortifications. Sciences, lettres, beaux-arts, bâtiments.*, Imprimerie impériale, Paris, 1868, p. 266. Charles Perrault, *Mémoires*, Édition de P. Bonnefon, 1909, réédition précédée d'un essai d'Antoine Picon : "Un moderne paradoxal", Éditions Macula, Paris, 1993, pp.258-59.

☆14——プチ報告書について早くから指摘したものとして以下を参照。Kimball, "The Genesis of the Château neuf at Versailles, 1668-1671, I, The initial projects of Le Vau", *la Gazette des beaux-arts*, VIe période tome XXXV, pp.353-72, 1949. 5, pp. 356-57.

☆15——ペローの書簡については以下を参照。Clément, op. cit., p. 284, n. 1. これによると六人（Louis Le Vau, Andrè Le Pautre, Jacques IV Gabriel, Claude Perrault, Carlo Vigarani, Thomas Gobert）が参加したという。

☆16——Clément, *op. cit.*, pp. 282-88.

☆17——この部分の記述は、一六六九年六月時点での新城館の中枢、すなわち「王のアパルトマン」の平面を推定する重要なデータである。以下を参照。Le Guillou, "Le château-neuf ou enveloppe de Versailles", pp. 201-03. また、筆者も前掲拙稿で論じたことがある。

☆18——この平面図発見の経緯と分析については、発見者自らによる以下の報告に詳しい。Alfred Marie, "Le premier château de Versailles construit par Le Vau en 1664-1665", *Bulletin de la société de l'histoire de l'art français*, Année 1952, pp.50-55, 3e trimestre 1953.

☆19——Clément, *op. cit.*, pp. 266-68.

☆20——「概論」分析のさいの問題点と諸家の見解については、拙稿「ジャン・バティスト・コルベールの書簡『ヴェルサイユ宮殿　概論』の位置付けと解釈をめぐる諸問題」、『日本建築学会大会学術講演梗概集』F-2　歴史・意匠、二〇〇八年、五三五〜三六ページ、二〇〇八年七月でまとめたことがある。

☆21——ヨーロッパ諸国、および後世に向けたルイ一四世のイメージ戦略については以下を参照。Jean-Pierre Néraudau, "Ovide au château de Versailles, sous Louis XIV"; R. Chevallier (édité par), *Colloque présence d'Ovide*, Collection Caesarodunum xvii bis, société d'éditions Les Belles Lettres, Paris, pp. 323-44, 1982; Nicole Ferrier-Caverivière, *L'Image de Louis XIV dans la littérature française de 1660 à 1715*, Presses Universitaires de France, Paris, 1981. ジャン＝マリー・アポストリデス『機械としての王』水林章訳、みすず書房、東京、一九九六年（Jean-Marie Apostolidès, *Le roi-machine, Spectacle et politique au temps de Louis XIV*, Les Éditions de Minuit, Paris, 1981）。Néraudau, *L'Olympe du Roi-Soleil, mythologie et idéologie royales au Grand Siècle, les Belles-Lettres*, Paris, 1986; Peter Burke, *The fablication of Louis XIV*, Yale university press, New Haven and London, 1992 (*Louis XIV, les stratégie de la gloire*, traduit par Paul Chemla, Éditions du Seuil, Paris, 1995).

☆22——この問題についての諸家の見解については、拙稿「ルイ一四世治下のヴェルサイユ宮殿第二次増築の沿革について——関連史料の位置付けと解釈をめぐる諸問題」、『日本建築学会計画系論文集』第五二二号、三〇七〜三一一ページ、一九九九年八月でまとめたことがある。

☆23——Clément, *op. cit.*, p. 266.

☆24——ル＝ギユー、ジャン＝クロード『ヴェルサイユ——華麗なる宮殿の歴史』飯田喜四郎訳、西村書店、一九九二年（Jean-Claude Le Guillou, *Versailles, histoire du château des rois*, édition des Deux Coqs d'or, Paris, 1988）では、原文 "il dit, avec un peu d'émotion, qu'on pouvait l'abattre tout entier, mais qu'il le ferait rebâtir tout tel qu'il était, et sans y rien changer" の部分の王の発言を「そんなに小さい館をこわしたいのならこわすがよい。ただし、すぐにもまったくもとどおりのかたちで再建するのだぞ！」のように直接話法で訳している。

☆25——各論については以下の冒頭でまとめられている。Robert W. Berger, *A royal passion: Louis XIV as patron of architecture*, Cambridge University Press, 1994.

☆26——Félibien, *Description sommaire du chasteau de Versailles*, 1674, pp.1-3.

☆27——Berger, *op. cit.*, 1994.

☆28——Marie, *La naissance de Versailles*, pp.65-80; Verlet, op. cit., pp. 66-69.

☆29——「磁器のトリアノン」については、拙稿「ブルボン王朝とフランス磁器の創生——『磁器のトリアノン』からセーヴル窯まで」、『日仏工業技術』（tome 51 No.2）、二〇〇六年三月でとりあげたことがある。

☆30——一六七四年の野外祝典については、当時以下が公刊された。Félibien, *Divertissements de Versailles donnés par le Roi à toute sa Cour au retour de la conquête de la Franche-Comté en 1674*, 1674. 以下に所載されている。Martin Mrade (presentation par), *Les Fêtes de Versailles, chronique de 1668 et 1674*, Collection l'art écrit dirigée par Michel Jullien, Éditions Dédale, Maisonneuve et Laroce, 1994.

☆31——このような状況を殖産興業に熱心にとりくんだルイ一四世とコルベールが黙ってみていたわけはない。一六六〇年代にはヴェネツィア共和国が生産をほぼ独占していたガラスの国産化に成功し、一六七〇年代末にはヴェルサイユ宮殿の「鏡の間」の膨大な鏡をすべて国産品でまかなえるようになっていた。ヨーロッパ初の磁器の製造をめざした試みもなされていた。一六七三年にルイ・ポトラが軟磁（pâte tendre, soft paste）の製法を編みだし、一六七九年以降、サン・クルー製作所でさらなる研究が進められた。もっとも、「軟磁」とはいうけれど、これは真の「磁器」とはいえなかった。すなわち、ガラス製の物質を陶土に混ぜて摂氏一一〇〇度くらいで焼き締め、さらに釉薬をかけて低火度で焼成するというもので、磁器に近い質感をだすことはできたが傷つきやすくもろかったのである。ルイ一四世時代から一八世紀にかけてのフランス窯業の展開については、前掲拙稿で紹介した。

☆32——Clément, *op. cit.*, p. 266.

☆33——ファサード上に設置された彫像群については以下を参照。François Souchal, "Les statues aux façades du château de Versailles", *la Gazette des beaux-arts*, VIe période tome LXXIV, pp. 65-110, 1972.

☆34——Verlet, *op. cit.*, pp. 80-86. ル・ブランの関与については、当時、彼の果たしていた役割から、このように推定されているだけである。たとえば、フランスの美術史家コンスタンスは、「国王のアパルトマン」の内装について、ル・ブランがどのような役割を果たしたのかは明確に定めることができないことを率直に述べながらも、同時期にパリやほかの宮殿の同様の仕事では彼が責任者として携わっていたことから、ヴェルサイユ宮殿新城館の内装工事でも指導者としての立場にあったのではないかと推定している。Claire Constans, article "Le Brun (Charles)", François Bluche (sous la direction de), *Dictionnaire du Grand Siècle*, Librairie Arthème Fayard, Paris, 1990, pp.840-41. 筆者としては、これを疑う理由はとくにないと考える。小アカデミーについては以下で論じられている。Jean-Marie Apostolidès, *op. cit.*, Paris, 1981, pp. 23-31. また、ヴェルサイユ庭園を対象とした以下の論考でも小アカデミーについて詳しく述べられている。Robert W. Berger, *In the Garden of the Sun King: Studies on the Park of Versailles under Louis XIV*, Dumbarton Oaks Research Library and Collection, Washington, D.C., 1985, pp.7-19. 以下ではプログラムの作者が誰であるかわかっていないと素直に述べられている。Hélène Himelfarb, article "Versailles", Lucien Bély (sous la direction de), *Dictionnaire de l'ancien régime, Royaume de France XVIe-XVIIIe siècle*, Presses Universitaires de France, Paris, 1996, pp. 1247-250. また、バージャーによると庭園装飾についても同様とのこと（Berger, *op, cit.*, pp. 7-19）。

☆35——Félibien des Avaux, *Description sommaire de Versailles ancienne et nouvelle avec des figures*, 1703, p.119-48. ここには、「大アパルトマン」の記述がえんえんと語られている。なお、一六七四年に「大広間」（grand Cabinet）と記されていた広間は「閣議の大広間」（grand cabinet du conseil）と記されている。

☆36——ここでの広間名称は以下に基づく。Félibien, *Description sommaire du chasteau de Versailles*, pp. 28-32. ただし、これ以降の広間名称は天井画中央に描かれた神々の名にちなむ名称を採る。すなわち、「ディアナの間」、「マルスの間」、「メルクリウスの間」、「アポロンの間」、「ユピテルの間」、「サトゥルヌスの間」、「ウェヌスの間」と呼称する。なお、後述するように「鏡の間」の建設にともなって「サトゥルヌスの間」と「ウェヌスの間」はとりこわされ、「ディアナの間」の東側に新たな「ウェヌスの間」が設けられることになった。

☆37——「ウェヌスの間」から「アポロンの間」までの画題については以下を参照した。Pierre Lemoine, *Versailles et Trianon –Châteaux et Jardins-, Guide du Musée et domaine national de Versailles et de Trianon*, Réunion des musées nationaux, 1992, pp.41-50. なお、ヴェルサイユの当時の詳細な案内書としては以下を参照。Piganiol de la Force, *Nouvelle description des chasteaux et parcs de Versailles et de Marly*, chez Florentin Delaulne, Paris, 1702.「国王のアパルトマン」については同書の以下の部分を参照。Piganiol de la Force, *ibid.*, t. I, pp. 92-117 (3e édition, 1713). 拙著『ルイ一四世治世下のヴェルサイユ城館および庭園と同宮殿の美術作品群の図像主題をめぐる研究』（東京大学大学院博士論文、私家版、二〇〇一年、一二五～三三ページ）に邦訳を所収している。なお、当時の王のアパルトマンの天井画主題についてはさまざまな研究があるが、ここでは以下を挙げておく。Nicolas Milovanovic, *Les Grands Appartements de Versailles sous Louis XIV*, Catalogue des décors peints, Éditions de la Réunion des musées nationaux, Paris, 2005.

☆38——本文でも指摘するように、「王のアパルトマン」と「王妃のアパルトマン」の天井画はフレスコ画ではなく油絵であり移設が可能である。「ディアナの間」、「マルスの間」、メルクリウスの間」、「アポロンの間」の装飾は現在でも同じところにあるのに対して、「ユピテルの間」の天井画は「王妃のアパルトマン」の「衛兵の間」、「ウェヌスの間」の天井画は「ディアナの間」の東隣の「広間」（現在はこちらの方を「ウェヌスの間」という）に移された。また、「サトゥルヌスの間」の天井画は実施されていないが、以下に実施予定案について一部解説がある。Félibien des Avaux, *Description sommaire de Versailles ancienne et nouvelle avec des figures*, 1703, pp.146-47. 加えて、一九九〇年に発見された下絵によって内容を知ることができる（一九九四年からヴェルサイユ宮殿が所蔵）。以上については以下を参照。Marie, *La Naissance de Versailles*, pp. 289-90, pp. 299-303; Gérard Sabatier, *Versailles ou la figure du roi*, Albin Michel, Paris, 1999, pp. 136-37.

☆39——Félibien des Avaux, *Description sommaire du Chasteau de Versailles*, pp. 33-34.

☆40——Félibien des Avaux, *ibid.*, pp. 146-47.

☆41——Kimbell, “Mansart and Le Brun in the genesis of the Grande Galerie de Versailles”, *The Art Bulletin*, Volume XXII Number 1, pp. 1-6, 1940. 3.

☆42——Guy Walton, “«L'envoloppe» de Versailles: Réflexions nouvelles et dessins inédits”, *Bulletin de la société de l'histoire de l'art français*, Année 1977, pp. 127-44, 1977, pp. 135-38, p. 140.

☆43——Jean-Claude Le Guillou, “Le château-neuf ou enveloppe de Versailles. Conception et évolution du premier projet”, pp. 200-01.

☆44——拙稿「ヴェルサイユ宮殿鏡の間の天井画の図像主題の変遷が城館と庭園の関係に及ぼした影響について」、『日本建築学会計画系論文集』（第五二六号、二五九～六三ページ、一九九九年一二月）で論じたことがある。先行研究についても前掲拙稿参照。

☆45――このテーマについては、拙稿「ヴェルサイユ宮殿鏡の間の天井画の図像主題の変遷が城館と庭園の関係に及ぼした影響について」、『日本建築学会計画系論文集』（第五二六号、二五九〜六三ページ、一九九九年一二月）で詳しく論じたことがある。

☆46――Pierre Moisy, "Notes sur la galerie des Glaces", *XVIIe Siècle, Revue publiée par la Société d'études du XVIIe siècle*, No. 53, pp. 42-50, 1961. 拙稿「鏡の技術革新と新しいインテリア」、『サンゴバン　ガラス・テクノロジーが支えた建築のイノベーション』（監修三宅理一、武田ランダムハウスジャパン、二〇一〇年、二六〜八七ページ）でも論じたことがある。

☆47――Moisy, *op. cit.* ただし、マドリードのアルカサルは一七三四年に焼失し現存しない。そののち、イタリアの建築家フィリッポ・ユヴァッラやジョヴァンニ・バッティスタ・サッケッティによって現在のマドリード王宮が建設された。

☆48――中島、前掲書、五一〜五三ページを参照。

☆49――この点については、拙稿「ヴェルサイユ宮殿鏡の間における採光の問題と王立鏡面ガラス製作所の鏡の導入」、『日本建築学会年次大会学術講演梗概集』F-2　歴史・意匠2011（七一七〜一八ページ、二〇一一年七月）で論じたことがある。先行研究についても前掲拙稿参照。

☆50――拙稿「鏡の技術革新と新しいインテリア」、五三ページ、および拙稿「ヴェルサイユ宮殿鏡の間における採光の問題と王立鏡面ガラス製作所の鏡の導入」、七一八ページを参照。

☆51――Jules Guiffrey, *Comptes des Bâtiments du Roi sous le règne de Louis XIV (1664-1715)*, Collection de Documents inédits sur l'histoire de France, Imprimerie nationale, 5 vol., 1881-1901. 鏡の納入に対する支払いは、一六八四年八月二〇日に完結しており、一六八三年分の支払いも含めたデータが一六八四年の方、すなわち以下に記載されている。Jules Guiffrey, *ibid., Tome Deuxième, Colbert et Louvois, 1681-1687*, p.468. また以下にも該当箇所が引用されている。Marie, *Versailles - son histoire*, tome II, *Mansart à Versailles* (vol. 2), p. 475.

☆52――「御湯殿のアパルトマン」については、拙稿「ヴェルサイユ宮殿の御湯殿のアパルトマンの各広間の名称と装飾」、『日本建築学会年次大会学術講演梗概集』F-2　歴史・意匠2009（九一〜九二ページ、二〇〇九年七月）で論じたことがある。先行研究についても前掲拙稿参照。

☆53――Sabatier, *op. cit.*, pp. 136-37.

☆54――以下を参照。ノルベルト・エリアス『宮廷社会』波田節夫、中芳之、吉田正勝訳、法政大学出版会、一九八九年（Nolbert Elias, *Die höfische Gesellschaft, Untersuchungen zur Soziologie des königtums und des höfischen Aristokratie mit einer Einleitung, Soziologie und Geschichtswissenschaft* (Soziologische Texte Bd.54), Luchterhand, 1969, 1975)。

第6章　スービーズ館

☆1――― Germain Brice, *Description de la ville de Paris*, 9e éd. , Paris, 1752, 4vol., t. 1, p. 37. Jean-Marie Pétrouse de Montclos, *L'Art de Paris*, Paris, 2003. J・M・ペルーズ・ド・モンクロ『芸術の都　パリ大図鑑』三宅理一監訳、西村書店、二〇一二年。ここには、珍しい図像とともに建築を中心に詳細な記述がある。本稿で扱う時代のフランス史については、柴田、樺山、福井編『フランス史』1・2、山川出版社、一九九五年を参照。

☆2――― Jean-Marc Léri, *Evolution du quartier du Marais. Des origines à la fin du XVe siècle*, cat. de l'exposition *Le Marais mythe et réalité*, Paris, l'Hôtel de Sully, 1987, pp. 1-61. マレ地区については、この書物から多くの情報を得た。

☆3――― Anne Lombard-Jourdan, *Les Halles de Paris et leur Quartier*, Paris, 2009.

☆4――― Jean-Marc Léri, *op. cit.*, pp. 19-21.

☆5――― Ch.-V.Langlois, *Les Hôtels de Clisson, de Guise et de Rohan-Soubise au Marais*, Paris, 1922.

☆6――― Jean-Pierre Babelon, *Essor et décadence du Marais. De la Renaissance à la Révolution*, Cat. de l'exposition *Le Marais mythe et réalité*, Paris, l'Hôtel de Sully, 1987, pp. 63-144.

☆7――― Jacques Thuillier, *Vouet*, cat. de l'exposition, Paris, Grand Palais, 1990-1991, cat. no. 22, 23, pp. 232-34.

☆8――― Antoine Schnapper (éd.complétée par Ch. Gouzi), *Jean Jouvenet et la peinture d'histoire à Paris*, Paris, 2010, pp 143-50, pp. 272-77; 1ère éd., 1974.

☆9――― Bernard Theyssèdre, *Roger de Piles et les débats sur le coloris au siècle de Louis XIV*, Paris, 1957 ; Anthony Blunt, *Art and Architecure in France 1500-1700*, The Pelican History of Art, 1977, pp. 359-62; 1ère éd., 1953.

☆10――― Jean-Marie Pétrouse de Montclos, *op. cit.*, p. 178.

☆11――― Jean-Pierre Babelon, *op. cit.*, pp. 87, 100-03; Jean-Marie Pétrouse de Montclos, *op. cit.*, pp. 268-72.

☆12――― Philippe Béchu, *La Famille de Rohan-Soubise*, in *Les Hôtels de Soubise et de Rohan-Strasbourg*, Paris, 2004, pp. 15-32.

☆13――― Christian Taillard, *Du Grand Goût au Rocaille*, in *Les Hôtels de Soubise et de Rohan-Strasbourg*, Paris, 2004, p. 277. プリマティッチョの素描が現在はルーヴル美術館にあり、モンクロが前掲書で紹介している（p. 193）。

☆14――― Christian Taillard, *op. cit.*, pp. 278-83.

☆15――― Ch.-V.Langlois, *op. cit.*, pp. 48-50, 110-15.

☆16——Ch.-V.Langlois, *op. cit.*, pp.141-52 ; Christian Taillard, *op. cit.*, pp. 285-303.

☆17——引用は以下より。Christian Taillard, *op. cit.*, p. 352.

☆18——大野芳材「宮廷画家から近代画家へ、ブーシェとアカデミー改革を中心に」『西洋美術研究』、二〇〇六年、一二号、一〇六～一二二ページ。

☆19——Colin B.Bailey, *Les Amours des Dieux,* cat.de l'exposition, Paris, Grand Palais etc., 1991-1992.

☆20——Christine Gouzi, *Jean Restout, Peintre d'histoire à Paris*, Paris, 2000, pp. 80-83, 248-49.

☆21——ルネサンスから新古典主義までのプシュケの図像については次の展覧会カタログが詳しい。Cat. de l'exposition, *Psyché*, Château d'Azay-Le-Rideau, 2009.

☆22——Suzanna Caviglia-Brunel, *Charles-Joseph Natoire*, Paris, 2012, pp. 64-70, 278-84.

☆23——Christian Taillard, *op. cit.*, p .354.

☆24——ジュリエンヌはヴァトーの愛好家として知られ、彼の絵画作品の版画化も試み出版した。これについては以下を参照。E. Dacier, J. Hérold et A.Vuaflart, *Jean de Julienne et les gravures de Watteau au XVIIIe siècle*, Paris, 1921-1929, 4 vol.

☆25——Édith A. Standen, *Boucher et l'art de la tapisserie,* in cat. de *l'exposition François Boucher*, Paris, Grand Palais etc., 1986-1987, pp .328-43.

☆26——Alastair Laing, «Boucher et la pastorale peinte», *Revue de l'art*, 1986, 73, pp. 55-64.

☆27——Mary Tavener Holmes, *Nicolas Lancret*, New York, 1991, pp. 98-99.

☆28——Édith A. Standen, *op. cit.*

☆29——René Demoris, «Les fêtes galantes chez Watteau et dans le romain contemporain», *Dix-Huitième siècle*, 1971, no. 3, pp. 337-57.

☆30——アラン・グルベール編、ロベール・フォール他著『古典主義とバロック』鈴木杜幾子監訳、「ヨーロッパの装飾芸術第2巻」、中央公論新社、二〇〇一年。Katie Scott, *The Rococo Interior*, New Haven et Londres, 1995.

第7章　ルーヴシエンヌのパヴィリオン

☆1——パヴィリオンとはラコンブの簡潔な定義によれば、テントを意味するイタリア語に由来する語で、建造物から離れた、あるいは隣接する一棟をいう。Lacombe, *Dictionnaire portative des Beaux-Arts*, Paris, 1753, p. 500.

☆2——Larura Auricchio, *Adelaïde Labille- Guiard :Artist in the age of Revolution*, Los Angeles, 2009,p. 8.

☆3——Joan Haslip, *Madame du Barry*, London, 1991, p. 9.

☆4――ポンパドゥール夫人と芸術については以下を参照。Donald Posner, "Madame de Pompadour as a patron of the visual art", *The Art Bulletin*, vol. 72, no. 1, mars 1990, pp. 74-105; Xavier Salmon, *Madame de Pompadour et les arts*, catalogue de l'exposition, Versailles, Munich et Londre, 2002-2003.

☆5――Barbara Scott, "Madame du Barry ; A royal favourite with taste", *Apollo*, 97, janvier1973, p. 60.

☆6――Georges Wildenstein, "Simon-Philippe Poirier,fournisseur de Madame Du Barry", *Gazette des Beaux-Arts*, sér. 6, vol. 60, septembre 1962, pp. 365-77. 以下の文献にはパヴィリオンの各部屋の内装と家具調度品について詳しい紹介がある。Christian Baulez, "Le mobilier et les objets d'art de Madame Du Barry", *Madame Du Barry: de Versailles à Louveciennes,* catalogue de l'exposition, Louveciennes, Paris, 1992, pp. 24-85.

☆7――Franklin M. Biebel, "Fragonard and Madame du Barry", *Gazette des Beaux-Arts*, sér. 6, vol. 56, octobre 1960, pp. 207-26. ビーベルは一七六九年から一七七四年までの五年間の夫人の出費額を示している。

☆8――ヴェルサイユ宮殿のデュ・バリー夫人の「プチ・アパルトマン」については以下を参照。Chritopher Tadgell, *Ange-Jacques Gabriel*, London,1978, p. 113-115. フォンテーヌブロー宮殿の「プチ・アパルトマン」の改築およびパヴィリオンの建設については、以下を参照。Jean-Pierre Samoyault, "L'appartement de Madame Du Barry de Fontainebleau", *Madame Du Barry :De Versailles à Louveciennes*, catalogue de l'exposition, Louveciennes, Paris, 1992, pp. 87-100; Yves Bottineau, *L'Art d'Ange -Jacques Gabriel à Fontainebleau*, Paris, 1962, pp. 109-12.

☆9――Michel Gallet, "Madame Du Barry et Ledoux, histoire d'une amitié", *Madame Du Barry :De Versailles à Louveciennes*, catalogue de l'exposition, Louveciennes, Paris, 1992, p. 11-12.

☆10――Jean de Cayeux, "Le pavillon de Madame du Barry à Louveciennes et son architecte C.-N.Ledoux", *La Revue de l'art ancient et moderne*, mai 1935, pp. 213-24.

☆11――Baulez, *op. cit.*, p. 37.

☆12――ちょうど同じ時期にルドゥーはオペラ座の踊り子マリー＝マドレーヌ・ギマール（一七四三～一八一六年）のパリの邸宅の仕事を引き受けていた。ギマール嬢は寵姫の仕事に譲歩せざるをえず、テルプシコレの神殿と呼ばれたショセ＝ダンタン通りの華やかな邸宅がすべて完成したのは一七七三年一一月であった。フラゴナールはその一室に四枚の大きな神話画を描くことになっていたが、報酬をめぐって諍いが生じ、一七七三年三月にギマールが画家を解雇したと伝えられている。Pierre Rosenberg, *Fragonard*, catalogue de l'exposition, Paris et New York, 1987-1988, pp. 297-98.

☆13――版画は後年ルドゥーが描いた素描に基づいてラメが制作したものだが、カイユーは立面図と平面図と断面図が同尺度でありながら、一致しない点があると指摘しており、エリクセンはルドゥーの素描が実際とは異なると言っている。Cayeux, *op. cit.*, p. 216; Svend Eriksen, *Early Neo-Classisicm in France*, London, 1974, p. 66.

☆14——一八世紀の食堂（salle à manger）については以下を参照。J. Whitehead, *The French Interiorirthe Eighteenth-Century*, London, 1992,p. 84-88.

☆15——ルドゥーはルイ一五世から気に入られ、このパヴィリオンを一方の翼部とする大規模な建造物の図面が一七七三年に計画されたが、国王の死去により実現にはいたらなかった。

☆16——「楕円形のサロン」にはブリアールが《田園の愉しみ》を描いた（Charles Vatel, *Histoire de Madame du Barry*, 1883, vol. 2, p. 53)。第二のサロンの天井画は一七七二年五月に完成し、一二〇リーヴルの支払いの記録が残っている。従来、作者はジャン＝ベルナール・レストゥー（一七三二〜九七年）とされてきたが、このささやかな金額から作者は歴史画家のレストゥーではなく、聖ルカ・アカデミーの会員のピエール・レストゥー（一七三六頃〜一八〇七年）ではないかという説が提出された。以下を参照。Colin B. Bailey, *Fragonard's Progress of Love at the Frick Collection*, New York, 2011, p. 61, note 116.

☆17——Rosenberg, *op. cit.*, p. 300.

☆18——Rosenberg, *op. cit.*, pp. 296-97.

☆19——Jean-Pierre Cuzin, *Jean-Honoré Fragonard: vie et œuvre*, Fribourg 1987, p. 142; Marie-Catherine Sahut, "Le goût de Mamade Du Barry pour la peinture", *Madame Du Barry :De Versailles à Louveciennes*, catalogue de l'exposition, Louveciennes, Paris, 1992, p. 106.

☆20——*Mémoires secrets pour servir à l'histoire de la République des Lettres en France depuis 1762 jusqu'à nos jours, ou Journal d'un observateur,* London, 1777-1787, vol. 24, pp. 184-87. なおこのときの筆者はバショーモンを引き継いだピダンサ・ド・メロベールである。

☆21——Jean-René Gaborit, "L' Amour de Louis-Claude Vasée au Louvre", *Revue du Louvre et des musées de France*, 37/1, 1987, pp. 39-42.

☆22——フラゴナール作品のその後については以下を参照。Rosenberg, *op. cit.*,1987-1987, pp. 320-22; Bailey, *op. cit.*, pp. 105ff. グラースのモーベール館に設置されたフラゴナール作品については以下も参照。A.Molotiu, "The progress of love and the magic garden : Jean-Honoré Fragonard's decorative ensemble for the villa Maubert in Grasse", *Gazette des Beaux-Arts*, sér. 6, vol. 137, février 2001, pp. 91-114.

☆23——Cayeux, *op. cit.*, pp. 213-14.

☆24——Wilibald Sauerländer, "Über die Ursprüngliche Reihenfolge von Fragonards 'Amours des Bergers'", *Münchner Jahrbuch der Bildenden Kunst*, vol.19, 1968, pp. 127-56.

☆25——Donald Posner, "The true path of Fragonard's 'Progress of love'", *The Burlington Magagine*, vol. 114, no. 833, août 1972, pp. 526-34.

☆26——Marianne Roland-Michel, “Fragonard illustrateur de l’amour”, Paul Villaneix et Jean Ehrard (éds.), *Aimer en France,1760-1860*, Clérmont-Ferrand, 1980, vol.1, pp. 25-34.

☆27——Mary D. Sheriff, *Fragonard:Art and Eroticism*, Chicago, 1990, pp. 58-94.

☆28——Cuzin, *op. cit.*, p. 152.

☆29——デュ・バリー夫人とパジューの関係については以下を参照。David Draper et Guihem Scherf, *Pajou, Sculpteur du Roi 1730-1809*, catalogue de l’exposition, Paris et New York, 1987-1998, pp. 237-46.

☆30——Bailey, *op. cit.*, p. 84.

☆31——Rosenberg, *op. cit.*, p. 323.

☆32——Jean-Pierre Cuzin et Dimitri Salmon, *Fragonard : regards croisés*, Paris, 2007, pp. 40-48.

☆33——これまでしばしばフラゴナールはデュ・バリー夫人から一八〇〇〇リーヴルの補償金を受けとったと伝えられてきた。これはフラゴナールの孫の話を伝えたポルタリス（一八八九年）にさかのぼるが、ベイリーの調査により事実ではない疑いが強まった。以下を参照。Bailey, *op. cit.*, p. 88.

☆34——Antoine Renou, *Dialogues sur la peinture, A Paris, imprimés chez Tartouillis aux dépens de l’Académie*, Paris, 1773. 引用は以下。Rosenberg, *op. cit.*, p. 297.

☆35——デュ・バリー夫人は、のちに報酬を一三五〇〇リーヴルに変更した。Bailey, *op. cit.*, p. 89.

☆36——Antoine-Nicolas Dézailler d’Argenville, *Voyage pittoresque des environs de Paris*, Paris, 1779, pp. 178-181.

☆37——Bailey, *op. cit.*, p. 93.

☆38——Daudé de Jaussan, *Éloges des Tableaux exposés au Louvre*, Paris, 1773, pp. 13-14.

☆39——Jacques-Antoine Dulaure, *Nouvelle description des environs de Paris*, vol. II, Paris, 1787, p. 44.

☆40——Baulez, *op. cit.*, p. 69.

☆41——Eriksen, *op. cit.*, pp. 44-51.

☆42——Ange-Laurent Lalive de Jully, *Catalogue historique du cabinet ...de M. De Lalive*, Paris, 1764, p. 110.

☆43——Cuzin, *op. cit.*, pp. 152-153. キュザンは、この出来事は芸術を解さないパトロンによって引き起こされたものであるとし、同様の例としてカラヴァッジョの《聖母の死》（ルーヴル美術館）やダヴィッドの《レカミエ夫人》（ルーヴル美術館）のケースを挙げている。

☆44——Sheriff, *op. cit.*, p. 69.

☆45——Duperron, *Discours sur la peinture et sur l'architecture*, 1758; reprint, Genève, 1973, pp. 59-61.

☆46——Sahut, *op. cit.*, pp. 102-06.

☆47——Baulez, *op. cit.*, p. 62.

☆48——註☆22を参照。ヴァセーはブーシャルドンの弟子で、ケリュス伯爵の庇護を受け、その作風もケリュス伯爵の古代趣味に影響されたとみなされている。

☆49——椅子は以下に紹介されている。Baulez, *op. cit.*, p. 36.

☆50——ベイリーはこの部屋の写真合成を試みている。また彼はフラゴナールの絵画について ロココという言葉を使用するのは適切でないとしている。Bailey, *op. cit.*, pp. 95-100.

☆51——Scott, *op. cit.*, pp. 60-71; Sahut, *op. cit.*, pp. 101-20; Jean-René Gaborit, "Le goût de Madame Du Barry pour la sculpture", *Madame Du Barry :De Versailles à Louveciennes*, catalogue de l'exposition, Louveciennes, Paris, 1992, pp. 121-30.

☆52——Thomas W. Gaehtgens et Jacques Lugand, *Joseph-Marie Vien. Peintre du Roi (1716-1809)*, Paris, 1988, pp. 206-08.

☆53——註☆8を参照。

☆54——Gaehtgens et Lugand, *op. cit.*, p. 90.

☆55——Elisabeth-Louise Vigée Le Brun, *Souvenirs [1835-1837]*, éd. Claudine Hermann, 2 vol., Paris, 1984, vol. 2, pp. 203-06.

☆56——Roulhac Toledano et Elizabeth Z. Coty , *François Coty, Fragrance, Power, Money*, Louisiana, 2009, pp. 285-86.

解説　フランス近世の装飾と建築

――あとがきにかえて

建築があらゆる芸術を生みだす母胎として存在した時代があった。マリオ・プラーツはかつて建築が諸芸術の形式を導く、先導的芸術であったと論じている（M・プラーツ『ムネモシュネ』高山宏訳、ありな書房、一九九九年、原著は一九七〇年）。たとえば、中世の聖堂は、その内と外を丸彫りや浮彫りの彫刻が飾り、聖書の物語が祭壇画やステンドグラスに表わされた。音楽が奏され、宗教劇の舞台ともなった。美術作品に話をかぎれば、王侯貴族や豊かな市民たちの世俗的な邸館もまた、それらの揺籃の場となったのである。ところでプラーツも指摘しているように、建築のこの主導的役割は、一八世紀で終止符が打たれたように思われる。その正否はともかく、建築と諸芸術の関係の推移は、芸術とパトロナージュの問題を、時間のなかで検討する豊かな材料に富んでいる。

本書では、近世の代表的な五つの建築に設置された絵画を題材にして、建築と抜き差しならない関係にあった装飾の問題が論じられる。ところで私たちの今日的な語感では、装飾という言葉は狭く限定的にとらえられる恐れがないとはいえない。しかし、個人が私的に鑑賞するタブロー画が一般的とはいえなかった時代に、ラファエッロのヴァティカーノ宮殿のスタンツァや、ミケランジェロのシスティーナ礼拝堂の装飾を考えてみれば、ここでいう装飾が飾るという機能のみならず、美的価値と象徴的価値を併せもった創造を意味することが理解されるだろう。近世における建築と装飾の問題は、美術を中核にして、人の精神的営みを、社会との相関のなかで考えるように促すのである。本書でとりあげたのは、重要とはいえパリを中心にした建築にすぎない。有力な地方都市にまで視界を広げ、さらに多くの実例を収集検証することは、フランス文化の基層をつかみとる有効なひとつの方法にちがいない。それはまた美術作品が住みついていた建築から追われていき、美術館という近代の制度が誕生する経緯を考えるためにも、美術鑑賞の実体の変遷の解明とともに欠かすことはできないだろう。本書はその最初の一歩である。

フランソワ一世は一五二八年三月一五日にパリ市の助役に次のような書簡を送った。「私はこれからは素晴らしい都パリとその近郊を居所として、王国の他のいかなる場所よりも長く滞在しよう。ルーヴル城は私が住むにはまことに便利で適切であるから、この城館を修復して住めるように、鋭意準備をしてもらいたい」。パヴィアの戦いで神聖ローマ皇帝軍に敗れ、マドリードに囚われの身となったフランス国王は、パリ市の経済力を大いに頼みにして、内政を重視する立場を鮮明にした。この宣言を近代的国家創設の法令ととらえる歴史家もいる。一二世紀末葉に即位したフィリップ・オーギュスト王のもとで、たしかにパリは首都としての地位を固めたが、歴代の国王はそののちもパリに長くとどまることはなかったのである。フランソワ一世も国内をせわしなく遍歴することをやめはしなかったが、ルーヴル城の主塔をとりこわし改築に着手したのであった。とはいえ、王の大きな関心を占めたのは、むしろパリ南東郊のフォンテーヌブロー宮で、一二世紀初頭にまでさかのぼる城塞を始原とするこの宮殿は、三つの点で近世の室内装飾の起点となった。第一は、この宮殿を舞台にローマ劫掠を逃れたイタリアの画家たちが、マニエリスム美術を移植したことである。それを学んでのちに第一次フォンテーヌブロー派と呼ばれることになった画家たちとともに、彼らがフランスでの美術の創造を刷新し、フランス・ルネサンスの端緒を開くことになった。第二は、国王儀礼の象徴機能と深く結びついた装飾の特質である。それはルーヴル宮やヴェルサイユ宮など、はるか後代の室内装飾の規範となった。建築装飾が所有主の信条や理念や理想の表出ともなることは、個人の私邸においても規模や性格が異なるとはいえ、かわりはないだろう。第三は、始原がはるかにさかのぼるささやかな原型をもとに、新しく豪壮な建築が建造され、そののちも増改築がくりかえされて、しばしばその一部が破壊されてしまうという、近世以降の王宮建築の典型となっていることである、ルーヴル宮もしかり、ヴェルサイユ宮もしかり。王宮が公的な場であるとともに、国王一族の住居も兼ねていたことに大きく起因する。フランソワ一世の関心はロワール河沿いのブロワ城やシャンボール城を離れはしなかったが、このような理由でフォンテーヌブロー宮は私たちには格別の意味をもつ。

ところで、万人に卓越した権威の体現者たる国王には、威信や栄誉といった不可視のものを可視的にする役割のある儀礼は不可欠のものだった。たとえば入市式は、国王がランスで成聖式をすませてパリに入るとき、また地方都市を訪れるさいの儀式である。王は市門の外で市の鍵を受けとり、そののちただちにそれを返す。これで都市の服従と国王の庇護が示される。入市のための臨時の凱旋門は、王の美徳を表わす寓意像とともに、市が望む理想の国王像が時には表わされた。このプログラムがより説明的に、諸教混合《サンクレティスム》の複雑な図像として結実したものが、フランソワ一世のギャラリーであることを、田中氏は明らかにしている。それが当時さかんに生みだされたエンブレムとかかわることを知れば、ギャラリーの図像の象徴的意味作用が、当時の表象体系に深く根ざしていたことがわかる。装飾を担当したロッソ・フィオレンティーノが、マニエリスムを代表する画家であったことの意味をかみしめたい。一方、フランス建築で広く見られるギャラリーが、フォンテーヌブローが最初期のもので、しかもフランス独自のものであるらしいと、加藤氏は言う。フュルチエールの辞書（一六九〇年）に、この語は古ガリア語を起源とするという説が紹介されていることを付け加えておきたい。さらに宮殿建築を請け負ったのが、フランス生粋の石工親方ジル・ル・ブルトンから、イタリアに学び最初のフランス人建築家という称号をもったフィリベール・ドロルムに替わったという指摘は、この宮殿を舞台に職人から近代的な建築家、芸術家が誕生したことを意味する。

ランベールの邸館は、高級官吏であるランベール兄弟がサン゠ルイ島に建てた私邸である。ル・ブランとル・シュウールという若い二人の画家の室内装飾がとりわけ注目される。栗田氏は一八世紀初頭に居室が改変される以前のル・シュウールによる「ミューズの間」の装飾が、新婚のニコラ・ランベール夫妻にふさわしくアポロンとディアナとミューズを巧妙に配した演出であったことを明らかにする。そこで強調される全体の調和は、アティシスムと呼ばれる世紀半ばの晴朗な表現に合致し、さらにフランスの古典主義美術につながるものだろう。イタリアの人文主義的教養と美術の薫陶を受けたフランスの美術が、独自の表現をここに見いだしたのである。

アポロンはルイ一四世が青年期から好んで自らをなぞらえた神であった。太陽神で芸術神のアポロンは、王が威信と野心を形象化する最適の神だったのである。その意匠を鏤めながら建造されたのが、ヴェルサイユ宮殿であった。私は祝祭という儀礼を通じた造営の意図と過程をたどり、中島氏はルイ一三世時代の祖型を残しつつ宮殿が増改築される意味を、ブルボン王朝の記憶の継承として論じた。諸惑星の名を冠した居室や東西南北の軸に沿って明快に構成されたプランは、そこを飾る美術作品の様式を律してもいる。

スービーズ館はマレ地区に優美な姿を今も残す。中世にさかのぼる建築をもとにロココ美術の精華となる美術作品で飾られたこの邸館の名を高めているのは、二階に設けられた「大公妃の楕円形のサロン」である。その装飾は若い妻を迎えた老貴族の意をくんで、プシュケの物語でナトワールが飾った。同じ意図ながらランベール邸の「ミューズの間」の装飾との構想の大きな隔たりは、一世紀あまりの時の推移とロココ美術の特質を明確にする。

ルイ一五世がデュ・バリー夫人のために建てたルーヴシエンヌのパヴィリオンは、二つの点で注目される。独創的で斬新なアルケ＝スナンの製塩所を建設したルドゥーの厳格な新古典主義的プランによる建築であるという点と、第三のサロンの装飾をめぐる問題である。矢野氏は当時の資料と先行研究を丹念に渉猟して、サロンの装飾がフラゴナールからヴィアンの作品へと変更された理由を明らかにする。注文主の意向とともに、建築家の意思が深くかかわっていたようである。そうだとすれば建築が主導原理であった華々しい、おそらく最後の例ということになろう。

最後になったが、さまざまな注文に耳を傾け優れた論考を完成してくれた執筆者の方々と、辛抱強く完成を見届けてくれたありな書房社主の松村豊さんに、深くお礼を申しあげる。

二〇一三年八月　　大野芳材　識

人名索引

ア行

アウグストゥス帝（Gaius Julius Caesar Octavianus Augustus） 163, 172
アゴスティーノ・ヴェネツィアーノ（Agostino Veneziano） 204
アセレイン，ヤン（Jan Asselijn） 86
アダム，ニコラ（Nicolas Adam） 221
アプレイウス（アプレイユスとも），ルキウス（Lucius Apuleius） 204-06
アリオスト，ルドヴィーコ（Ludovico Ariosto） 115, 122
アリストテレス（Aristoteles） 19, 267
アルチャーティ，アンドレア（Andrea Alciati） 56-57, 270
アルドゥアン＝マンサール，ジュール（Jules Hardouin-Mansart） 128, 150, 159, 172, 176, 198-99
アレ，ノエル（Noël Hallé） 223
アレクサンドロス大王（Magnus Alexandoros） 122, 172, 275
アレティーノ，ピエトロ（Pietro Aretino） 36
アンティノゴス，カリュストスの（Antinogos） 19
アンリ一世（Henri I） 187
アンリ二世（Henri II） 60-61, 63, 68, 73, 78, 82-83, 116, 187, 191, 204, 269
アンリ四世（Henri IV） 7, 150, 111, 182, 192,

イシドルス，セビーリャの（Isidorus Hispalensis） 19, 267

ヴァイー，シャルル・ド（Charles de Wailly） 220
ヴァザーリ，ジョルジョ（Giorgio Vasari） 68, 270
ウアス，ルネ＝アントワーヌ（René-Antoine Houasse） 171
ヴァセー，ルイ＝クロード（Louis-Claude Vasée） 222, 229-30, 262, 289
ヴァトー，アントワーヌ（Antoine Watteau） 206, 238, 246-47, 285
ヴァランチノワ公爵夫人（duchesse de Valentinois） 220
ヴァン・デル・ムーラン，アダム・フラン（Adam Frans van der Meulen） 129
ヴァン・ロー，カルル（Carle van Loo） 200-01, 223, 247
ヴィアン，ジョゼフ＝マリー（Joseph-Marie Vien） 216, 223, 226, 230, 232, 251-54, 256-57, 259-60, 263-66
ヴィガラーニ，カルロ（Vigarani, Carlo） 115, 117, 120, 122, 125
ヴィジェ・ルブラン，エリザベート＝ルイーズ（Elisabeth-Louise Vigée Le Brun） 216, 266
ウィトルウィウス（Marcus Vitruvius Pollio） 277
ヴィヨン，フランソワ（François Villon） 10
ヴィル，アルノルド・ド（Arnold de Ville） 219
ヴーエ，シモン（Simon Vouet） 91, 97, 99, 104, 187-88, 272
ウェスパシアヌス帝（Titus Flavius Vespasianus） 172
ウェニウス，オットー（Otto Venius） 109, 274
ヴェルネ，クロード＝ジョゼフ（Claude-Joseph Vernet） 223, 263
ヴォーベルニエ，ランソン・ド（Rançon de Vaubernier） 217
ヴォルテール（Voltaire, François Marie Arouet） 140

エタンプ公爵（duc d'Étampes） 183

オードラン二世，クロード（Claude II Audran） 166
オウィディウス（Publius Ovidius Naso） 44, 54, 174
オルレアン公シャルル，シャルル・ドルレアン（Charles d'Orléans） 10
オルレアン公フィリップ，フィリップ・ドルレアン（Philippe Ier, duc d'Orléan） 116
オルレアン公ルイ，ルイ・ドルレアン（Louis Ier d'Orléans） 10, 183

カ行
カール大帝［一世，フランク王，シャルルマーニュ］（Charlemagne, Carolus Magnus） 183
カール五世［神聖ローマ皇帝］（Karl V） 18
カシオドルス（Flavius Magnus Aurelius Cassiodorus） 268
ガストン・ドルレアン（Gaston d'Orléans） 10
カトリーヌ・ド・メディシス（Catherine de Médicis） 68, 82, 191
カニー，ジャン＝バチスト（Jean-Baptiste Cagny） 218, 262
カフィエリ，フィリップ（Philippe Caffiéri） 256, 259
ガブリエル，アンジュ＝アントワーヌ（Ange-Antoine Gabriel） 219
ガブリエル，アンジュ＝ジャック（Ange-Jacques Gabriel） 218-19, 222, 224, 264
カラヴァッジョ，ミケランジェロ・メリージ・ダ（Michelangelo Merisi da Caravaggio） 288
カルビエ，ドニ＝ニコラ（Denis-Nicolas Carbillet） 220, 227

ギエ・ド・サン＝ジョルジュ，ジョルジュ（Georges Guillet de Saint-George） 87, 136
ギージ，ジョルジョ（Giogio Ghisi） 98-99
ギーズ公爵（duc de Guise） 186
ギーズ，アンリ・ド（Henri de Guise） 195
ギーズ二世，アンリ・ド（Henri II de Guise） 195
ギーズ，マリー・ド（Marie de Guise） 195, 198
ギシャール，ジョゼフ＝ニコラ（Joseph-Nicolas Guichard） 218, 262
キノー，フィリップ（Philippe Quinault） 124, 158
ギベール，オノレ（Honoré Guibert） 264
ギマール，マリー＝マドレーヌ（Marie-Madeleine Guimard） 220, 222, 247, 286
キュロス大王［二世，ペルシア王］（Kyros II） 163

グエルチーノ（Guercino, Giovanni Francesco Barbieri） 86
グティエール，ピエール（Pierre Gouthière） 220-22, 228, 230, 262, 264
クリソン，オリヴィエ（Olivier Clisson） 183, 191, 194
クルーエ・ジャン（Jean Clouet） 11
クルシヨン，マリー・ソフィー・ド（Marie Sophie de Courcillon） 200
グルーズ，ジャン＝バチスト（Jean-Baptiste Greuze） 215-16, 263
クロード・ド・フランス（Claude de France） 16, 28, 267
クローヴィス［フランク王］（Clovis） 30, 32, 186
クロイ，エマニュエル・ド（Emmanuel de Croÿ） 220
グントラム，ブルゴーニュ王（Guntrum） 26

ケリュス伯爵，クロード＝フィリップ・ド・チュビエール
（Claude-Philippe de Tubières, comte de Caylus） 257, 289

コクシー，ミカエル（Michiel/Michel Coxcie） 204
ゴーチエ・ダゴティ，ジャン＝バチスト・アンドレ（Jean-Baptiste André Gautier Dagoty） 216
ゴーチエ，レオナール（Léonard Gaultier） 98
コナン・メリアデック（Conan Mériadec） 194

コルネイユ，ピエール（Pierre Corneille） 192
コルベール，ジャン＝バチスト（Jean-Baptiste Colbert） 114, 151-52, 154-57, 174, 180, 274, 280
コワズヴォ，アントワーヌ（Coysevox, Antoine） 199
コワペル，ノエル（Noël Coypel） 169-70

サ行
サッケッティ，ジョヴァンニ・バッティスタ（Giovanni Battista Sacchetti） 283
サラザン，ジャック（Jacques Sarrazin） 187
サン・シモン公爵，ルイ・ド・ルーヴロワ（Louis de Rouvroy, duc de Saint-Simon） 112, 156
サンシー元帥，ルイ・ピエール・セバスチャン（Louis Pierre Sébastien, maréchal de Sainscy） 247
サンス大司教（archevêque de Sens） 183
サン＝テニャン公爵（duc de Saint-Aignan） 115, 120, 122

ジセー，アンリ（Gissey, Henri） 114-15, 124
シベック・ド・カルピ，フランチェスコ（Francesco Scibec de Carpi） 72-74, 76, 78-79, 82-83
シャトーブリアン，フランソワ・ルネ（François René Chateaubriant） 18
シャルパンティエ，マルカントワーヌ（Marc-Antoine Charpentier） 141
シャルル・ドルレアン［アングレーム伯］（Charles d'Orléans） 10, 22, 268
シャルル五世（Charles V） 10, 183, 186, 191
シャルル六世（Charles VI） 62, 183
シャルル七世（Charles VII） 62
シャルル八世（Charles VIII） 9-10, 27, 32
ジャン・ダングレーム（Jean d'Angoulême） 268
シャントルー，ポール・フレアール・ド（Paul Freart de Chantelou） 108
シャンパーニュ，ジャン＝バチスト（Jean-Baptiste de Champaigne） 166
ジュヴネ，ジャン（Jean Jouvenet） 187, 189-90
シュリー，マクシミリアン・ド・ベテューム・ド（Maximilien de Béthume de Sully） 192
ジュリオ・ロマーノ（Giulio Romano） 36, 65, 204
ジュリエンヌ，ジャン（Jean Jullienne） 208, 285
シュルグ，ルイ・ド（Louis de Surugue） 130
ジョーヴィオ，パオロ（Paolo Giovio） 22-24, 26, 268-69
ショヴォー，フランソワ（François Chauveau） 116, 118
ジョフラン夫人，マリー＝テレーズ（Madame Marie-Thérèse Geoffrin） 257, 263
ジラルドン，フランソワ（François Girardon） 124, 199
シルヴェストル，イスラエル（Israël Silvestre） 116, 118, 120, 275

スカロン，ポール（Paul Scarron） 192
スキュデリー，マドレーヌ・ド（Madeleine de Scudéry） 192, 201
スービーズ大公 → ロアン，シャルル・ド
→ ロアン，フランソワ・ド

セヴィニェ夫人（marquise de Sévigné） 192
セルリオ，セバスティアーノ（Sebastiano Serlio） 7

ゾリス，ヴィルギール（Virgil Solis） 90-91
ソロモン，ベルナール（Solomon Bernard） 21

タ行
ダヴィッド，ジャック＝ルイ（Jacques-Louis David） 288

タルマン，ジェデオン（Gédéon Tallemant） 104, 108
タルマン・デ・レオー，ジェデオン（Gédéon Tallemant des Réaux） 108

チェンバース，ウィリアム（William Chambers） 224-25

ディアーヌ・ド・ポワティエ（Diane de Poitiers） 63, 83
テオプラストス（Theophrastus） 19, 267
デザリエ・ダルジャンヴィル，アントワーヌ＝ニコラ（Antoine-Nicolas Dezallier d'Argenville） 88, 251
デステ，アンヌ（Anne d'Esté） 194
デッラバーテ，ニッコロ（Niccolò dell'Abbate） 77-78, 83, 195
デピネル（Despinelle） 98-99
デュ・セルソー，ジャック・アンドルーエ（Jacques Androuet du Cerceau） 37
デュ・バリー伯爵，ギヨーム（comte de Guillaume du Barry） 217
デュ・バリー伯爵，ジャン（comte de Jean du Barry） 217-18, 247
デュ・バリー夫人，本名ジャンヌ・ベキュ（Jeanne Bécu, comtesse du Barry）
213, 216-20, 223, 227, 232, 239, 246-47, 251, 256, 260-64, 266, 286, 288
デュブルイユ，トゥーサン（Toussaint Dubreuil） 77
デュフロ，クロード（Calude Duflos） 211
デュペロン，ジャック・ダヴィ（Jacques Davy Duperron） 260

ドゥーミエ，ピエール（Pierre Deumier） 221
トゥリヴルス，ジャン＝ジャック（Jean-Jacques Trivulce） 28
ドメニキ，ルドヴィーコ（Lodovico Domenichi） 24
ドメニコ・ダ・コルトーナ（Domenico da Cortona） 7, 60, 191
ドラトゥール，モーリス・カンタン（Maurice Quentin Delatour） 244
ドラノワ，ルイ（Louis Delanois） 218, 221, 260, 262
ドラメール，ピエール・アレクシス（Piere Alexis Delamair） 197-200
トルアール，ルイ＝フランソワ（Louis- François Trouard） 220
ドルーエ，フランソワ＝ユベール（François-Hubert Drouais） 215-16, 228, 230, 247, 263
ドルジュモン，ピエール（Pierre d'Orgemont） 183
ドルベ，フランソワ（François d'Orbay） 37, 129, 158
トレモリエール，ピエール・シャルル（Pierre Charles Trémolières） 200-02
ドローリング，マルタン（Martin Drolling） 221
ドロール（Delord） 220
ドロルム（あるいはド・ロルム），フィリベール（Philibert Delorme [de l'Orme]） 63-64, 78-79, 83

ナ行

ナトワール，シャルル＝ジョゼフ（Charles-Joseph Natoire） 190, 200-01, 203-06, 209
ナポレオン（Napoléon Bonaparte） 60, 68, 77
ナポレオン三世（Napoléon III, Louis） 60
ニカンドロス［クラロスの］（Nikandros） 19, 270

ノッリ，カルロ（Carlo Nolli） 257

ハ行

バイー一世，ジャック（Jacques 1er Bailly） 118
バヴィエール，イザボー・ド（Isabeau de Bavière） 62
パジュー，オーギュスタン（Augustin Pajou） 222, 239, 244, 288
バショーモン，ルイ・プチ・ド（Louis Petit de Bachaumont） 287

パセ，クリスペイン・デ（Crispijn de Passe I） 90-91, 95
パテル，ピエール（Pierre Patel） 86, 113, 272
パラダン，クロード（Claude Paradin） 21-25, 268-69
バリオーネ，ジョヴァンニ（Giovanni Baglione） 91, 95
パンティエーヴル伯爵（comte de Penthièvre） 194
パンティエーヴル公爵，ルイ＝ジャン＝マリー・ド・ブルボン
(Louis-Jean-Marie de Bourbon, duc de Penthièvre) 219

ビィ，ジャック・ド（Jacques de Bie） 97
ピエトロ・ダ・コルトーナ（Pietro da Cortona） 86, 195
ピオ，アルベルト［カルピ伯爵］（Alberto Pio, Conte di Carpi） 73
ピガニョル・ド・ラ・フォルス，ジャン＝エマール（Jean-Aimar Piganiol de La Force） 136
ピカール，ベルナール（Bernard Picart） 86, 88-89, 102
ピダンサ・ド・メロベール，マテュー＝フランソワ（Mathieu-François Pidansat de Mairobert） 287
ピトワン，カンタン＝クロード（Quentin-Claude Pitoin） 264
ピュール，ミシェル・ド（Michel de Pure） 122
ビラーグ，ルネ・ド（René de Birague） 191

ファヴァール，シャルル＝シモン（Charles-Simon Favart） 209
フイエ，ジャン＝バチスト（Jean-Baptiste Feuillet） 221, 262
フィリップ・オーギュスト（Philippe II Auguste） 182-83, 185-87, 190
フェリビアン，アンドレ（André Félibien） 112, 115, 123-25, 142, 156-57, 163, 275, 276
フェリビアン・デザヴォー，ジャン・フランソワ（Jean-François Félibien des Avaux） 172
フォルティ，ジャン＝フランソワ（Jean-François Forty） 221
フォントネル，ベルナール・ル・ボヴィエ・ド（Bernard Le Bovier de Fonttenel） 208
フーケ，ニコラ（Nicolas Fouquet） 112
ブーシェ，フランソワ（François Boucher） 190, 200, 206-09, 211, 223, 247, 285
ブーシャルドン，エドム（Edme Bouchardon） 289
プチ（Petit） 151, 279
プッサン，ニコラ（Nicolas Poussin） 86, 104, 106-08, 110, 137, 195, 274, 276
フュルチエール，アントワーヌ（Antoine Furetière） 100
フラゴナール，ジャン＝オノレ（Jean-Honoré Fragonard）
216, 227, 229-30, 232, 235-36, 238-40, 242, 244, 246-48, 250-52, 260, 263, 286-89
ブラック，ニコラ（Nicolas Braque） 191, 194
ブラマンテ，ドナート（Donato Bramante） 16
ブランシャール，ガブリエル（Gabriel Blanchard） 165
フランソワ一世（François I） 9-11, 15-16, 18, 21-22, 24-29, 32-34, 36, 38, 42-43, 53-56,
58-65, 68-69, 73-74, 76, 78, 83, 137, 183, 191,204, 267-70
ブリアール，ガブリエル（Gabriel Briard） 223, 287
ブリサック公爵（duc de Brissac） 264
ブリス，ジェルマン（Germain Brice） 102, 184
プリニウス（Gaius Plinius Secundus） 19, 267, 268
プリマティッチョ，フランチェスコ（Francesco Primaticcio） 8, 36, 64-65, 77-78, 83, 195, 284
ブールドン，セバスチアン（Sebastien Bourdon） 108
ブルーン，フランツ・イザーク（Franz Isaac Brun） 90
フレマル，ベルトレ（Bertholet Flemalle） 86
ブロンデル，ジャック＝フランソワ（Jacques-François Blondel） 220

ベキュ，アンヌ（Anne Bécu） 217-18

ベケット，トマス［カンタベリー大司教］(Thomas Becket) 61
ベドフォード公 (duc de Bedford) 194
ペトラルカ，フランチェスコ (Petrarca Francesco) 24
ペリエ，フランソワ (François Perrier) 85-89,102
ペルシエ，シャルル (Charles Percier) 78-79, 81
ペロー，クロード (Claude Perrault) 151, 155
ペロー，シャルル (Charles Perrault) 116, 140, 151, 155, 275
ペンニ，ルカ (Luca Penni) 98-99
ヘンリー六世 (Henry VI) 194

ポエルソン，シャルル (Charles Poerson) 100-01, 103
ポトラ，ルイ (Louis Poterat) 280
ボナール，ニコラ (Nicola Ier Bonnart) 193
ホノリウス二世 (Honorius II) 190
ボフラン，ジェルマン (Germain Boffrand) 199-201
ホラティウス (Quintus Horatius Flaccus) 90
ホラポッロ［ホルス・アポッロ］(Horapollo [Hours Apollo]) 19, 56, 267
ポルタリス，ロジェ (Roger Portalis) 288
ポロエト子爵ウードン一世 (Eudon Ier, vicomte de Porhoët) 194
ポロエト，アラン・ド (Alain de Porhoët) 194
ポロエト，ジョフロワ (Geoffroi Ier de Porhoët) 194
ボワストン，ジャン＝バチスト (Jean-Baptiste Boiston) 221
ボワゾ，ルイ＝シモン (Louis-Simon Boizot) 264
ポワリエ，シモン＝フィリップ (Simon-Philippe Poirier) 218
ポワンテル，ジャン (Jean Pointel) 108
ポントルモ (Pontormo, Iacopo Carrucci) 36
ポンパドゥール夫人，ジャンヌ＝アントワネット・ポワソン
(Jeanne-Antoinette Poisson, marquise de Pompadour) 217-19, 232, 246, 286

マ行

マザラン，ジュール (Jules Mazarin) 136, 143
マリー＝アントワネット (Josephe Jeanne Marie-Antoinette) 112
マリー・ジョゼフ，王太子妃 (Marie Joseph de Saxe, dauphine) 218
マリー・ド・メディシス (Marie de Médicis) 90, 137
マリー・レザンスカ (Marie Leszczynska, reine de France) 217
マリヴォー，ピエール・ド (Pierre de Marivaux) 209
マリニー侯爵，アベル＝フランソワ・ポワソン (Abel-François Poisson, marquis de Marigny) 217
マルコ・ポーロ (Marco Polo) 20, 268
シャルモワ，マルタン・ド (Martin de Charmois) 274
マロ，ジャン (Jean Marot) 189
マンサール，フランソワ (François Mansart) 85
マンテーニャ，アンドレア (Andrea Mantegna) 90-91, 103
マントノン侯爵夫人 (marquise de Maintenon) 128

ミケランジェロ・ブオナローティ (Michelangelo Buonarroti) 65
ミニャール，ピエール (Pierre Mignard) 195
ミルポワ元帥夫人 (maréchale de Mirepoix) 220

ムードン枢機卿 (cardinal Meudon) 191

メジエール，ル・カミュ・ド（Le Camus de Mézières） 200
メチヴィエ，ジョゼフ（Joseph Métivier） 221, 262
メーヌ公（duc du Maine） 199
メフメト・リザ・ベイ（Mehemet Riza Beg） 140

モーガン，ジョン・ピアポント（John Pierpont Morgan） 230
モノ，マルタン＝クロード（Martin-Claude Monot） 222
モーベール，アレクサンドル（Alexandre Maubert） 230
モリエール（Mollière, Jean Baptiste Poquelin） 115, 117, 120, 123-24, 275
モロー，ジャン＝ミシェル［通称モロー弟］（Jean-Michel Moreau, dit Moreau le jeune） 213, 215, 222
モンテスパン侯爵夫人，フランソワーズ・アテナイス・ド・ロシュシュアール・ド・モルトマール
(Françoise Athénaïs de Rochechouart de Mortemart, marquise de Montespan) 158
モンモランシー，アンヌ・ド（Anne de Montmorency） 204
モンモランシー大公夫人（princesse de Montmorency） 220

ヤ行

ユヴァッラ，フィリッポ（Filippo Juvarra） 283
ユゴー，ヴィクトル（Victor Hugo） 18
ユリウス・カエサル（Gaius Julius Caesar） 163

ラ行

ライモンディ，マルカントニオ（Marcantonio Raimondi） 97
ラ・イール，ロラン・ド（Laurent de La Hyre） 104-05, 108
ラ・ヴァリエール公爵夫人（Duchesse de La Vallllière） 114-15, 117
ラ・ヴリリエール，ルイ・フェリポ・ド（Louis Phelypeaux de La Vrilliere） 85, 272
ラコンブ・ド・プレゼル，オノレ（Honoré Lacombe de Prezel） 285
ラシーヌ，ジャン（Jean Racine） 124-25
ラビーユ＝ギアール，アデライード（Adélaïde Labille-Guiard） 217
ラファエッロ・サンツィオ（Raffaello Sanzio） 8, 91, 97, 204
ラ・フォス，シャルル・ド（Charles de la Fosse） 168
ラ・フォンテーヌ，ジャン・ド（Jean de La Fontaine） 204-06
ラ・ブリュイエール，ジャン・ド（Jean de La Bruyère） 201, 204
ラ・メイレ夫人（Madame de La Meilleraye） 100
ラメ，ダニエル（Daniel Ramée） 222, 261, 286
ラ・リヴ・ド・ジュリ，アンジュ＝ローラン・ド（Ange-Laurent de La Live de Jully） 256, 262
ラルジリエール，ニコラ・ド（Nicolas de Largillière） 139
ランクレ，ニコラ（Nicolas Lancret） 208
ランサン，ピエール（Pierre Rainssaint） 136
ランバル公，ルイ＝アレクサンドル＝ジョゼフ＝スタニスラス・ド・ブルボン＝パンティエーヴル
(Louis-Alexandre-Joseph-Stanislas de Bourbon-Penthièvre, prince de Lamball) 219
ランブイエ侯爵夫人（Marquise de Rambouillet） 100
ランベール，ジャン＝バチスト（Jean-Baptiste Lambert） 85
ランベール，ニコラ（Nicolas Lambert） 85-87, 100, 103, 110

リシュリュー，アルマン・ジャン・デュ・プレシ・ド（Armand Jean du Plessis de Richelieu） 191
リシュリュー公爵，ルイ＝フランソワ＝アルマン・ド・ヴィニュロ・デュ・プレシ
(Louis-François-Armand de Vignerot du Plessis, duc de Richelieu) 217-18
リーパ，チェーザレ（Cesare Ripa） 97
リュリ，ジャン・バチスト（Jean-Baptiste Lully） 114, 117, 120, 123-24, 158

ルイーズ・ド・サヴォワ（Louise de Savoie） 7, 28, 54, 267
ルイ二世（Louis II） 186
ルイ七世（Louis VII） 60-61, 183, 186
ルイ九世［聖ルイ王］（Louis IX） 38, 60, 62
ルイ一二世（Louis XII） 10, 12, 27, 182,
ルイ一三世（Louis XIII） 60, 112, 128, 143, 150, 156-57, 180, 277-78
ルイ一四世（Louis XIV） 68, 111-12, 114-16, 118, 120-21, 124-25, 136-37, 139-43, 146, 155-59, 163, 174, 180-81, 192, 198, 204, 274-75, 279-81
ルイ一五世（Louis XV） 65, 77, 124, 213, 217-19, 139, 260, 264, 287
ルイ一六世（Louis XVI） 60, 69, 89, 112
ルイ大王太子（Louis de France, Grand Dauphin） 159
ルイ・フィリップ（Louis Philippe, Roi citoyen） 60
ル・ヴォー，ルイ（Louis Le Vau） 85, 112, 114, 128, 146, 150-51, 155, 158, 278
ルコント，フェリクス（Félix Lecomte） 222
ル・シュウール，ウスタシュ（Eustache Le Sueur） 86-91, 93-94 ,99-100, 108, 110, 272
ルソー，ジャン＝ジャック（Jean-Jacques Rousseau） 209, 246
ルソー，ジュール＝アントワーヌ（Jules-Antoine Rousseau） 264
ルドゥー，クロード＝ニコラ（Claude-Nicolas Ledoux） 213, 220-25, 227-28, 247, 260-61, 263, 286, 287
ルニョダン，トマ（Thomas Regnaudin） 124
ル・ナン兄弟（Frères Le Nain） 108
ルヌー，アントワーヌ（Antoine Renou） 251, 262
ルネ・ド・フランス（Renée de France） 28
ル・ノートル，アンドレ（André Le Nôtre） 112, 114, 123, 125, 128, 195
ル・ノルマン・ド・トゥルヌエム，シャルル＝フランソワ＝ポール（Charles-François-Paul Le Norman de Tournehem） 201, 217
ル・ブラン，シャルル（Charles Le Brun） 87, 108, 111-12, 114-15, 118, 128-30, 134-37, 139, 162, 172, 190, 195, 272, 281
ル・ブラン，ニコラ（Nicolas Le Brun） 195
ル・ブルトン，ジル（Gilles Le Breton） 63-64, 66, 69, 76, 78-79, 83
ルフェーヴル（Lefaivre） 220
ルベル，ミシェル（Michel Lebel） 217
ルーベンス，ペーテル・パウル（Peter Paul Rubens） 137, 190, 247
ル・ポートル，ジャン（Jean Le Pautre） 118, 120-21, 126
ルモワーヌ，フランソワ（François Lemoine） 190
ル・ロラン，ルイ＝ジョゼフ（Louis-Joseph Le Lorrain） 256-57, 259
ル・ロラン，ロベール（Robert Le Lorrain） 198

レオ一〇世（Leo X） 33
レオナルド・ダ・ヴィンチ（Leonardo da Vinchi） 8-9, 18, 60
レストゥー，ジャン（Jean Restout） 190, 200-02, 204
レストゥー，ジャン＝ベルナール（Jean-Bernard Restout） 287
レストゥー，ピエール（Pierre Restout） 223, 227, 287
レーニ，グイド（Guido Reni） 86

ロアン子爵（Vicomte de Rohan） 194
ロアン，アラン・ド（Alain VII de Rohan） 194
ロアン，アルマン・ガストン［ロアン枢機卿］（Armand Gaston de Rohan, cardinal de） 198-99
ロアン，アンヌ・シャボ・ド（Anne Chabot de Rohan） 199
ロアン，エルキュール・ド（Hercule de Rohan, duc de Monttbazon） 194

ロアン，エルキュール・ド・メリアデク［ロアン大公］
(Hercure de Mériadec de Rohan, prince de) 199, 201, 205
ロアン，シャルル・ド［スービーズ大公］(Charles de Rohan, prince de Soubise) 220
ロアン，フランソワ・ド［スービーズ大公］(Frqnçois de Rohan, prince de Soubise)
181, 186, 192, 194, 198-99
ロアン，マルゲリテ・ド (Marguerite de Rohan) 194
ロッソ・フィオレンティーノ［ジョヴァンニ・バッティスタ・ディ・ヤコポ］
(Rosso Fiorentino, Giovanni Battista di Jacopo) 8, 36, 38, 64-66, 69, 72-73, 76, 83, 270
ロピタル，ミシェル・ド (Michel de l'Hospital) 191
ロベスピヌ，マリー・ド (Marie de l'Aubespine) 87
ロマネッリ，ジョヴァンニ・フランチェスコ (Giovanni Francesco Romanelli) 86
ロレーヌ枢機卿，シャルル・ド・ロレーヌ (cardinal de Lorraine, Charles de Lorraine) 195
ロレーヌ，フランソワ・ド［ギーズ公］(François de Lorraine, duc de Guise) 194

フランス近世美術叢書I

装飾と建築

——フォンテーヌブローからルーヴシエンヌへ

二〇一三年九月一日　発行

監修解説——大野芳材（青山学院女子短期大学教授／フランス美術史）

著　者——田中久美子（文星芸術大学准教授／フランス美術史）
加藤耕一（東京大学大学院工学系研究科准教授／フランス建築史）
栗田秀法（名古屋大学大学院文学研究科教授／フランス美術史）
大野芳材（青山学院女子短期大学教授／フランス美術史）
中島智章（工学院大学建築学部准教授／フランス建築史）
矢野陽子（青山学院大学講師／フランス美術史）

企画構成——石井　朗（表象論）

装　幀——中本　光

発行者——松村　豊

発行所——株式会社　ありな書房
東京都文京区本郷一—五—一五
電話　〇三（三八一五）四六〇四

印　刷——株式会社　厚徳社

製　本——株式会社　大観社

ISBN978-4-7566-1328-8 C0070